부동산 공법 실무 경험 전문가의 강의식 교재로
부동산 공법을 쉽고 재미있게 공부하는

부동산 공부가 왜 필요한가?

부동산 공법 실무 경험 전문가의
강의식 교재로 부동산 공법을 쉽고 재미있게 공부하는
부동산 공부가 왜 필요한가?

초판 1쇄 발행 2023년 12월 29일

지은이 강신갑
펴낸이 장길수
펴낸곳 지식과감성#
출판등록 제2012-000081호

교정 김서아
디자인 정윤솔
편집 정윤솔
이미지 Freepik.com
검수 한장희
마케팅 김윤길

주소 서울시 금천구 벚꽃로298 대륭포스트타워6차 1212호
전화 070-4651-3730~4
팩스 070-4325-7006
이메일 ksbookup@naver.com
홈페이지 www.knsbookup.com

ISBN 979-11-392-1527-4(03320)
값 37,000원

- 이 책의 판권은 지은이에게 있습니다.
- 이 책 내용의 전부 또는 일부를 재사용하려면 반드시 지은이의 서면 동의를 받아야 합니다.
- 잘못된 책은 구입하신 곳에서 바꾸어 드립니다.

지식과감성#
홈페이지 바로가기

부동산 공법 실무 경험 전문가의 강의식 교재로
부동산 공법을 쉽고 재미있게 공부하는

부동산 공부가 왜 필요한가?

강신갑 지음

필요성

제1절. 인간과 부동산은 평생 동반자다
제2절. 부동산을 모르면 어떤 일이 일어나는가?
제3절. 부동산의 특성을 알아야 부동산을 제대로 안다
제4절. 부동산 공부는 강의식 교재 제10강으로 해결된다

부동산 공부

공법공부

제1강. **국토계획법**은 부동산 공법의 최고 기본법이다
제2강. **토지수용**은 내 주변에 자주 일어난다
제3강. **그린벨트**는 전문가의 간접 경험으로 쉽게 배울 수 있다
제4강. **도시개발사업과 산업단지**는 토지수용이 가능하다
제5강. **재개발과 재건축사업**은 현금청산에 큰 차이가 있다
제6강. **지역주택조합과 리모델링**은 주택법을 적용한다
제7강. **농지와 임야**는 부동산의 핵심 구성 요소다
제8강. **소규모주택정비사업과 건축법**도 알아야 한다
제9강. **임대차법**은 임차인 보호를 위한 특별법이다
제10강. **경매와 공매**는 권리분석이 핵심이다

부동산 관련
종사자 및
부동산 소유자의
필수 도서

지식과감성#

목차

머리말   25

제1절. 인간과 부동산은 평생 동반자다

제1장. 의식주는 인간 생활의 3대 기본 요소이다   28
  1. 의식주(衣食住)란 무엇인가?   28
  2. 의·식은 매일 반복, 주(부동산)는 가끔 일어난다   28

제2장. 인간에게는 생애 주기, 부동산에는 생태 주기가 있다   30
  1. 인간과 부동산에는 일정한 주기가 있다   30
  2. 부동산 생태계는 개별적 특성이 있다   31
  3. 부동산에는 일정한 사이클이 있다   32
  4. 부동산 시장에는 주거 사다리가 있다   33
  5. 부동산 비중이 높으면 노후에 어려움이 있다   34

제2절. 부동산을 모르면 어떤 일이 일어나는가?

제1장. 부동산을 모르면 부동산 정보의 바다에 빠질 수 있다   38
  1. 부동산 정보의 소스 및 왜곡된 정보 확산   38
  2. 부동산을 모르면 부동산 정보의 바다에 빠질 수 있다   39
  3. 부동산 정보에는 부동산 심리가 크게 좌우한다   40

제2장. 부동산을 모르면 남에게 평생 의존해야 한다   41

   1. 부동산을 모르면 타인에게 평생 의존해야 한다   41

   2. 부동산 매매도 부동산 지식이 기본이다   42

     1) 토지를 잘못 매입하면 평생 세금만 낼 수 있다   42

       (1) 보전관리지역 수필지 분할 토지 관련   42

       (2) 토지 지분 투자는 이용도, 팔지도 못한다   43

     2) 토지를 매입할 때 부동산 공법을 알아야 한다   44

       (1) 토지를 여러 필지로 일괄 매입 시 유의 사항   44

       (2) 토지를 이용 목적으로 매입할 경우 유의 사항   45

     3) 주거용 주택은 입지 및 연식도 고려한다   46

   3. 부동산을 모르면 부동산 사기 피해자가 될 수 있다   46

제3절. 부동산의 특성을 알아야 부동산을 제대로 안다

제1장. 부동산의 기본 부동산 공법은 어렵지 않다   50

   1. 도시계획은 일반인 참여가 어렵다   50

   2. 부동산 공법을 제대로 배우면 어렵지 않다   51

   3. 법령해석에는 개별 법령 우선순위가 없다   52

제2장. 부동산에는 물권과 채권이 있다   54

   1. 토지 및 그 정착물을 부동산이라 한다   54

   2. 부동산은 물권과 채권으로 구별한다   55

   3. 부동산 물권은 4가지로 구별한다   55

제3장. 부동산에는 부동산만의 특성이 있다   56

   1. 부동산에는 고유의 특성이 있다   56

   2. 부동산 주요 사이트는 정보에 큰 도움이 된다   57

   3. 부동산을 알면 위기가 기회가 된다   58

제4절. 부동산 공부는 강의식 교재 제10강으로 해결된다

제1강. 국토계획법은 부동산 공법의 최고 기본법이다

제1장. 국토계획법의 개요   65
   1. 국토계획법의 위상   65
   2. 국토계획법의 주요 내용   65
   3. 도시계획의 행정체계   66
   4. 법령체계 및 법령정보 국가법령정보센터 이용   67

제2장. 국토계획법 용어 정리   68
   1. 기반시설   68
   2. 도시·군 계획시설   69
   3. 도시·군 계획시설 사업   70
   4. 도시·군 계획사업   70
   5. 용도지역 구분   71
   6. 기타 용어의 정의   71
     1) 의제제도란?   72
     2) 경미한 변경이란?   73
     3) 재결신청이란?   73
     4) 준용이란?   74
     5) 고시란?   74

제3장. 도시계획   77
   1. 도시계획의 종류 및 위상   77
   2. 광역도시계획   78
   3. 도시·군 기본계획   79
     1) 도시·군 기본계획 수립 개요   79
     2) 도시·군 기본계획의 내용   80
     3) 인구배분계획   81

4) 공간계획　　　　　　　　　　　　　　　　82
　　5) 생활권계획　　　　　　　　　　　　　　　83
　　6) 토지이용계획　　　　　　　　　　　　　　84
　　7) 개발가능지 분석　　　　　　　　　　　　　85
　　8) 기반시설 계획　　　　　　　　　　　　　　86
　　9) 도시기본계획 수립 절차　　　　　　　　　　87
　4. 도시·군 관리계획　　　　　　　　　　　　　　88
　　1) 도시·군 관리계획 개요　　　　　　　　　　88
　　2) 도시·군 관리계획 수립절차　　　　　　　　88
　　3) 도시·군 관리계획 주민 및 이해관계자의 입안 제안　　89

제4장. 용도지역·용도지구·용도구역　　　　　　　91
　1. 용도지역　　　　　　　　　　　　　　　　　91
　2. 용도지역의 확인　　　　　　　　　　　　　　92
　3. 용도지역 지정 (도시지역)　　　　　　　　　　93
　4. 용도지역 지정 (비도시지역)　　　　　　　　　95
　5. 용도지역에서 건축　　　　　　　　　　　　　96
　6. 용도지역 건폐율·용적률　　　　　　　　　　　97
　　1) 도시지역　　　　　　　　　　　　　　　　97
　　2) 비도시지역　　　　　　　　　　　　　　　98
　　3) 두 개 이상 용도지역이 걸치는 경우　　　　　99
　7. 용도지구 지정　　　　　　　　　　　　　　100
　　1) 경관지구 등 용도지구 지정　　　　　　　　101
　　2) 취락지구 등 용도지구 지정　　　　　　　　101
　　3) 용도지구의 건축 제한　　　　　　　　　　102
　8. 용도구역 지정　　　　　　　　　　　　　　103

제5장. 도시·군 계획시설　　　　　　　　　**104**

  1. 단계별 집행계획　　　　　　　　　　104
  2. 도시·군 계획시설 사업시행자　　　　　105
  3. 도시·군 계획시설사업 절차　　　　　　105
  4. 도시·군 계획시설 매수청구　　　　　　106
  5. 도시·군 계획시설 실효 등　　　　　　　107
  6. 도시·군 계획시설 해제 신청　　　　　　109
  7. 도시·군 계획시설사업 토지수용　　　　110

제6장. 지구단위계획　　　　　　　　　　　**111**

  1. 지구단위계획 의의　　　　　　　　　　111
  2. 지구단위계획 지정기준　　　　　　　　111
    1) 도시지역 지구단위계획　　　　　　　112
    2) 비도시지역 지구단위계획 수립　　　　112
  3. 지구단위계획의 내용　　　　　　　　　113
  4. 지구단위계획구역 법률 규정 완화 적용　115
  5. 지구단위계획구역 지정 절차　　　　　　116

제7장. 개발행위허가 및 성장관리방안　　　**117**

  1. 개발행위허가 의의　　　　　　　　　　117
  2. 개발행위 대상　　　　　　　　　　　　117
  3. 개발행위허가 규모 및 기준　　　　　　118
  4. 개발행위허가 절차　　　　　　　　　　119
  5. 성장관리계획　　　　　　　　　　　　120
  6. 계획관리지역에서 성장관리방안 수립　 121

제2강. 토지수용은 내 주변에 자주 일어난다

제1장. 토지수용의 개요　　　　　　　　　**125**

  1. 토지보상법 목적 및 연혁　　　　　　　125

2. 토지보상법의 조문　　　　　　　　　　　　　　126
　　3. 토지보상법이 없다면　　　　　　　　　　　　　127

제2장. 공익사업　　　　　　　　　　　　　　　　128
　　1. 공익사업의 종류　　　　　　　　　　　　　　128
　　2. 사업인정 협의　　　　　　　　　　　　　　　128
　　3. 사업인정의 통지　　　　　　　　　　　　　　129
　　4. 사업인정 고시　　　　　　　　　　　　　　　130
　　5. 사업인정의 효력　　　　　　　　　　　　　　130
　　6. 주요사업 사업인정 의제제도　　　　　　　　131
　　7. 공익사업의 준비　　　　　　　　　　　　　　132

제3장. 토지의 취득 절차　　　　　　　　　　　　134
　　1. 토지의 취득　　　　　　　　　　　　　　　　134
　　　　1) 토지의 취득 절차　　　　　　　　　　　134
　　　　2) 협의 취득 절차　　　　　　　　　　　　135
　　　　3) 수용 취득 절차　　　　　　　　　　　　135
　　　　4) 토지 및 물건조서 작성　　　　　　　　　136
　　　　5) 보상계획 공고·열람　　　　　　　　　　137
　　　　6) 보상협의회　　　　　　　　　　　　　　138
　　2. 협의 감정평가　　　　　　　　　　　　　　　138
　　　　1) 감정평가사 선정 및 가격 산정　　　　　138
　　　　2) 보상액 산정 재평가　　　　　　　　　　139
　　3. 토지보상 협의 관련　　　　　　　　　　　　140
　　　　1) 토지보상 협의 요청　　　　　　　　　　140
　　　　2) 협의요청 공시송달　　　　　　　　　　　141
　　　　3) 성실한 협의요건　　　　　　　　　　　　142
　　　　4) 협의경위서 작성　　　　　　　　　　　　143

제4장. 토지수용 재결신청　　144

- 1. 재결신청의 청구　　144
  - 1) 토지수용위원회 개요　　144
  - 2) 토지수용위원회 성격　　145
  - 3) 토지수용 재결절차　　146
  - 4) 재결신청서 열람·공고　　146
  - 5) 조속 재결신청　　147
- 2. 토지수용위원회 심리　　149
  - 1) 수용재결 감정평가　　149
  - 2) 토지수용위원회 심리　　150
  - 3) 토지수용위원회 재결　　150
  - 4) 보상금의 지급 및 소유권 취득　　151
  - 5) 이의신청　　152

제5장. 토지수용 손실보상　　153

- 1. 수용보상의 개요　　153
  - 1) 손실보상의 원칙　　153
  - 2) 감정평가에 의한 보상액 산정　　154
  - 3) 사업시행자 직접 보상액 산정　　154
- 2. 토지보상 평가 기준　　155
- 3. 기타 건축물 등 평가　　156
  - 1) 건축물 등　　156
  - 2) 무허가건축물 등　　156
  - 3) 사실상의 사도부지　　158
  - 4) 공도부지　　159
  - 5) 미지급용지 (미불용지)　　160
  - 6) 잔여지 등의 매수 및 수용청구　　161
  - 7) 환매권 행사　　162

제6장. 영업손실 보상　　　　　　　　**164**
  1. 영업보상의 요건　　　　　　　　164
  2. 휴업보상　　　　　　　　　　　165
  3. 폐업보상　　　　　　　　　　　166

제7장. 이주대책　　　　　　　　　　**168**
  1. 생활보상의 개념　　　　　　　　168
  2. 이주대책 등　　　　　　　　　　168
  3. 주거이전비 이사비 등　　　　　　169

제3강. 그린벨트는 전문가의 간접 경험으로 쉽게 배울 수 있다

제1장. 개발제한구역 개요　　　　　　**173**
  1. 개발제한구역 관심 사항　　　　　173
  2. 개발제한구역 전문가가 없는 이유　173
  3. 개발제한구역 의의　　　　　　　174
    1) 개발제한구역 유래 및 목적　　　174
    2) 개발제한구역 지정현황　　　　　175
    3) 개발제한구역 연혁　　　　　　　175
    4) 개발제한구역 환경평가등급　　　177
    5) 개발제한구역 대상 토지 확인 방법　178

제2장. 개발제한구역 해제　　　　　　**181**
  1. 개발제한구역 해제 유형　　　　　181
  2. 개발제한구역 해제 개요　　　　　182
  3. 개발제한구역 해제 절차　　　　　182
  4. 개발제한구역 조정대상지역 해제　183
  5. 집단취락지구 해제　　　　　　　183
  6. 단절토지 해제　　　　　　　　　184
  7. 경계선 관통대지 해제　　　　　　186

제3장. 취락지구 지정   188
  1. 취락지구 지정 개요   188
  2. 취락지구 주택호수 산정 기준   189

제4장. 개발제한구역 관리계획 수립   190
  1. 개발제한구역 관리계획 개요   190
  2. 개발제한구역 관리계획 수립 대상   191
  3. GB 관리계획 수립 절차   192
  4. GB 관리계획 미반영 시설   193
  5. GB 관리계획 경미한 변경   194
  6. 개발제한구역 관리계획 비대상 사업   195

제5장. 개발제한구역 개발행위 허가   196
  1. 건축물 및 공작물 종류 및 설치의 범위   196
  2. 허가 또는 신고의 세부 기준   197
  3. GB 구역 내 허가 또는 신고 없이 할 수 있는 행위   197
  4. 개발제한구역 내 주택 및 근린생활시설 신·증축   198
  5. GB 구역 내 주택 및 근린생활시설 용도변경   199
  6. 개발제한구역 이축   200
  7. 개발제한구역 이축권 행사 방법   201
  8. 개발제한구역 내 신축 가능 기타 시설   202
  9. 야영장   203

제6장. 개발제한구역 보전부담금 및 불법행위   205
  1. 개발제한구역 보전부담금   205
  2. GB 불법행위 단속 체계   205
  3. 이행강제금 부과   206

제4강. 도시개발사업과 산업단지는 토지수용이 가능하다

제1장. 도시개발사업의 개요　　　　　　　　　　　211
　1. 도시개발사업의 정의　　　　　　　　　　　　211
　2. 도시개발법 주요 용어　　　　　　　　　　　　211
　3. 도시개발사업 환지의 종류　　　　　　　　　　212
　4. 도시개발사업 시행방식　　　　　　　　　　　213
　5. 도시개발사업 대상지 규모　　　　　　　　　　213
　6. 도시개발사업 절차　　　　　　　　　　　　　214

제2장. 도시개발사업 수용방식　　　　　　　　　　215
　1. 토지 등의 수용 또는 사용　　　　　　　　　　215
　2. 토지보상법 준용　　　　　　　　　　　　　　215
　3. 사업인정 협의　　　　　　　　　　　　　　　216
　4. 토지보상절차　　　　　　　　　　　　　　　217
　5. 이주대책　　　　　　　　　　　　　　　　　217
　6. 주거이전비·이사비　　　　　　　　　　　　　218
　7. 도시개발구역 행위허가 대상　　　　　　　　　219
　　1) 행위허가의 대상　　　　　　　　　　　　　219
　　2) 기득권 보호의 원칙　　　　　　　　　　　　219

제3장. 도시개발사업 환지방식　　　　　　　　　　220
　1. 환지방식의 의의　　　　　　　　　　　　　　220
　2. 조합설립인가　　　　　　　　　　　　　　　220
　3. 환지방식 사업인정 의제 여부　　　　　　　　221
　4. 환지방식 수용절차　　　　　　　　　　　　　221
　5. 환지방식 영업권 보상 시점　　　　　　　　　222
　6. 환지 부(不)지정　　　　　　　　　　　　　　223

7. 환지방식 부(不)지정 토지매수 방법   224
   1) 사업시행 반대 토지의 수용가능 여부   224
   2) 토지소유자 미동의한 집단환지 금전청산의 적법 여부   224
8. 도시개발사업 환지처분   225
9. 환지처분의 절차   225
10. 환지계획 작성 시 가격 산정 기준   226
   1) 정리 전후 가격 산정 기준   226
   2) 정리 전 가격 결정   227
   3) 개별 환지된 토지매매 시 정산 방법   227

제4장. 산업단지의 지정 및 개요   228

1. 산업단지의 개요   228
   1) 산업단지 목적 및 용어의 정의   228
   2) 산업입지법 법령 구성체계   228
   3) 산업단지의 조성 절차   229
2. 산업단지의 지정   230
   1) 국가 및 일반 산업단지 지정   230
   2) 도시첨단 및 농공단지 지정   230
   3) 산업단지 행위허가 대상   231
   4) 산업단지 입지 행위 제한   231
   5) 허가를 요하지 않는 행위   232

제5장. 산업단지의 개발   233

1. 사업시행자의 지정   233
2. 사업시행자의 변경   233
3. 실시계획의 작성 및 승인신청   234
4. 실시계획 승인의 고시   234

제6장. 산업단지 인허가 절차 간소화를 위한 특례법   236
  1. 산단절차간소화법 이해   236
  2. 산단절차간소화법 적용 범위   236
  3. 산단절차간소화법 절차도   237
    1) 주민 등의 의견청취   238
    2) 관계기관 협의   238
    3) 통합조정회의   238
    4) 산업단지계획 승인 기간의 제한   238
    5) '국토의 계획 및 이용에 관한 법률'의 적용 특례   239
    6) 산업단지계획의 승인 고시   239

제7장. 산업단지 토지수용   241
  1. 산업단지 토지수용 근거   241
  2. 산업단지 토지수용 재결신청   241
  3. 중앙토지수용위원회 협의   242
  4. 산업단지 보상절차   243
  5. 이주대책 수립   244
  6. 주거이전비 및 이사비   245
  7. 토지소유자에 대한 환지   246

제5강. 재개발과 재건축사업은 현금청산에 큰 차이가 있다

제1장. 재개발사업 의의   249
  1. 재개발사업 개요   249
  2. 도시정비법 용어의 정리   250
  3. 정비사업 절차   251

제2장. 재개발조합   253
  1. 조합설립 추진위원회 구성   253
  2. 조합설립인가 요건   253

제3장. 재개발사업 토지수용　　　　　255

  1. 재개발사업 토지수용 의의　　　　255

  2. 재개발사업 토지수용 근거　　　　256

  3. 재개발사업 사업인정 협의　　　　256

  4. 재개발사업 토지보상절차　　　　257

  5. 재개발사업 현금청산자　　　　　257

제4장. 재개발사업 토지수용 '구법' 적용　　259

  1. 토지보상법 구법 적용 대상　　　　259

  2. 재개발사업 토지수용 근거　　　　260

  3. 토지수용 절차　　　　　　　　　260

  4. 조속재결 신청　　　　　　　　　261

  5. 정비구역 행위 제한 등　　　　　262

제5장. 이주대책 수립 및 손실보상　　　264

  1. 이주대책 수립　　　　　　　　　264

  2. 영업보상 등 손실보상 기준일　　265

  3. 주거이전비 및 이사비　　　　　265

제6장. 재건축사업　　　　　　　　　267

  1. 재건축사업 의의　　　　　　　　267

  2. 조합설립추진위원회　　　　　　267

  3. 조합설립인가 요건　　　　　　　268

  4. 조합원 자격　　　　　　　　　　269

제7장. 재건축사업 매도청구　　　　　270

  1. 재건축사업 수용·매도청구　　　　270

  2. 매도청구 대상 및 절차　　　　　270

  3. 재건축 현금청산자　　　　　　　271

제6강. 지역주택조합과 리모델링은 주택법을 적용한다

제1장. 주택법 사업 개요   275
  1. 주택법 의의   275
  2. 주택법의 용어 정의   275
  3. 주택건설업자 등록 대상   276
  4. 등록기준   277

제2장. 지역주택조합   278
  1. 지역주택조합 제도 및 인가   278
  2. 지역주택조합의 인가요건   278
    1) 인가요건   279
    2) 조합원의 수   279
    3) 조합원 모집 신고 및 공개모집   279
  3. 지역주택조합원 자격   280
  4. 조합원 교체 및 신규 가입   281
  5. 조합 가입 철회 및 가입비 반환   282
    1) 가입비 예치기관에 예치   282
    2) 조합가입 철회 및 가입비 반환   282

제3장. 사업계획의 승인   284
  1. 사업계획 승인대상 및 승인권자   284
    1) 사업계획 승인대상   284
    2) 사업계획 승인권자   285
  2. 주택건설대지의 소유권 확보   286
    1) 대지의 소유권 확보   286
    2) 매도청구   287
      (1) 지구단위계획구역 매도청구   287
      (2) 매도청구 관련 대법원 판례 사례   287
  3. 주택법에서 토지수용   289
  4. 주택법에서의 토지수용 절차   290

제4장. 리모델링　　　　　　　　　　　291
　1. 리모델링의 의의　　　　　　　　　291
　2. 리모델링 조합원 자격　　　　　　291
　3. 매도청구　　　　　　　　　　　　292
　4. 소유자 확인이 곤란한 대지 등 처분　293

제7강. 농지와 임야는 부동산의 핵심 구성 요소다

제1장. 농지법 개요　　　　　　　　　296
　1. 농지법의 목적　　　　　　　　　　296
　2. 농지의 정의　　　　　　　　　　　296
　3. 농축산물 생산 시설이란　　　　　297
　4. 영농여건 불리농지　　　　　　　　298
　5. 농업인이란?　　　　　　　　　　　298
　6. 농업법인 등 용어의 정의　　　　　299

제2장. 농지의 소유　　　　　　　　　300
　1. 농지소유의 원칙　　　　　　　　　300
　2. 농지소유 상한제　　　　　　　　　300
　3. 농지취득자격증명 발급　　　　　　301
　4. 농지의 위탁경영 금지　　　　　　302
　5. 농지의 처분 의무　　　　　　　　302
　6. 농지처분의 면제 사유　　　　　　303
　7. 처분명령과 매수청구　　　　　　　304
　8. 처분명령의 유예 및 처분명령　　　304
　9. 농지의 임대차 또는 사용대차　　　305
　10. 임대차·사용대차 종료 명령　　　306

제3장. 농지의 보전 및 해제　　　　　307
　1. 농업진흥지역이란?　　　　　　　　307

2. 농업진흥지역 해제　　　　　　　　　308
　　3. 3만㎡ 이하 진흥지역 해제　　　　　　308
　　4. 농업진흥구역 허용 행위　　　　　　　309
　　5. 농업보호구역 허용 행위　　　　　　　309
　　6. 농지의 전용허가　　　　　　　　　　310
　　7. 농지전용협의　　　　　　　　　　　　311
　　8. 농지전용신고　　　　　　　　　　　　311
　　9. 농지전용부담금　　　　　　　　　　　312
　　10. 이행강제금 부과절차　　　　　　　　313

제4장. 산지관리법 개요　　　　　　　　314
　　1. 산지관리법 목적　　　　　　　　　　314
　　2. 산지관리법 산지란?　　　　　　　　　314
　　3. 산지관리법 산지전용 등　　　　　　　315
　　4. 산지에서 제외되는 토지　　　　　　　316

제5장. 산지의 보전　　　　　　　　　　317
　　1. 산지의 구분　　　　　　　　　　　　317
　　2. 임업용 산지　　　　　　　　　　　　317
　　3. 공익용 산지　　　　　　　　　　　　318
　　4. 보전산지의 지정해제　　　　　　　　319

제6장. 보전산지에서 행위제한　　　　　320
　　1. 임업용 산지　　　　　　　　　　　　320
　　2. 공익용 산지　　　　　　　　　　　　320
　　3. 산지전용허가·전용신고　　　　　　　321
　　　　1) 산지전용허가 의의　　　　　　　321
　　　　2) 산지전용신고　　　　　　　　　　322
　　　　3) 산지전용허가의 기준　　　　　　322

4. 대체산림자원 조성비　　　　　　　　　　　　323
　　5. 산지복구 설계서 승인 등　　　　　　　　　　324
　　6. 공동소유 임야에 주택신축이 가능한지?　　　325

제8강. 소규모주택정비사업과 건축법도 알아야 한다

제1장. 소규모주택정비사업　　　　　　　　　　328
　　1. 소규모주택정비사업 목적　　　　　　　　　　328
　　2. 사업의 종류　　　　　　　　　　　　　　　　328
　　3. 용어의 정의　　　　　　　　　　　　　　　　329
　　4. 정비사업 대상지역　　　　　　　　　　　　　330
　　5. 정비사업 추진절차　　　　　　　　　　　　　330

제2장. 사업 시행 방법　　　　　　　　　　　　　331
　　1. 소규모주택정비사업 시행 방법　　　　　　　　331
　　2. 소규모주택정비사업 시행자　　　　　　　　　331
　　3. 소규모주택정비사업 공공시행자 지정　　　　　332
　　4. 시공사 선정　　　　　　　　　　　　　　　　332
　　5. 주민합의체의 구성　　　　　　　　　　　　　333
　　6. 가로주택정비사업 조합설립인가　　　　　　　334
　　7. 조합원 자격　　　　　　　　　　　　　　　　334
　　8. 매도청구　　　　　　　　　　　　　　　　　335
　　9. 토지 등의 수용 또는 사용　　　　　　　　　　336
　　10. 분양신청 하지 않는 자　　　　　　　　　　　337

제3장. 건축법 개요　　　　　　　　　　　　　　338
　　1. 건축법 용어의 정의　　　　　　　　　　　　　338
　　2. 건축이란　　　　　　　　　　　　　　　　　338
　　3. 주택의 차이점 (다중, 다가구, 다세대)　　　　 339
　　4. 주택의 차이점 (아파트, 오피스텔, 연립)　　　 340

5. 용도별 건축물의 종류　　　　　　　　　　　340

　　6. 건축물의 용도변경　　　　　　　　　　　　341

제4장. 건축법과 도로 관련　　　　　　　　　　342

　　1. 건축법상 도로　　　　　　　　　　　　　　342

　　2. 건축법상 도로 예외규정　　　　　　　　　　342

　　3. 건축선　　　　　　　　　　　　　　　　　　343

　　4. 건축선 사례　　　　　　　　　　　　　　　344

　　5. 건축선 사례 모퉁이 도로　　　　　　　　　344

　　6. 대지분할면적 제한　　　　　　　　　　　　345

제9강. 임대차법은 임차인 보호를 위한 특별법이다

제1장. 주택임대차보호법　　　　　　　　　　　347

　　1. 주택임대차보호법 개요　　　　　　　　　　347

　　2. 임대인 지위 승계　　　　　　　　　　　　　348

　　3. 임차권등기명령 및 우선변제권 취득　　　　349

　　4. 우선변제권 배제　　　　　　　　　　　　　350

　　5. 경매에 의한 임차권 소멸　　　　　　　　　350

　　6. 임대차 기간 및 계약의 갱신　　　　　　　　351

　　7. 묵시적 계약갱신 및 계약갱신권 행사　　　　351

　　8. 계약갱신권 행사 횟수 및 손해배상　　　　　352

　　9. 차임증감청구　　　　　　　　　　　　　　　353

　　10. 소액임차인 최우선 변제금　　　　　　　　353

제2장. 상가건물 임대차보호법　　　　　　　　　355

　　1. 상가건물 임대차보호법 의의　　　　　　　　355

　　2. 보증금액 및 환산금액 적용　　　　　　　　355

　　3. 대항력 및 지위승계　　　　　　　　　　　　356

　　4. 확정일자 부여　　　　　　　　　　　　　　357

5. 우선변제 및 임차권등기명령 ... 358
6. 우선변제권 취득 ... 358
7. 임대차 기간 및 계약갱신 ... 359
8. 갱신권 행사 및 묵시적 갱신 ... 359

제10강. 경매와 공매는 권리분석이 핵심이다

제1장. 경매 및 공매 개요 ... 364
1. 경매 및 공매란 ... 364
2. 경매의 종류 ... 365
3. 경매 절차도 ... 365

제2장. 경매의 주요 용어 정리 ... 367
1. 경매의 개시결정 등기 등 ... 367
2. 배당요구 종기결정 및 공고 ... 367
3. 현황조사 ... 367
4. 매각물건명세서 사본 등의 비치 ... 368
5. 즉시항고 ... 368
6. 취소결정의 효력 ... 368
7. 경매신청의 취하 ... 369
8. 차순위매수신고 ... 369
9. 소유권 취득시기 ... 369
10. 말소기준 권리란 ... 369
　1) 인수주의 ... 370
　2) 소멸주의 ... 370

제3장. 경매 참여 시 사전점검 사항 ... 371
1. 부동산 공부상 점검 ... 371
　1) 경매참여 시 사전점검 사항 ... 371
　2) 등기부와 대장과의 관계 ... 371

2. 경매법원 자료 점검　　　　　　　　　　　372
　　3. 대위변제 및 사례　　　　　　　　　　　　373
　　4. 공유지분 우선매수권　　　　　　　　　　374
　　5. 대지권 미등기　　　　　　　　　　　　　375
　　6. 토지별도 등기　　　　　　　　　　　　　376
　　7. 유치권 사례　　　　　　　　　　　　　　376
　　8. 무잉여에 의한 경매 취소　　　　　　　　378

제4장. 소유권 제한 등기　　　　　　　　　　379
　　1. 가등기　　　　　　　　　　　　　　　　　379
　　　1) 청구권의 보전을 위한 가등기　　　　　379
　　　2) 담보가등기　　　　　　　　　　　　　380
　　2. 가압류　　　　　　　　　　　　　　　　　380
　　3. 가처분 등기　　　　　　　　　　　　　　381
　　　1) 가처분 등기의 의미　　　　　　　　　381
　　　2) 경매절차에서 가처분 효력　　　　　　382
　　4. 근저당 등기　　　　　　　　　　　　　　383
　　5. 전세권　　　　　　　　　　　　　　　　　383
　　　1) 전세권이란?　　　　　　　　　　　　　383
　　　2) 전세권과 경매신청　　　　　　　　　　384

제5장. 법정지상권　　　　　　　　　　　　　385
　　1. 법정지상권 의의　　　　　　　　　　　　385
　　　1) 약정지상권　　　　　　　　　　　　　386
　　　2) 관습법상 법정지상권　　　　　　　　　386
　　2. 법정지상권의 종류　　　　　　　　　　　386
　　3. 법정지상권의 성립요건　　　　　　　　　387
　　4. 법정지상권 사례　　　　　　　　　　　　387
　　　1) 법정지상권이 성립되는 경우　　　　　387
　　　2) 법정지상권이 미성립한 경우　　　　　388

5. 분묘기지권　　　　　　　　　　　　　　389
　　　　1) 분묘기지권 성립요건　　　　　　　　389
　　　　2) 분묘기지권 존속기간　　　　　　　　389
　　　　3) 분묘기지권 권리분석　　　　　　　　390

제6장. 임차인의 권리분석　　　　　　　　391

　　1. 임차인 분석　　　　　　　　　　　　　391
　　　　1) 대항력　　　　　　　　　　　　　　391
　　　　2) 확정일자　　　　　　　　　　　　　392
　　　　3) 최우선변제　　　　　　　　　　　　392
　　2. 세대합가　　　　　　　　　　　　　　393
　　3. 임차인 배당요구　　　　　　　　　　　393
　　4. 소액임차인 최우선변제권　　　　　　　394

제7장. 배당 관련　　　　　　　　　　　　395

　　1. 배당의 요건　　　　　　　　　　　　　395
　　2. 배당의 요구　　　　　　　　　　　　　396
　　3. 배당 참여　　　　　　　　　　　　　　397
　　4. 배당 순위　　　　　　　　　　　　　　397
　　5. 경매개시 결정에 따른 대응 방법　　　　400
　　　　1) 최우선변제권자는 반드시 배당 요구　400
　　　　2) 대항력 있는 임차인의 대응 방법　　　401

머리말

 이 책은 대한민국 최초로 실무 경험자가 아니면 만들 수 없는 방대한 부동산 공법 분야를 행정 경험과 실무 경험을 융·복합하여 단 한 권의 책으로 만들었습니다. 이 책은 평소 부동산에 많은 관심은 가지고 있으나 부동산 공법이 어렵다고 주저하시는 분, 부동산 공법 분야가 방대하여 무엇부터 시작할지 엄두가 나지 않는 분, 부동산 공부가 이미 늦었다고 부동산 공부를 포기하는 분, 부동산 분야에 종사하고 있으나 실무 경험이 없어서 확신이 없는 분, 부동산 공부를 어떤 교재로 시작할지 잘 모르는 분들을 위해 강사가 학생에게 PPT로 강의하듯이 누구나 쉽고 재미있게 공부할 수 있는 부동산 융·복합서입니다.

 먼저 부동산은 인간과 불가분의 관계인데, 인간 생활의 3대 요소인 입는 것(依), 먹는 것(食), 쉬는 것(住)을 일컫는 의식주(衣食住) 중 주(住)인 부동산은 입는 것, 먹는 것과 함께 일생의 동반자 관계입니다. 그러나 의식(衣食)은 매일 반복하고 학습하는데, 주(住)인 부동산 문제는 자주 일어나지 않고 평소 학습하지 않기에 부동산 문제가 발생하면 인간 생애 주기에 큰 어려움을 겪을 수 있습니다.

 통상적으로 인간 생애 주기를 요람에서 무덤까지로 말하는데, 부동산에도 일정한 생태계 주기가 있습니다. 이 생태 주기에는 부동산 사이클, 도시계획, 재개발, 재건축, 리모델링, 토지수용, 경매 등이 있습니다. 이러한 부동산에 관련된 공법을 모르면 부동산 생태계를 잘 모르게 되고, 부동산 생태계를 잘 모르면 타인에게 평생 의존해야 하고, 타인에게 의존하면 100세 시대 가장 중요한 자산인 부동산 문제를 남에게 의존해야 합니다.

부동산을 잘 몰라서 타인에게 의존하면 어떤 일이 일어나는지에 대하여 살펴보면 크게 세 가지로 나눌 수 있습니다. 첫째, 부동산 심리에 큰 영향을 주는 부동산 정보의 홍수에 빠질 수 있습니다. 둘째, 부동산 사이클 주기를 모르면 부동산 투자에 큰 어려움을 겪을 수 있습니다. 셋째, 도시계획, 재개발, 재건축, 리모델링, 토지수용, 경매 등 부동산 공법을 모르면 이에 대해 평생 걱정하며 살아야 합니다.

본 교재는 지금까지 일반 사람이 경험하지 못한 부동산의 핵심인 도시계획, 그린벨트, 토지수용 등 행정 경험과 수많은 민원 응대 경험, 행정사 공인중개사로서 현장에서 고객의 각종 부동산 상담 경험 및 강의 경험 등을 법령에 근거 융·복합하여 집필하였습니다. 또한 부동산 공부의 필요성, 부동산 특성, 토지의 기본법인 국토계획법, 토지수용, 그린벨트, 도시개발사업, 산업단지, 재개발·재건축, 지역주택조합 및 리모델링, 농지와 임야, 소규모 주택정비사업 및 건축법, 임대차보호법, 경매·공매 등 부동산 공법의 주요 핵심 분야에 대한 실무 경험 사례를 강의 방식으로 편성하여 타 교재와 차별화했습니다.

끝으로, 대한민국의 보통 사람을 비롯한 행정사, 공인중개사, 부동산 학부생, 부동산 관련 전문직 종사자 등이 어떤 교재에서도 경험할 수 없는 실무 경험과 부동산 분야별 정보를 이 한 권의 책에서 비교할 수 있도록 구성하였기에 독자들이 부동산 지식을 얻기 위해 여러 가지 책을 모두 찾아야 하는 수고로움을 없앴습니다. 이 한 권의 책은 부동산 관련 실무 경험이 없어도 간접 경험을 얻을 수 있고, 부동산 초보자는 부동산 공부를 통해 내 부동산 문제를 스스로 해결하는 소중한 길라잡이가 될 것을 확신합니다.

※ 유의 사항 : 부동산 공법은 법령이 자주 변경될 수 있으므로 이 책을 해당 실무에 적용 시 반드시 "국가법령정보센터"에서 해당 법령을 확인하시기 바랍니다.

제1절

인간과 부동산은 평생 동반자다

제1장. 의식주는 인간 생활의 3대 기본 요소이다

  1. 의식주(衣食住)란 무엇인가?

  2. 의·식은 매일 반복, 주(부동산)는 가끔 일어난다

제2장. 인간에게는 생애 주기, 부동산에는 생태 주기가 있다

  1. 인간과 부동산에는 일정한 주기가 있다

  2. 부동산 생태계는 개별적 특성이 있다

  3. 부동산에는 일정한 사이클이 있다

  4. 부동산 시장에는 주거 사다리가 있다

  5. 부동산 비중이 높으면 노후에 어려움이 있다

제1장
의식주는 인간 생활의 3대 기본 요소이다

1. 의식주(衣食住)란 무엇인가?

"의식주(衣食住)"란 입는 것, 먹는 것, 잠자는 것을 말하며 의식주 중 한 가지만 없어도 인간은 기본 생활을 유지할 수 없기에 의식주를 인간 생활의 3대 기본이라고 말합니다.

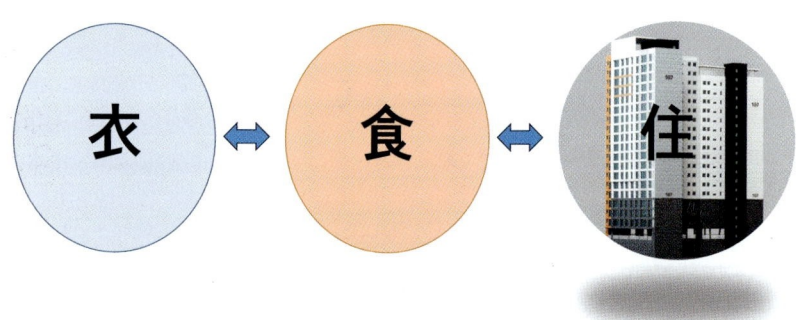

2. 의·식은 매일 반복, 주(부동산)는 가끔 일어난다

의식주(衣食住) 중 의식(衣食)은 인간이 생활 속의 일부로 매일 반복하고 매일 무의식적으로 학습하며, 잘못하더라도 그에 따른 큰 문제가 없습니다. 하지만 주(住) 즉 부동산 문제는 평소 자주 일어나지 않기에 매일 학습하지 않으며, 만약 문제가 생기더라도 타인에게 의존하면 된다고 생각합니다.

의(衣)·식(食)	부동산(住)
생활의 일부 매일 반복·학습 시행착오 리스크 작음	평소 무관심 남에게 의존 남 의존 리스크 큼

그러나, 고가의 부동산에서 어떤 문제가 발생하는 경우, 부동산을 잘 모르면 나의 전 재산과 다름없는 부동산 문제를 타인에게 의존하게 됩니다. 이때 잘못 의존하면 나와 내 가족 공동체 모두가 오랜 기간 큰 어려움을 겪을 수 있습니다.

제2장
인간에게는 생애 주기, 부동산에는 생태 주기가 있다

1. 인간과 부동산에는 일정한 주기가 있다

인간에게 "요람에서 무덤까지"와 같이 생애 주기가 있듯이, 부동산에도 부동산만의 일정한 생태계가 있습니다. 부동산 생태계 주기는 크게 부동산 사이클과 부동산에서 필연적으로 일어나는 도시계획, 재개발, 재건축, 리모델링, 토지수용, 경매 등이 있습니다.

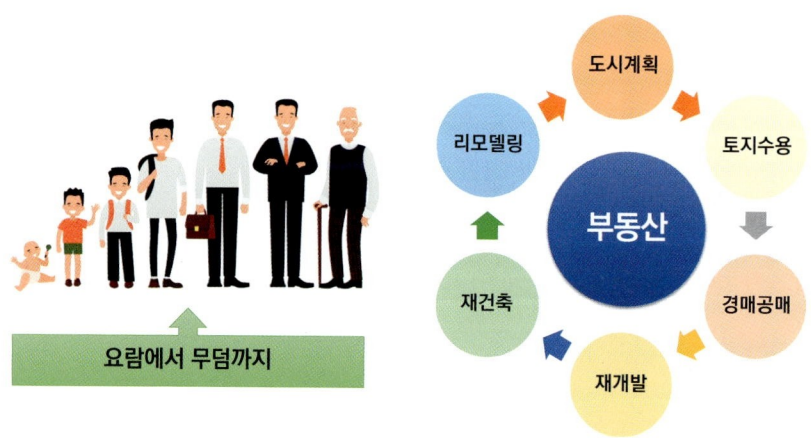

최근 의학 기술의 급격한 발전에 따라 인간의 생애 주기 또한 늘어나 100세 이상까지도 사는 시대가 되었는데, 인간의 생애 주기가 늘어난 만큼 부동산 생태계 주기도 함께 늘어나게 되었습니다.

100세 시대에 인간이 생애 주기 전반에서 부동산 생태계의 영향을 크게 받을 수밖에 없는 이유를 말씀드리면, 현재까지 우리나라 국민이 강한 애착을 보이면서 평생 동반자로 인식하고 있는 부동산도 시간의 경과에 따라 도시계획, 재개발, 재건축, 리모델링, 토지수용, 경매 등의 대상이 됩니다. 부동산 생태계는 남녀노소 인간의 생애 주기에서 언제든지 일어날 수 있기에 부동산 지식이 부족하여 잘못 대응하거나 남에게 잘못 의존하면 부동산 문제로 어려움을 겪을 수 있습니다.

2. 부동산 생태계는 개별적 특성이 있다

부동산 분야에서 자주 일어나는 생태계에는 첫째, 재개발사업과 재건축을 들 수 있습니다. 재개발과 재건축의 가장 큰 차이점은 조합원이 새 아파트를 받지 않고 현금으로 청산할 때, 보상가격에 대하여 개발이익을 반영하지 않는 감정평가로 받는지, 개발이익을 반영한 새 아파트 가격으로 보상을 받는지 입니다. 아래 표와 같이 재개발사업은 개발이익을 반영하지 않는 감정평가로 보상을 받고, 재건축은 개발이익을 반영한 시가로 보상을 받습니다.

구분	특성	보상 방식
재개발	❖ 기반시설 불량한 구도심 개발 ❖ 일정 요건 해당 시 수용방식	감정평가
재건축	❖ 구아파트 단지 재건축 ❖ 일정 요건 해당 시 매도청구	시가보상
리모델링	❖ 구아파트 단지 리모델링 ❖ 일정 요건 해당 시 매도청구	시가보상
토지수용	❖ 공익사업 해당 사업 사업인정 시 ❖ 토지수용 가능	감정평가
경매	❖ 경매 물건 권리분석 ❖ 경매 참여 여부 판단	감정평가

둘째는 부동산에서 자주 일어나는 토지수용과 경매에 대한 문제인데, 부동산 공법 지식이 있다면 토지수용과 경매를 활용하여 절호의 기회를 만들 수 있습니다.

실무 경험상 민원인이 토지수용을 잘 몰라서 문의하는 내용을 살펴보면 수용을 반대하면 어떻게 되는지, 토지를 매도하라고 독촉하는데 매도해야 하는지, 보상가격이 어떻게 책정되고 가격이 적정한지, 제시한 보상가격에 협의를 안 하면 수용을 하겠다고 하는데 수용대상이 되는지, 토지보상 절차는 어떻게 진행되는지 등 토지수용 전반에 대한 것이 대부분입니다. 토지수용을 모르면 토지수용이 끝날 때까지 오랜 기간 고통을 받을 수 있기에 본 교재로 토지수용 및 부동산 공법을 공부하면 많은 도움이 됩니다.

3. 부동산에는 일정한 사이클이 있다

부동산 사이클은 동서고금을 막론하고 일정한 주기로 가격의 상승과 하락이 반복되는데, 이러한 사이클을 무시하고 주택 등을 매매할 시, 사이클 최고점에서 매입하고 최저점에서 매도하는 경우가 발생하게 됩니다.

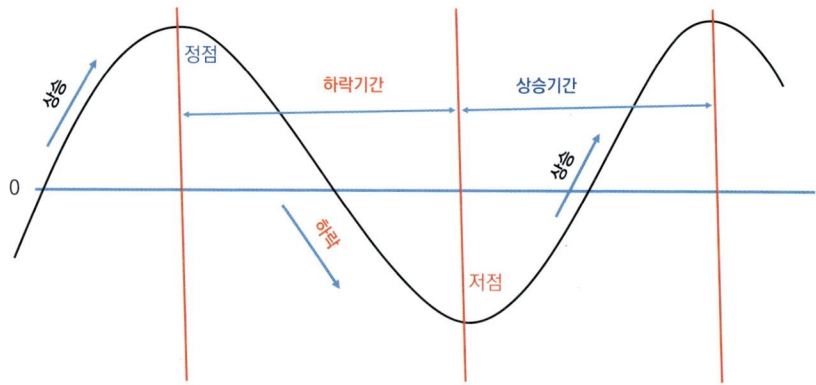

부동산 사이클이 생태계처럼 존재하는 것은 우리나라 최근 역사에서도 입증한 바 있습니다. 대표적인 사례로 1998년 IMF 경제 위기, 2008년 세계 금융위기, 2019년 코로나 등을 들 수 있습니다. 이러한 위기를 겪으면서 우리나라 부동산에도 사이클이 일정한 주기로 반복해서 나타난다는 것을 확인할 수 있는데, 부동산 매매 시에는 반드시 부동산 공법 지식을 바탕에 두고 부동산 사이클 주기를 고려해야 부동산 리스크를 최대한 예방할 수 있습니다.

4. 부동산 시장에는 주거 사다리가 있다

우리나라 부동산 시장에는 세계에서 유일하게 전세제도가 자리 잡고 있으며, 주거 사다리 틀 속에 부동산 전세제도가 존재합니다. 주거 사다리에는 오랫동안 최하단에 월세, 중간 단계에 전세, 그 위에 자가 소유 단계가 자리 잡고 있었습니다. 주거 사다리의 최종 단계에는 자가 소유자가 작은 평수에서 큰 평수로 갈아타는 관행이 오랫동안 유지되어 왔습니다.

그러나, 2008년 이전에는 전세보증금 전체를 내 자산으로 활용하는 주거 사다리 역할이 가능했는데, 정부의 전세보증금 대출 확대 등 개입이 오히려 전세제도를 왜곡시켜 소위 영끌, 갭투자, 빌라 왕, 전세 사기의 온상이 되었습니다.

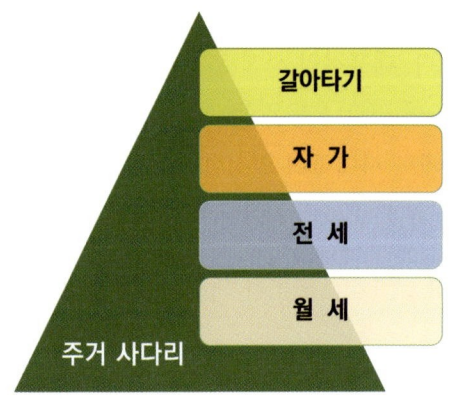

 최근 부동산 매매 동향을 살펴보면 MZ 세대가 부동산 불패를 신뢰하고 주거 사다리 시스템을 무시하며 과도한 레버리지를 활용 입지 여건, 주택 연식 등을 고려하지 않는 묻지마 투자가 많이 발생하고 있습니다. 고가의 부동산은 부동산 지식 없이 심리에 휩쓸려 잘못 매입하면 오랫동안 부동산 리스크로 가족 공동체가 큰 어려움을 겪을 수 있습니다.

5. 부동산 비중이 높으면 노후에 어려움이 있다

 미국 등 선진국과 비교했을 때 우리나라는 부동산 자산 비중이 높기에 앞으로 다가올 저출산, 초고령화 등 부동산 시장 환경의 급격한 변화에 미리 대비하여 부동산 자산 비중을 선진국 수준으로 조정할 필요가 있습니다.

 은퇴 후 부동산 비중이 내 자산에 절대적인 비중을 차지한다면 첫째, 부동산 유지 관리 비용이 생활에 큰 부담이 됩니다. 둘째, 자산 대부분이 아파트 등 부동산에 몰려 있는 경우 환금성이 떨어져 필요할 때 현금화가 어렵습니다. 셋째, 건축물 등의 자산은 계속 노후화되고 재개발, 재건축, 리모델링 대상으로 바뀔 수 있는데 이에 따른 추가 분담금은 소유자에게 큰 부담이 됩니다. 넷째, 저출산 및 초고령화에 따른 인구의 급속한 감소로 부동산 자산 시장에 큰 변화가 예상되어 아파트 등 자산 가치에 영향을 줄 수가 있습니다.

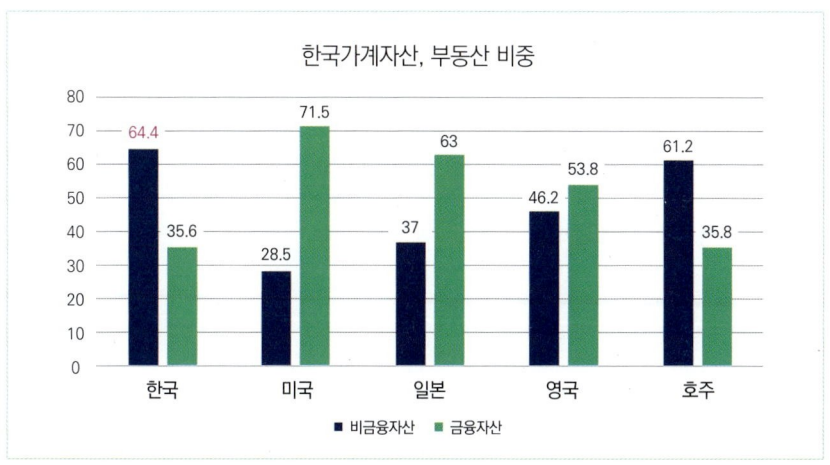

자료: 금융투자협회(2021년 기준)

위 표에는 우리나라 부동산 자산 비중이 64.4%로 나와 있는데, 미국은 28.5%, 일본은 37%로 우리나라가 이들 국가에 비해 부동산 자산이 큰 비중을 차지하고 있음을 알 수 있습니다.

제2절
부동산을 모르면 어떤 일이 일어나는가?

제1장. 부동산을 모르면 부동산 정보의 바다에 빠질 수 있다
   1. 부동산 정보의 소스 및 왜곡된 정보 확산
   2. 부동산을 모르면 부동산 정보의 바다에 빠질 수 있다
   3. 부동산 정보에는 부동산 심리가 크게 좌우한다

제2장. 부동산을 모르면 남에게 평생 의존해야 한다
   1. 부동산을 모르면 타인에게 평생 의존해야 한다
   2. 부동산 매매도 부동산 지식이 기본이다
     1) 토지를 잘못 매입하면 평생 세금만 낼 수 있다
       (1) 보전관리지역 수필지 분할 토지 관련
       (2) 토지 지분 투자는 이용도, 팔지도 못한다
     2) 토지를 매입할 때 부동산 공법을 알아야 한다
       (1) 토지를 여러 필지로 일괄 매입 시 유의 사항
       (2) 토지를 이용 목적으로 매입할 경우 유의 사항
     3) 주거용 주택은 입지 및 연식도 고려한다
   3. 부동산을 모르면 부동산 사기 피해자가 될 수 있다

제1장
부동산을 모르면
부동산 정보의 바다에 빠질 수 있다

1. 부동산 정보의 소스 및 왜곡된 정보 확산

우리나라 국민의 부동산 애착을 반영하여 유튜브, 블로그, 학원, 부동산 전문가, 언론 보도 등 다양한 부동산 홍보 콘텐츠가 매일 쏟아져 나와 국민의 부동산 심리를 좌지우지하고 있습니다.

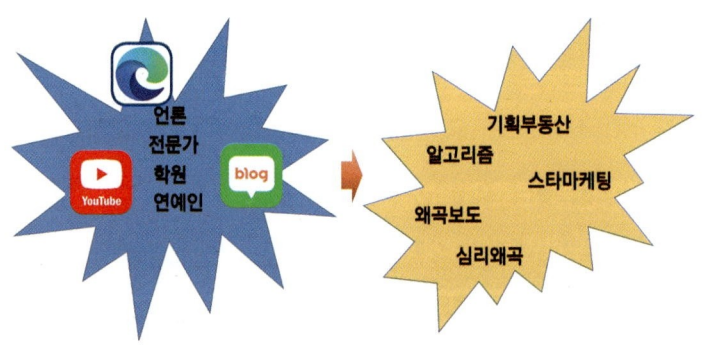

특히, 부동산 정보의 홍수 속에서 부동산을 제대로 알지 못하면 기획 부동산, 인터넷 알고리즘, 일부 보도 매체의 왜곡 보도 등에 소유자의 심리가 무너질 수 있습니다. 예컨대, 소비자가 가장 쉽게 접할 수 있는 부동산 관련 유튜브 등을 이용할 때에는 인터넷 알고리즘을 주의해야 합니다. 인터넷 알고리즘은 내가 원하는 키워드를 입력하면 그에 유사한 정보만 계속 상단에 노출하여 나의 판단력과 선택의 폭을 마비시켜 특정 홍보의 노예로 만들어 버리기 때문입니다.

 이러한 인터넷상의 정보 종속을 막기 위해서는 부동산 공법 지식을 가지고 검증된 전문가, 공공기관의 정보, 법령 등을 참고해야 합니다. 이때 특히 유의할 점은 일부 매체 보도인데, 일부 매체는 광고 문제 또는 부동산 관련 회사와 특수 관계로 얽혀 있어 언론의 보편적인 신뢰도를 이용하여 특정 부동산 업자들의 이익을 대변한 마케팅 수단이 되었으며, 심지어 연예인까지 동원한 스타마케팅도 서슴지 않습니다. 언론 매체 등에 민감한 MZ 세대 등이 부동산 공법 지식이 없이 보도를 신뢰하게 되면 잘못된 부동산 정보로 선의의 피해자가 될 수도 있습니다.

2. 부동산을 모르면 부동산 정보의 바다에 빠질 수 있다

 매일 부동산 정보가 끊임없이 홍수처럼 쏟아지는데, 부동산 지식, 부동산 생태계, 부동산 사이클을 모르면 부동산 정보의 홍수 및 심리에 휩쓸려 부동산 정보의 바다에 빠질 수 있습니다.

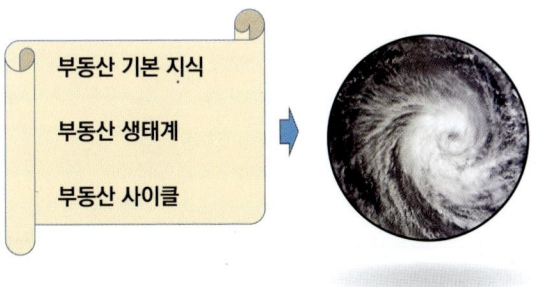

 우리나라 부동산 시장은 부동산 불패 신화를 바탕으로 쉽게 큰돈을 벌 수 있다는 생각과 지금 집을 못 사면 영원히 집을 살 수 없다는 심리를 자극하

는 불확실한 정보가 넘쳐납니다. 부동산 공법 지식 없이 잘못된 부동산 정보를 무조건 신뢰하면 부동산 정보의 홍수에 휩쓸려 과도한 레버리지로 부동산 시장에 뛰어들어 영끌, 갭투자, 전세 사기 등 피해자 또는 가해자가 될 수 있습니다.

3. 부동산 정보에는 부동산 심리가 크게 좌우한다

부동산은 심리가 크게 작용한다고 말합니다. 부동산 시장의 폭등 및 폭락 시기 때에는 정부의 어떤 부동산 정책도 잘 작동하지 않는데, 이는 인간이 갖는 부동산에 대한 기대 심리가 너무 크게 작용하기 때문에 부동산 사이클 주기가 정점에 도달하거나, 외부적인 큰 충격이 덮치지 않은 한 일정 기간 동안 지속됩니다. 우리나라도 부동산 시장 폭락기에 정부의 주도로 많은 부동산 부양 정책을 펼쳤으나 효과를 보지 못했고, 부동산 폭등기에도 수많은 부동산 규제 대책을 내놓았으나 성과를 거두지 못한 사례가 이를 반증하기에 부동산 지식이 없으면 잘못된 부동산 심리에 편승 가족 공동체가 부동산 심리의 피해자가 될 수 있습니다.

제2장
부동산을 모르면 남에게 평생 의존해야 한다

1. 부동산을 모르면 타인에게 평생 의존해야 한다

인간 생애 주기인 "요람에서 무덤"까지 우리나라 평균 기대 수명은 약 84세로 보도되고 있으며, 100세 시대가 현실로 다가오고 있습니다. 우리가 100세 시대를 살면서 꾸준히 만나게 되는 고가의 부동산 문제는 일생의 가장 중요한 문제가 될 수 있습니다. 부동산 문제는 부동산 생태계에 맞춰 해결해야 하는데, 부동산을 모르면 남녀노소 타인에게 평생 의존해야 하고, 남에게 의존하게 되면 나의 선택권은 박탈당하기에 인간의 생애 주기 동안 발생하는 부동산 문제 하나하나가 나의 자존감에까지 상처를 줄 수 있습니다. 부동산 공법 지식을 가지고 내 부동산을 내 생애 주기에 맞게 미리 조절하면 100세 시대를 사는 동안, 나의 자존감도 세우고 부동산 문제로 걱정할 필요가 없습니다.

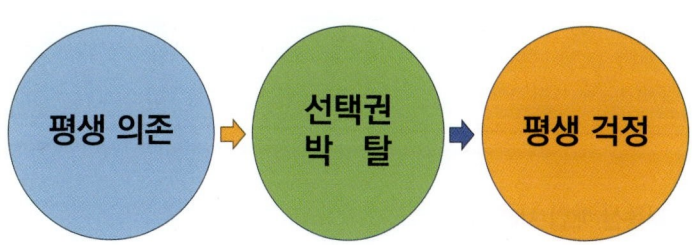

2. 부동산 매매도 부동산 지식이 기본이다

1) 토지를 잘못 매입하면 평생 세금만 낼 수 있다

부동산을 매입할 때 투자 목적으로 매입할 것인지, 이용 목적으로 매입할 것인지, 하나의 필지를 매입할 것인지, 여러 필지를 한꺼번에 일단의 토지로 매입할 것인지, 토지의 입지, 용도지역 등 검토해야 할 사항이 많습니다. 나의 전 재산인 고가의 부동산을 매입할 때 부동산 공법에 대한 지식이 없어서 타인에게 의존하게 되면 부동산 매입에 따른 리스크가 발생해도 누구를 탓할 수 없고, 내가 부동산을 몰라서 남에게 의존한 대가를 평생 안고 살아야 합니다.

(1) 보전관리지역 수필지 분할 토지 관련

아래 ①번 지적도는 개발행위허가 법령 개정 전(2005.9.8.)에 보전관리지역 1필지 임야를 수필지로 분할, 전원주택 용지로 매매한 사례이고, ②번 사진은 최근 현황 사진인데 개발이 안 된 임야인 상태의 사진입니다.

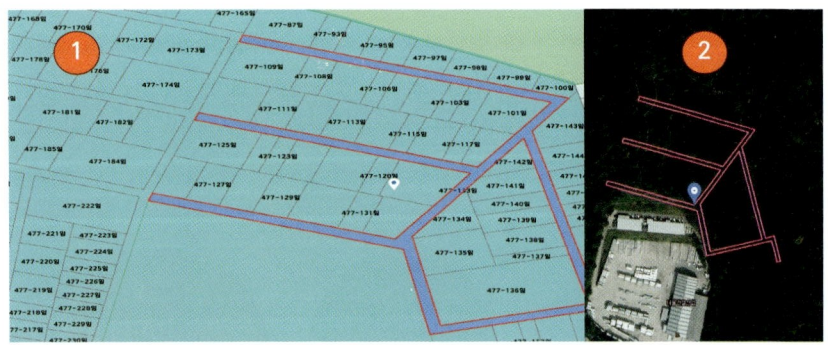

① 위 부동산 매입 사례

부동산 공법 지식이 없는 상태에서 전원주택을 지을 수 있다고 속아서 수필지로 분할되어 개발이 어려운 현황인 임야 토지를 매입할 경우가 평생 세금만 내야 하는 대표적인 사례입니다. 그 이유는 위 우측 사진과 같이 임상이 양호한 임야가 필지별로 분할만 되어 있는 경우, 개발을 위해서는 기반시설 설치를 위한 각 필지 소유자 동의 및 해당 지역이 개발행위허가 기준에 부합해야 개발행위허가가 가능한데, 실무 경험상 수필지로 분할되어 방치된 토지는 개발요건을 충족하기 어려운 토지입니다.

② 경매 사례

위 수필지로 분할된 필지 중 한 필지가 최초 감정평가액 3천만 원에서 계속 유찰되어 금액이 2백만 원까지 저감되어 낙찰받았다고 가정했을 때, 이 토지는 현황이 임야이고 토지이용이나 개발행위허가를 받을 수 없어서 매년 재산세 등 세금을 납부해야 하는 상황입니다. 재산세 등은 낙찰가액이 아닌 공시가격으로 납부하기에 경매 가격이 저렴하다고 부동산 공법 지식 없이 무조건 낙찰을 받으면 평생 세금만 낼 수 있습니다.

참고로, 위 ①번 토지 수 분할과 관련 2005.9.8. 이전에는 도시지역 외 지역에는 토지분할에 대하여 개발행위허가를 받지 않았기에 위 토지와 같이 관리지역 토지가 수필지로 분할이 가능하였으나, 2005.9.8. 이후 개정된 법령에서는 분할을 위한 개발행위허가 대상에 대해 녹지지역·관리지역·농림지역 및 자연환경보전지역 안에서 인허가를 받지 않으면 분할을 할 수 없어 최근에는 임야 등에 수필지 분할 토지가 나올 수 없는 구조입니다.

(2) 토지 지분 투자는 이용도, 팔지도 못한다

토지분할을 하려면 개발행위허가를 받아야 하는데, 분할이 안 되자 개발욕구가 강한 수도권 등 주변 도시지역 보전 녹지 1필지 토지에 공유자가 수십 명에서 수백 명이 등재되는 지분투자가 만연하고 있습니다. 노후 보장용으로 전원주택을 건설하거나 보전녹지가 개발된다는 정보를 신뢰하고 지분투자를 하였다면 해당 지분투자자는 이용하지도, 팔지도 못해 평생 세금만 내야 합니다.

※ 1필지 보전녹지지역에 공유자 수십 명~수백 명 등재 사례

  지분투자 사례는 개발이 불가하고 활용 가치가 없음에도 거짓·가장으로 매수자를 현혹·판매하고 있으나, 매수자 피해 사기 등의 형사고발이 어려운 점, 다단계식 토지 지분 판매 취득가가 3~5배 이상 땅값을 부풀려 폭리를 취하는 점 등을 주의해야 합니다. 하지만 부동산 공법을 모르면 지분투자의 피해자가 될 수 있으며, 지분투자 토지에는 공유자 전원 동의 없이 건축물의 건축 등 개발행위허가를 받을 수 없습니다.

2) 토지를 매입할 때 부동산 공법을 알아야 한다
(1) 토지를 여러 필지로 일괄 매입 시 유의 사항
  개발이나 투자 목적으로 토지를 매입할 시는 '국토계획법'에서 정하는 용도지역, 용도지구, 용도구역에서 행위 가능 여부와 개발행위허가를 받을 때 면적 규모 제한을 받는지 등을 사전에 점검해야 합니다.

  아래 사례는 8필지를 한 번에 일괄 매입한 사례인데, 토지를 일괄 매입할 경우, 통상적으로 총규모에 맞게 토지 가격이 높게 책정되는데, 개별 필지로 매입할 시 토지 가격을 크게 낮출 수 있습니다.

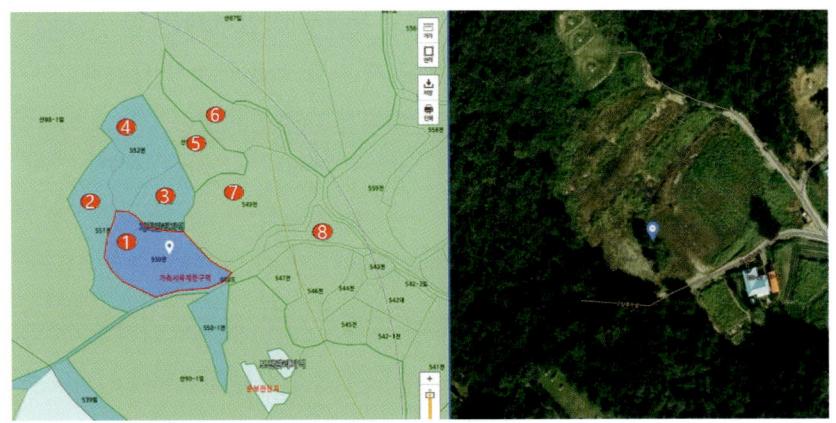

　토지 가격을 낮출 수 있는 이유는 토지를 매입할 때 감정평가 기준을 근거로 매입을 요구할 수 있기 때문입니다. 감정평가 시에는 토지를 일괄적으로 평가하지 않고 필지별로 평가하는데, 필지별로 평가를 할 때 위 ①번부터 ⑧번까지 비교 표준지를 비교 평가하면 평가대상 토지 대부분이 부정형이고 맹지여서 필지별로 가격이 낮게 책정될 수밖에 없습니다.

　따라서, 토지매매는 반드시 매입 시 팔 때도 고려해야 하는데, 팔 때는 매입 시와 상황이 전혀 달라서 필지별로 팔아야 하는 경우가 많이 발생합니다. 토지매매는 반드시 다시 판다는 것을 고려해서 매입해야 큰 손해를 보지 않습니다.

(2) 토지를 이용 목적으로 매입할 경우 유의 사항
　토지를 이용 목적으로 매입하는 경우 가장 먼저 검토해야 하는 사항은 토지이용에 따른 용도지역 등 부합 여부, 건축 등을 위한 기반시설 확보 여부, 개발행위허가 대상 여부, 도시·군 기본계획 및 해당 시·군 도시계획조례 등 부합 여부 및 각종 개별법에서 정하는 기준에 맞는지 여부입니다.

실무상 토지 가격이 저렴하다는 이유로 부동산 공법에 따른 도시·군 기본계획 또는 도시계획 조례에서 정하는 규제 사항 등을 세부적으로 검토하지 않고 토지를 매입하는 경우에는 각종 법령 등 규제로 매입한 토지를 이용하지도 못하고 계속 보유만 하는 황당한 경우가 발생할 수 있습니다.

3) 주거용 주택은 입지 및 연식도 고려한다

주거용 주택을 매입할 때 첫째도 입지, 둘째도 입지, 셋째도 입지일 정도로 주택의 입지가 매우 중요한데, 입지 외에도 주택 연식을 고려해야 합니다.

교통입지	생활편익	입지환경
- 도로망 - 철도망 - 대중교통 - 주차장	- 쇼핑센터 - 병원 - 여가시설 - 교육시설	- 대단지 - 소음 - 혐오시설 - 주변개발

특히 아파트를 매입할 시 유의할 점은 부동산은 개별성이 매우 크기 때문에 아무리 입지가 좋은 아파트 단지라도 내 아파트가 도로변 소음, 주변 혐오 시설, 단지 내 주차 문제, 최저층 또는 최고층 등의 문제를 고려하지 않고 주택을 매입할 경우 평생 주거 생활에 고통을 겪을 수 있습니다. 내가 불편하면 남들도 같은 기준으로 판단하기 때문에 아파트를 매입할 때 반드시 팔 때를 고려해서 주택을 매입해야 합니다.

3. 부동산을 모르면 부동산 사기 피해자가 될 수 있다

세상을 떠들썩하게 했던 빌라 왕, 전세 사기는 부동산을 잘 모르는 젊은 세대의 주거용 주택을 대상으로 나타나고 있습니다. 이번 부동산 사기 피해는 우리 사회에서 가장 신뢰해야 하는 사람들도 믿을 수 없는 세상이 되었으며, 고가의 부동산 매매는 누구도 믿을 수 없어 부동산 공법 공부를 통해서 오로지 스스로 해결하는 것이 가장 중요하다는 것을 확인한 사례입니다.

 부동산 대상 사기 피해 사례는 토지의 지분투자, 각종 개발사업, 매매 및 임대차, 상업용 부동산 등 부동산 전반에서 일어나며, 심지어 주거용 아파트의 시세까지 조작하는 사기 피해 및 부동산 시장 왜곡 사례가 우리 주변에 빈번하게 일어나고 있습니다. 국민 모두가 부동산 사기 피해 당사자가 될 수 있다는 뜻입니다.

 아래 사건은 경매 사례인데, 경매 참가자들이 가장 기본적인 부동산 권리분석 기본 지식도 없이 충동 투자, 시가보다 터무니없는 가격에 낙찰받는 '묻지 마 투자' 사례입니다.

> 〈묻지 마 아파트 경매 사례 예시 (2022타경 1984)〉
> ① 감정가격: 694,000,000원
> ② 경매 1차(2023.5.3.): 694,000,000원 (유찰)
> ③ 경매 2차(2023.6.7.): **485,800,000원 (유찰)**
> ④ 경매 3차(2023.7.12.): 340,060,000원 (낙찰)
> ⑤ **낙찰: 612,300,000원 (경매입찰자 47명)**

 위 아파트 경매 사례를 분석하면 ①감정가격이 694백만 원인데 ②경매 1차에서 유찰되고, ③1차 경매 금액 30% 저감되어 485,8백만 원에 2차 경매에 나왔는데 아무도 경매에 참여하지 않아서 유찰, ④다시 3차 경매에 340백만 원 경매가에 47명이 입찰 ⑤용감한 "모"씨가 2차 경매 가격보다 훨씬 높은 612.3백만 원에 낙찰받은 사례입니다.

  위 경매 사례의 문제점을 분석하면, 감정가격에 대한 권리분석을 전혀 하지 않는 점, 권리분석을 제대로 했다면 1차 경매가액 30% 저감된 가격에서 경매에 참가해 낮은 가격에 낙찰을 받을 수 있었는데 그러지 않는 점, 2차에 경매에는 참가자가 전혀 없었는데 1달 후 갑자기 3차 경매에 47명이 경매에 뛰어들어 2차 경매가 485.8백만 원보다 훨씬 높은 612.3백만 원에 낙찰받은 점 등을 꼽을 수 있습니다. 이는 아파트 경매에서 묻지 마 경매투자의 전형적인 사례에 해당하며, 경매시장을 왜곡시키는 사례 중 하나에 해당합니다.

제3절
부동산의 특성을 알아야 부동산을 제대로 안다

제1장. 부동산의 기본 부동산 공법은 어렵지 않다
  1. 도시계획은 일반인 참여가 어렵다
  2. 부동산 공법을 제대로 배우면 어렵지 않다
  3. 법령해석에는 개별 법령 우선순위가 없다

제2장. 부동산에는 물권과 채권이 있다
  1. 토지 및 그 정착물을 부동산이라 한다
  2. 부동산은 물권과 채권으로 구별한다
  3. 부동산 물권은 4가지로 구별한다

제3장. 부동산에는 부동산만의 특성이 있다
  1. 부동산에는 고유의 특성이 있다
  2. 부동산 주요 사이트는 큰 도움이 된다
  3. 부동산을 알면 위기가 기회가 된다

제1장
부동산의 기본 부동산 공법은 어렵지 않다

1. 도시계획은 일반인 참여가 어렵다

부동산 관련 종사자 대부분이 부동산 공법은 어렵다고 말하는데, 부동산 공법이 왜 어려운지에 대하여 이해할 필요가 있습니다.

부동산 공법이 어려운 이유는 ①도시계획 등 업무가 소수의 공무원만이 참여, 짧게는 수개월에서 길게는 몇 년도 걸리는데 도시계획 결정 과정은 특정 공무원만 경험할 수 있는 점, ②도시계획 결정은 이해충돌과 사회적 갈등을 초래할 수 있어 대부분 도시계획 결정 입안권이 시장·군수 등 행정청이 주도하는 점, ③도시계획 결정 등은 내부적으로 계획이 확정된 후 형식상 주민 의견 청취 등을 하는데 대부분 주민 등은 행정청의 도시계획 결정에 따를 수밖에 없고, 일반 주민은 도시계획 입안 절차 등 진행 과정을 직접 겪어 보지 않아 도시계획 결정 과정 등을 잘 알 수 없는 구조이기 때문입니다.

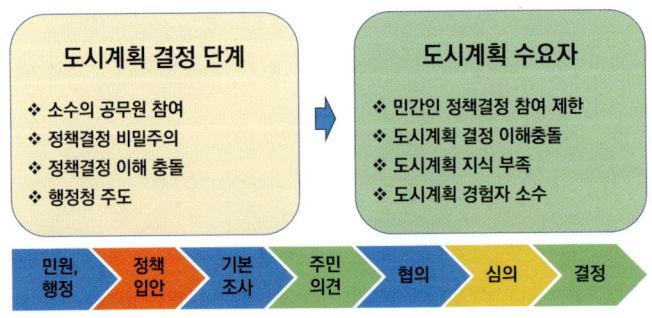

위 그림처럼 도시계획 결정은 다수의 이해관계인의 이익을 합리적으로 조정하여 국민의 자유 권리에 대한 부당한 침해를 예방하기 위해 엄격한 절차로 진행되는데, 대부분 도시계획 관련 정책은 시장·군수가 입안 후 기본 조사, 주민 의견 청취 등 형식적인 공론화 과정을 거칩니다. 이러한 도시계획 결정 절차 등 세부 내용을 공부하면 일반인도 단계별로 행정청에 적극적인 대응을 할 수 있습니다.

2. 부동산 공법을 제대로 배우면 어렵지 않다

아무리 어려운 공부도 입는 것, 먹는 것처럼 평소에 조금씩 반복하고 학습하면 일반인도 어느 순간 익숙해질 수 있듯이, 부동산 공법도 평생 조금씩 공부하게 되면 가랑비에 옷 젖듯이 부동산 공법에 대한 흥미와 요령, 그리고 내 자산을 스스로 보호한다는 사명감 등이 생겨 재미있게 공부할 수 있습니다. 아래는 필자가 생각하는 부동산 공법을 공부하는 몇 가지 방법을 소개합니다.

① 부동산 공부는 토지의 기본법인 국토계획법부터 공부하라

부동산 공부는 토지이용 및 도시계획에 대한 공부가 핵심인데 이는 토지의 기본법인 국토계획법에서 모두 배울 수 있습니다. 특히 국토계획법을 제대로 이해하면 부동산 공법의 법령체계를 이해할 수 있고, 부동산 공법의 모든 법령체계는 국토계획법 체계와 비슷하기 때문에 토지의 기본법인 국토계획법을 공부하면 모든 부동산 공법도 혼자 공부할 수 있습니다. 부동산 공법은 암기식으로 공부하면 전혀 도움이 안 되고 실무 사례 경험자 강의 청취 또는 본 교재처럼 강의 형식 교재로 공부를 하면 부동산 공법의 기본인 국토계획법을 쉽고 재미있게 공부할 수 있습니다.

② 부동산 공법은 간접 경험이 중요하다

 부동산 공법의 원리를 이해하려면 도시계획 등 실무 경험이 중요한데, 도시계획 업무를 직접 경험하기는 어렵기 때문에 도시계획 업무 등을 행정기관에서 실제 경험한 자의 강의를 듣거나 실무 사례 교재를 통한 간접 경험이 부동산 공법 공부에 많은 도움이 됩니다. 참고로 학원 등에서 자격증을 받기 위해 부동산 공법을 암기식으로 공부해도 현장에서 전혀 써먹지 못하는 이유는 실무 사례 위주가 아닌 암기식 강의이기 때문입니다.

③ 부동산 공부의 최종 단계는 법령해석에 있다

 부동산 관련 공부의 최종 목표는 부동산 법령에 대한 해석 능력 향상입니다. 국토계획법을 재미있게 공부하면 어느 정도 부동산 공법 지식을 갖추게 되는데, 법령지식을 갖추면 국가법령정보센터에서 제공하는 법령정보를 활용하여 부동산 관련 법령 등을 스스로 해석할 수 있습니다. 법령해석에 대한 확신이 부족하면 부가적으로 대법원 판례, 각 부처 유권해석, 법제처 법령해석 등을 찾아서 확인하면 도움이 됩니다. 본 교재도 주요 부문에는 해당 법령을 적시하였습니다. 이러한 법령을 직접 찾아서 공부하면 부동산 공법 공부에 큰 도움이 됩니다.

3. 법령해석에는 개별 법령 우선순위가 없다

 대법원은 "입법목적을 달리하는 법률들이 일정한 행위에 관한 요건을 각각 규정하고 있는 경우에는 어느 법률이 다른 법률에 우선하여 배타적으로 적용된다고 해석되지 않은 이상 그 행위에 관하여 각 법률의 규정에 따르는 사항"으로(대법원 94누 3216 판결례 참조) 판시하고 있습니다. 부동산 개발사업 등에서는 각종 개별법을 병합하여 적용해야 하는데, 부동산 공법을 해석할 때는 해당 법령이 특별법에 해당하지 않는 이상 각각의 법령에는 우선순위가 없습니다.

  참고로, 개발제한구역 농지에 농지법을 적용하는지에 대해서는 대법원 판례 사례와 같이 개발제한구역 안 농지에 건축물을 건축할 경우, 농지법에 "개발제한구역에서의 농지에 관한 것은 개발제한구역법을 적용한다"는 예외 규정이 없는 경우에는 개발제한구역법과 농지법은 우열 순위가 없기 때문에 개발제한구역법과 농지법을 동시에 적용하여야 합니다. 참고로 「농지법」 제34조에 개발제한구역에서 행위허가 등은 농지법에 따른 협의를 받도록 정하고 있습니다.

제2장
부동산에는 물권과 채권이 있다

1. 토지 및 그 정착물을 부동산이라 한다

부동산에 대한 정의는 민법에서 정하고 있습니다. 「민법」 제99조에 부동산을 "토지 및 그 정착물"이라 정의하고 있으며 부동산 이외의 물건은 동산으로 간주하고 있습니다. 특히, '특별법'에 의해 부동산과 같이 취급되는 동산도 있는데 '공장 및 광업재단 저당법'에 따른 공장재단, 광업재단 등을 준부동산 또는 의제 부동산이라 합니다.

부동산
- 토지 및 그 정착물 (「민법」 제99조 제1항)

동산
- 부동산 이외의 물건 (「민법」 제99조 제2항)

부동산 유형
- 택지: 나지, 건부지, 지상권 및 임차권 등이 설정된 토지, 구분소유권이 설정된 토지 등
  - 나지: 토지에 건물 기타의 정착물이 없고, 지상권 등 토지의 사용·수익을 제한하는 사법상의 권리가 설정되어 있지 아니한 토지
- 건물 및 부지: 자용의 복합부동산, 임차권 등의 설정된 복합부동산, 구분소유복합부동산 등

2. 부동산은 물권과 채권으로 구별한다

부동산은 물권과 채권으로 구별하는데 그 차이는 다음과 같습니다.

물권
① 물건에 대한 사용·수익의 권리 (지배권)
② 물권은 대물권 (물건에 대한 권리)
③ 물권은 절대권 (모든 사람에게 영향)
④ 물권은 등기로 공시 (등기로 말함)

채권
① 금전적인 급부권 (청구권)
② 대인권 (사람에 대한 권리)
③ 상대적인 권리 (특정인에게만 영향)
④ 공시를 요하지 않음

물권의 개념
❖ 물권은 특정한 물건을 직접 지배하여 배타적 이익을 얻는 권리
❖ 물권은 독립된 물건에 대하여 하나의 물권만 성립 (일물 일권주의)
❖ 물권은 시간적으로 앞서 성립한 물권은 뒤에 성립한 물권에 우선

3. 부동산 물권은 4가지로 구별한다

부동산 물권은 점유권, 소유권, 용익물권, 담보물권으로 나누며, 권리마다 아래와 같이 고유의 특성이 있습니다.

구분	주요 내용
점유권	❖ 물건을 사실상 소지하고 있다는 것 자체만으로 이를 권리로 보호
소유권	❖ 어떤 물건을 전면적으로 사용·수익·처분할 수 있는 권리 (공유, 합유, 총유)
용익물권	❖ 용익물권은 물건이 가지는 사용 가치에 대한 지배의 목적 ✓ 전세권: 전세금을 지급하고 부동산을 점유하여 그 부동산을 용도에 좇아 사용·수익 (우선 변제권, 등기 요함) ✓ 지상권: 타인의 토지에서 건물이나 공작물 혹은 수목을 소유하기 위해 토지사용권리 ✓ 지역권: 토지의 편익을 위해 타인의 토지에 설정하는 권리
담보물권	❖ 채권의 담보를 위하여 물건이 가지는 교환가치 지배를 목적으로 하는 권리 ✓ 저당권: 채무를 담보하기 위해 제공된 권리 ✓ 유치권: 타인의 물건의 점유자가 그 물건으로 인하여 발생한 채무의 변제 시까지 그 물건을 유치할 수 있는 권리 ✓ 질권: 돈을 빌려주면서 물건을 질로 잡고 이를 갚지 않은 때 그 목적물에서 우선변제

제3장
부동산에는 부동산만의 특성이 있다

1. 부동산에는 고유의 특성이 있다

부동산에는 3가지의 고유한 특성이 존재하는데 자연적 특징, 인문적 특징, 건물의 특성이 그것입니다.

구분	주요 내용
자연적 특징	① 고정성, 부동성: 지리적 위치의 고정성은 인간의 힘으로 이동시킬 수 없음 ② 부증성: 물리적 절대량을 임의로 늘릴 수 없음 ③ 영속성: 수명이 영구적 영구히 불멸 ④ 개별성: 지리적 위치의 고정성으로 매우 강한 개별성
인문적 특징	① 용도의 다양성: 토지가 1차, 2차, 3차 산업용지를 비롯 주거용지, 공장용지 등 ② 병합·분할의 가능성: 이용주체의 편의에 따라 분할 합병 ③ 사회적 위치의 가변성: 사회적 환경이 악화 개선 (학교, 대형마트, 폐기물처리장) ④ 경제적 위치의 가변성: 경제적 환경이 변화 (철도, 도로) ⑤ 행정적 위치의 가변성: 행정규제 또는 조장으로 부동산 지역적 가치 변화
건물의 특성	① 고정성 완화: 이동식 주택 및 건축 기술 발달 ② 비영속성: 토지와 달리 내용 연수 ③ 생산가능성: 증축·개축 등을 통해 규모, 용적 등 증가 ④ 토지의 개별적 요인의 지배: 건물은 토지상의 정착물로 토지의 변동에 지배 ⑤ 비개별성: 토지와 달리 용도의 다양성이 무제한으로 허용되지 않음

① 부동산의 자연적 특징

토지는 고정되어 있어서 위치, 크기가 바뀌지 않고, 영원불멸해서 절대로 없어지지 않으며, 위치의 개별성에 따라 어떤 토지는 상업지역, 어떤 토지는 농림지역으로 토지의 자연적 특징에 따라 가치에 큰 차이가 납니다.

② 부동산의 인문적 특성

토지는 다양한 용도로 활용됩니다. 논도 되고, 공장도 되고, 상가도 될 수 있습니다. 토지에 도로가 연결되면 토지의 활용성이 크게 높아지고, 내 토지 주변에 행정관청이 들어서면 주변 토지 가격이 오르고, 님비 시설이 들어오면 토지 가격이 하락하는 이러한 특징을 인문적 특성이라고 합니다.

③ 부동산의 건물의 특성

건물의 특성은 과학 기술과도 밀접한 관련이 있는데, 건축물은 궁극적으로 영원하지 않고 토지와 달리 다양성이 크지 않으며 생산 가능성 등이 토지보다 기능은 크나 건축물의 미래가치는 결국 토지에 의해 좌우됩니다.

2. 부동산 주요 사이트는 정보에 큰 도움이 된다

부동산에 대한 각종 통계 및 법률 정보 등은 국가에서 생성하고 관리하기에 우리가 충분히 신뢰할 수 있습니다. 국가에서 관리하는 주요 사이트에 접근하면 다양한 부동산 정보를 쉽고 정확하게 이용할 수 있습니다.

종류	주요 내용
토지e음	❖ 이음지도, 용어사전, 질의회신사례, 고시정보, 토지이용계획확인원, 기본계획
경기부동산포털	❖ 부동산 가격, 부동산 종합 정보, 지도서비스(공시가격, 표준지), 중개사무소 조회
SEE:REAL	❖ 인구지도, 경제지표, 부동산종합정보, 부동산통계, 실거래가 검색지도
REB 한국부동산원	❖ 청약, 부동산통계(지가변동률, 거래현황), 부동산가격공시, 보상 관련(보상금계산)
정부24	❖ 민원서류 발급(등초본, 건축물대장, 가족관계증명, 납세증명 등 다수)
국가법령정보센터	❖ 법률, 자치법규, 행정규칙, 판례해석 등, 3단 비교, 입법예고, 개정법령 등 확인
국토교통부 실거래가 공개시스템	❖ 아파트, 토지 등 실거래가 자료제공(엑셀자료 포함)
국민신문고	❖ 행정기관 민원상담, 국민제안 등
대한민국 법원 종합법률정보	❖ 대법원 판례 검색

① 토지 이음

"토지 이음"은 토지 관련 모든 정보를 얻을 수 있으며, 도시계획, 고시 정보 및 정보마당에서 도시·군 기본계획 등의 확인이 가능하며, 토지이용계획 열람을 검색하면 내 토지의 용도지역, 용도지구, 공시지가, 지목 등 다양한 정보를 확인할 수 있습니다.

② 한국부동산원

부동산 청약, 부동산 통계 등 부동산 관련 정보를 제공하고 있습니다. 특히, 토지수용에서 감정평가를 하지 않고 법규보상을 하는 영농보상, 주거 이전비 등을 확인할 수 있습니다.

③ 국가법령 정보센터

법령개정사항, 입법 취지, 법령체계, 법령과 관련된 판례, 법령해석 등 법령과 관련된 모든 정보는 국가법령정보센터에서 쉽게 확인할 수 있습니다.

3. 부동산을 알면 위기가 기회가 된다

부동산을 합법적으로 취득할 수 있는 주요 수단에는 도시계획, 재개발, 재건축, 리모델링, 토지수용, 경매가 있는데, 내 부동산이 아래 사례에 해당할 경우, 부동산 공법을 모르면 오랫동안 걱정하고 잠도 못 자는데 부동산 공법을 알면 오히려 나에게 큰 기회가 될 수 있습니다.

구분	주요 내용
도시계획	❖ 토지에 도시계획시설 결정, 도시관리계획 수립 등으로 타인의 토지를 도시계획으로 토지를 수용할 수 있다.
재개발	❖ 노후 구도심에서 일반인도 조합을 구성해서 일정 요건에 해당되면 재개발 사업으로 타인의 토지를 수용할 수 있다.
재건축	❖ 30년 이상 구아파트를 조합을 구성해서 일정 요건에 해당할 경우 현금청산자에 대하여 매도청구를 통해 소유권을 빼앗을 수 있다.
리모델링	❖ 리모델링 조합을 구성해서 일정 요건에 해당하면 매수청구를 통해 리모델링 조합에 동의하지 않는 주택소유자의 주택을 매도청구 할 수 있다.
토지수용	❖ 중앙토지수용위원회 협의를 받아 사업인정을 받으면 토지소유자에게 협의가 안 되면 토지를 수용할 수 있다.
경매	❖ 부동산 소유자가 채무를 변제하지 않으면 채권자는 경매법원에 경매를 신청할 수 있고 경매절차에 따라 소유권을 박탈할 수 있다.

　예컨대 노후 주택을 매입할 때, 이 주택이 재개발이나 재건축, 리모델링 사례에 해당할 경우를 주의해야 합니다. 구 주택 매입 후 위 사례에 해당하면 은퇴자 등 별도 수입이 없는 연금 소득자는 재개발, 재건축, 리모델링에 따른 추가 부담금을 감당할 수 없어 출구전략을 써서 해결하여야 하기 때문입니다.

　예컨대, 나이 80에 내가 사는 아파트가 재건축 대상에 해당할 경우, 조합원으로 새 아파트를 받아야 할지, 아니면 현금 청산을 해야 하는지 고민에 빠지게 됩니다. 앞으로 대부분 재건축 대상은 중고층으로 용적률이 높아 자기부담률이 최소한 수억 이상인 대출금으로 조달하는데, 재건축은 이해관계가 복잡하여 기간이 최소한 5~10년 이상도 걸려서 언제 아파트 입주가 가능한지를 예측할 수 없으며, 미리 부동산 공법 공부를 통해 대비하면 재건축 문제로 평생 걱정할 필요가 없으며 오히려 위기가 기회가 될 수 있습니다.

제4절
부동산 공부는 강의식 교재 제10강으로 해결된다

제1강. 국토계획법은 부동산 공법의 최고 기본법이다
제2강. 토지수용은 내 주변에 자주 일어난다
제3강. 그린벨트는 전문가의 간접 경험으로 쉽게 배울 수 있다
제4강. 도시개발사업과 산업단지는 토지수용이 가능하다
제5강. 재개발과 재건축사업은 현금청산에 큰 차이가 있다
제6강. 지역주택조합과 리모델링은 주택법을 적용한다
제7강. 농지와 임야는 부동산의 핵심 구성 요소다
제8강. 소규모주택정비사업과 건축법도 알아야 한다
제9강. 임대차법은 임차인 보호를 위한 특별법이다
제10강. 경매와 공매는 권리분석이 핵심이다

제1강. 국토계획법은 부동산 공법의 최고 기본법이다

제1장. 국토계획법의 개요
  1. 국토계획법의 위상
  2. 국토계획법의 주요 내용
  3. 도시계획의 행정체계
  4. 법령체계 및 법령정보 국가법령정보센터 이용

제2장. 국토계획법 용어 정리
  1. 기반시설
  2. 도시·군 계획시설
  3. 도시·군 계획시설 사업
  4. 도시·군 계획사업
  5. 용도지역 구분
  6. 기타 용어의 정의
    1) 의제제도란?
    2) 경미한 변경이란?
    3) 재결신청이란?
    4) 준용이란?
    5) 고시란?

제3장. 도시계획
  1. 도시계획의 종류 및 위상
  2. 광역도시계획
  3. 도시·군 기본계획
    1) 도시·군 기본계획 수립 개요
    2) 도시·군 기본계획의 내용
    3) 인구배분계획
    4) 공간계획
    5) 생활권계획

      6) 토지이용계획

      7) 개발가능지 분석

      8) 기반시설 계획

      9) 도시기본계획 수립 절차

  4. 도시·군 관리계획

      1) 도시·군 관리계획 개요

      2) 도시·군 관리계획 수립절차

      3) 도시·군 관리계획 주민 및 이해관계자의 입안 제안

제4장. 용도지역·용도지구·용도구역

  1. 용도지역

  2. 용도지역의 확인

  3. 용도지역 지정 (도시지역)

  4. 용도지역 지정 (비도시지역)

  5. 용도지역에서 건축

  6. 용도지역 건폐율·용적률

      1) 도시지역

      2) 비도시지역

      3) 두 개 이상 용도지역이 걸치는 경우

  7. 용도지구 지정

      1) 경관지구 등 용도지구 지정

      2) 취락지구 등 용도지구 지정

      3) 용도지구의 건축 제한

  8. 용도구역 지정

제5장. 도시·군 계획시설

  1. 단계별 집행계획

  2. 도시·군 계획시설 사업시행자

  3. 도시·군 계획시설사업 절차

4. 도시·군 계획시설 매수청구
  5. 도시·군 계획시설 실효 등
  6. 도시·군 계획시설 해제 신청
  7. 도시·군 계획시설사업 토지수용

제6장. 지구단위계획
  1. 지구단위계획 의의
  2. 지구단위계획 지정기준
     1) 도시지역 지구단위계획
     2) 비도시지역 지구단위계획 수립
  3. 지구단위계획의 내용
  4. 지구단위계획구역 법률 규정 완화 적용
  5. 지구단위계획구역 지정 절차

제7장. 개발행위허가 및 성장관리방안
  1. 개발행위허가 의의
  2. 개발행위 대상
  3. 개발행위허가 규모 및 기준
  4. 개발행위허가 절차
  5. 성장관리계획
  6. 계획관리지역에서 성장관리방안 수립

제1장
국토계획법의 개요

1. 국토계획법의 위상

부동산 공법에서 핵심 법률이 '국토계획법'입니다. '국토의 계획 및 이용에 관한 법률'의 약칭으로 토지이용에 관한 최고의 기본법입니다. 대표적인 부동산 공법에는 국토계획법, 도시개발법, 도시정비법, 주택법, 건축법, 농지법 등이 있는데, '국토계획법'을 제대로 이해하고 해석하면 나머지 부동산 공법은 법령체계가 비슷해 혼자서도 부동산 공법을 쉽게 공부할 수 있습니다.

국토계획법 위상
- '국토의 계획 및 이용에 관한 법률'은 약칭 **"국토계획법"** 토지이용에 관한 최고 기본법

목적 (제1조)
- 국토의 이용·개발과 보전을 위한 계획의 수립 및 집행 등에 필요한 사항을 정하여 공공복리를 증진시키고 국민의 삶의 질을 향상시키는 것을 목적

2. 국토계획법의 주요 내용

'국토의 계획 및 이용에 관한 법률'에는 법령의 제목처럼 아래와 같이 국토의 계획 및 이용에 관한 내용을 담고 있습니다.

① **도시계획 분야**: 광역도시계획, 도시·군 기본계획, 도시·군 관리계획, 지구단위계획 등 도시계획의 요건, 내용, 적용 대상, 절차 등을 담고 있습니다.

② **토지의 이용 분야:** 용도지역, 용도지구, 용도구역 및 용도지역·용도지구·용도구역 안에서의 행위 제한의 적용 기준 등을 담고 있습니다.

③ **도시계획시설:** 도로, 공원 등 도시·군 계획시설, 도시·군 계획시설사업의 시행, 장기 미집행 도시·군 계획시설에 대한 대응 등을 담고 있습니다.

④ **개발행위허가 등 분야:** 개발행위허가, 개발행위허가 기준 및 규모, 성장관리계획 등을 담고 있습니다.

⑤ **기타 분야:** 중앙·지방도시계획위원회 역할 및 도시계획위원회 심의 대상, 벌칙 등을 담고 있습니다.

3. 도시계획의 행정체계

부동산 공법을 공부할 때에는 국토계획법의 행정체계를 알아야 도시·군 관리계획 결정 등 도시계획이 어떤 행정체계로 진행되는지를 알 수 있습니다.

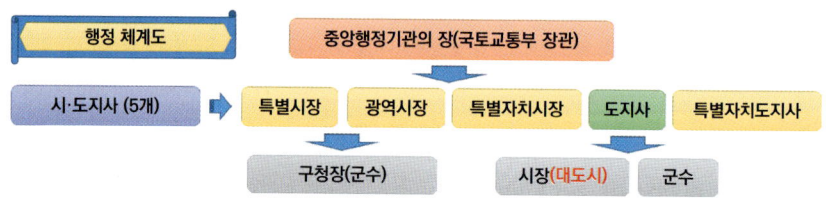

위 표에서는 도시계획 행정단계가 3단계로 구성되어 있습니다. 국토교통부 장관이 도시계획 관련 최상위 기관이고, 그 밑에 5개 시·도지사, 특·광역시장 밑에는 구청장(군수), 도지사 밑에는 시장 군수가 있는데, 50만 이상 인구를 가진 시를 대도시 시장이라 부르며, 대도시 시장은 도시·군 관리계획

등 결정에서 도지사와 동등한 결정 권한을 가지고 있습니다.

4. 법령체계 및 법령정보 국가법령정보센터 이용

부동산 공법 등 각종 법령에 대한 정보를 확인하고자 하면 정부에서 관리하는 "국가법령정보센터" 사이트에서 확인할 수 있습니다. 법령정보센터에서는 최신법령, 구 법령, 법령개정사항, 자치법규, 행정규칙, 판례 등 모든 법령정보를 확인할 수 있습니다.

제2장
국토계획법 용어 정리

 '국토계획법' 용어 등은 국토계획법뿐만 아니라 부동산 공법의 모든 분야에 적용됩니다. 부동산 공법 용어는 비슷비슷하여 용어의 원리에 대하여 제대로 이해하지 못하면 부동산 현장이나 부동산 개발 관련 전문가 등을 대상으로 적극적인 대응을 할 수 없습니다. 이는 통상적으로 부동산 공법 교육을 받을 때 암기식 교육을 받아서 국토계획법 용어 등을 제대로 이해하지 못해 용어 사용에 대한 확신이 없기 때문입니다. 본 교재는 국토계획법 용어 등을 도시계획 실무 경험 사례 위주로 정리 국토계획법을 쉽게 이해할 수 있도록 하였습니다.

1. 기반시설

"기반시설이란" 아래 '시설의 종류'에 해당하는 것을 기반시설이라 합니다. 주요 시설은 '국토계획법'에서 7가지 유형으로 구분하며 같은 법 시행령에 도로, 공원, 주차장 등 52개 시설로 세분하고 있습니다. (법 시행령 제2조 참조)

구분	시설의 종류
1. 교통시설	❖ 도로·철도·항만·공항·주차장·자동차정류장·궤도·차량 검사 및 면허시설
2. 공간시설	❖ 광장·공원·녹지·유원지·공공공지
3. 유통·공급시설	❖ 유통업무설비, 수도·전기·가스·열공급설비, 방송·통신시설, 공동구·시장, 유류 저장 및 송유 설비
4. 공공·문화체육시설	❖ 학교·공공청사·문화시설·공공 필요성이 인정되는 체육시설·연구시설· 사회복지시설·공공직업훈련시설·청소년수련시설
5. 방재시설	❖ 하천·유수지·저수지·방화설비·방풍설비·방수설비·사방설비·방조설비
6. 보건위생시설	❖ 장사시설·도축장·종합의료시설
7. 환경기초시설	❖ 하수도·폐기물처리 및 재활용시설 빗물저장 및 이용시설·수질오염방지시설·폐차장

    기반시설의 종류는 '국토계획법' 시행령에서 정하고 있는데, 법령에 명시된 시설만 기반시설에 해당하고 법령에 없는 시설은 기반시설이라 부르지 않습니다. 만약, 새로운 기반시설을 지정하려면 법령개정을 통해서 새로운 기반시설을 법령에 추가해야 합니다.

2. 도시·군 계획시설

    "도시·군 계획시설"이란 기반시설 중 도시·군 관리계획으로 결정된 시설을 말하는데, 도심지역에서 도로, 공원, 학교 등을 도시계획시설로 생각하면 됩니다. 참고로, 기반시설이 아니면 도시계획시설이 될 수 없습니다.

예컨대, 도시계획시설 결정 과정을 살펴보면 도시계획시설이 ①번 기반시설의 종류 중 하나(도로, 공원)에 해당하여야 하고, ②번 특정인 토지에 도로, 공원 등 도시계획시설을 결정해야 하는데, 도시계획시설 결정 시 형평성 문제 및 민원 등을 완화하기 위해서는 "도시관리계획"이라는 공론화 시스템을 통해서 결정합니다. 도시관리계획 행정절차인 "기본 조사 ⇒ 주민공람 ⇒ 관련 부서 협의 ⇒ 도시계획위원회 심의" 등을 거쳐서 도시계획시설을 결정하면 이해관계인의 이익을 합리적으로 조정 가능하며 민관의 이해충돌을 최소화하면서 도로개설 등 행정 목적을 달성할 수 있습니다.

3. 도시·군 계획시설 사업

"도시·군 계획시설 사업"이란 도시·군 계획시설을 설치·정비 또는 개량하는 사업을 말합니다. 예컨대, 시장 등이 남의 토지에 도로, 공원 등 도시·군 계획시설을 도시·군 관리계획으로 결정하고, 단계별 집행 계획을 세워서 사업 예산이 확충되면 타인의 토지를 수용하고 도로 등을 설치·정비하는데 이를 도시·군 계획시설 사업이라 합니다. (법 제2조 참조)

4. 도시·군 계획사업

"도시·군 계획사업"이란 도시·군 관리계획을 시행하기 위한 아래 3가지 사업을 하나의 카테고리로 묶어서 도시·군 계획사업이라고 말합니다. (법 제2조 참조)

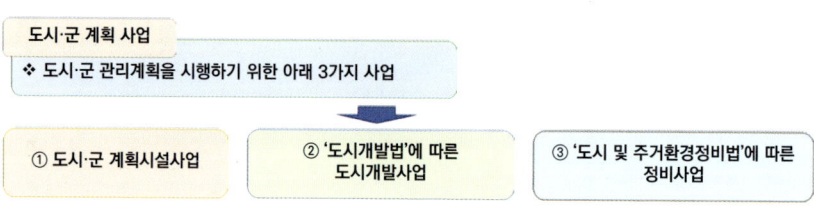

위 ①은 국토계획법 따라 도로, 공원 등을 도시계획시설로 결정 예산이 확보되어 시행하는 도시·군 계획시설사업, ②는 도시개발법에 따른 신도시 등을 만드는 등 대규모 개발사업인 도시개발사업, ③은 도시정비법에 따른 재개발, 재건축 사업을 말하는데 위 3가지 종류의 사업을 하나의 카테고리로 묶어서 "도시·군 계획사업"으로 통칭합니다.

5. 용도지역 구분

용도지역은 크게 도시지역, 비도시지역으로 구분하고, 세부적인 구분으로는 도시지역은 주거지역, 상업지역, 공업지역, 녹지지역을 말하고, 비도시지역은 관리지역, 농림지역, 자연환경보전지역으로 나누며, 관리지역에는 보전관리, 생산관리, 계획관리지역으로 구분합니다.

구분		주요 내용
1. 도시지역 (주거,상업,공업,녹지)		❖ 인구와 산업이 밀집되어 있거나 밀집이 예상되어 그 지역에 대하여 체계적인 개발·정비·관리·보전 등이 필요한 지역
비도시지역	2. 관리지역 (보전, 생산, 계획)	❖ 도시지역의 인구와 산업을 수용하기 위하여 도시지역에 준하여 체계적으로 관리하거나 농림업의 진흥, 자연환경 또는 산림의 보전을 위하여 농림지역 또는 자연환경보전지역에 준하여 관리할 필요가 있는 지역
	3. 농림지역	❖ 도시지역에 속하지 아니하는 농지법에 따른 농업진흥지역 또는 산지관리법에 따른 보전산지 등으로서 농림업을 진흥시키고 산림을 보전하기 위하여 필요한 지역
	4. 자연환경 보전지역	❖ 자연환경·수자원·해안·생태계·상수원 및 문화재의 보전과 수산자원의 보호·육성 등을 위하여 필요한 지역

6. 기타 용어의 정의

기타 용어는 「국토계획법」 제2조 용어의 정의에서는 정하고 있지 않으나 실무 경험상 부동산 공법에서 자주 사용하는 용어여서 정리했습니다.

구분	주요 내용
의제제도	◦ 하나의 목적 사업을 수행하기 위하여 여러 법률에서 규정된 인허가 등을 받아야 하는 경우, 행정 효율성과 국민의 편의를 도모하기 위하여 미리 관계 행정기관의 장과 협의한 사항에 대하여는 주된 인허가가 있으면 다른 법률에 따른 인허가가 있는 것으로 보도록 하는 제도
준용	◦ 어떤 사항을 규율하기 위하여 만들어진 법규를 그것과 유사하나 성질이 다른 사항에 대하여 필요한 약간의 수정을 가하여 적용시키는 것을 말함
경미한 변경	◦ 행정계획에 있어서 경미한 변경은 주요 절차(기초조사, 주민공람, 도시계획위원회)를 생략하고 약식 절차로 행정계획을 변경하는 절차(해당 조문에 경미한 변경 대상 기준을 적시하고 있음)
재결신청	◦ 공익사업을 하기 위해 토지 등을 매수할 때 사업시행자와 토지소유자 간 협의 매수가 안 될 경우, 토지보상법에 따라 강제매입인 수용(收用)이라는 절차를 밟는데, 이때 사업시행자가 토지수용위원회에 토지를 수용해 달라고 신청하는 것을 말함
고시	◦ 글로 써서 게시하여 널리 알림. 주로 행정기관에서 일반 국민들을 대상으로 어떤 내용을 알리는 경우를 말함

1) 의제제도란?

"의제"란 개발행위허가 또는 변경허가를 할 때에 특별시장·광역시장·특별자치시장·특별자치도지사·시장 또는 군수가 그 개발행위에 대한 인가·허가·승인·면허·협의·해제·신고 또는 심사 등에 관하여 미리 관계 행정기관의 장과 협의한 사항에 대하여는 인허가 등을 받은 것으로 보는 것을 의제라 합니다.

아래 그림처럼 도로를 건설하기 위해 인허가 사업에 포함된 농지부서, 도로부서, 하천부서 등과 사전 협의한 사항에 대하여는 농지전용허가 및 산지전용허가를 별도로 받지 않아도 주 개발행위허가를 결정·고시하면 농지, 산지전용허가를 받는 것으로 보는 것을 의제제도라 합니다.

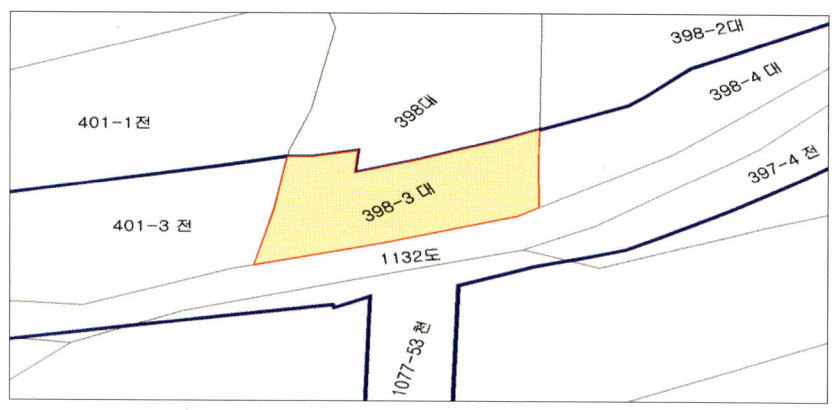

※ 위 파란색 선은 도시계획시설 결정선

2) 경미한 변경이란?

"경미한 변경"이란 주민공람, 도시계획위원회 심의 등 절차를 대폭 생략하고 약식으로 계획을 변경하는 제도입니다. 시장 등이 도로개설을 위해서 도시·군 계획시설 결정을 하고, 실시계획인가를 받아 도시계획시설사업을 하는데, 사업을 추진하다 보면 사업계획을 조금씩 바꿔야 하는 상황이 자주 발생합니다. 원칙은 사업이 변경될 때마다 사업계획변경을 위해 주민공람, 실과협의, 도시계획위원회 심의를 받아 사업을 변경해야 합니다. 하지만 이렇게 되면 시간과 비용도 많이 들어가고 공사 준공에도 오랜 시간이 걸려, 이러한 문제를 해소하기 위해 법령에서 사업계획변경 시 미미한 사업 면적, 선형 등 법령에 경미한 변경에 해당하는 경우는 주민공람, 도시계획위원회 심의 등 절차를 생략하고 그 결과를 고시·공고하면 효력이 발생하도록 하고 있습니다.

3) 재결신청이란?

"재결신청"이란 사업시행자가 토지를 수용해 달라고 토지수용위원회에 신청하는 것을 말합니다. 사업시행자가 도로사업을 위해 타인의 토지를 수용할 경우, '토지보상법'을 준용해 토지소유자와 협의를 거치는데, 토지소유자가 보상가 저렴 등을 내세워 수용에 동의를 하지 않으면 사업시행자가 토지 수용을 직접 못하기 때문에 토지수용위원회에 토지를 수용해 달라고 요청하는데, 이를 재결신청이라 합니다.

4) 준용이란?

"준용"이란 남의 법을 원용한다는 의미입니다. 예컨대 시장이 국토계획법에 근거하여 도시계획시설사업(도로개설)을 위해 토지를 수용해야 하는데, 타인의 토지를 강제로 수용하기 위해서는 법령에 근거가 있어야 합니다. 이때 토지수용에 관한 근거 법률이 '토지보상법'입니다. 따라서, 국토계획법에서 도시계획시설 사업을 위한 토지를 수용하기 위해서 토지보상법을 적용하는 것을 준용이라 하며, 토지보상법을 준용하는 법률은 도시개발법, 도시정비법 등 112여 개 법률이 토지보상법을 준용한다고 토지보상법 별표에 정하고 있습니다.

5) 고시란?

"고시"란 시장·군수 등이 도시·군 관리계획 등 행정절차 진행을 일반인이 알 수 있도록 널리 알리는 것을 말합니다.

용인시 고시 제2023-297호

고 시

1. 용인시 수지구 동천동 179-2번지 일원 용인도시계획시설(도로: 2-61호)에 대하여 「국토의 계획 및 이용에 관한 법률」 제86조, 제88조 규정에 따라 사업시행자지정 및 실시계획인가하고, 같은 법 제91조 및 같은 법 시행령 제100조 규정에 따라 아래와 같이 고시합니다.

2. 아울러, 실시계획 작성에 따른 경미한 도시관리계획(변경)에 대해서는 같은 법 제88조 제6항 및 제30조에 따라 도시관리계획(변경) 결정하여 고시하며, 같은 법 제32조 및 「토지이용규제기본법」 제8조에 따라 지형도면을 승인하고 이를 고시합니다.

3. 관계도서는 용인시청 도시정책과(☎031-324-3224)에 비치하고 이해관계인 및 일반인에게 보이고 있습니다.

2023. 6. 2.

용 인 시 장

□ **결정(변경) 내용**
가. 도로결정(변경) 조서

구분	규모				기능	연장(m)	기점	종점	사용형태	주요 경과지	최초 결정일	비고
	등급	류별	번호	폭원(m)								
기정	소로	2	61	8	국지도로	290	중로 2-14	동천동 도시 지역계	일반도로	-	03.06.23 (용고 2003-155호)	

고시문에는 사업의 위치, 사업의 종류 및 명칭, 사업 규모, 사업 시행자의 성명 및 주소, 사업 시행 기간, 수용 또는 사용할 토지 또는 건물의 소재지·지번·지목 및 면적, 소유권과 소유권 외의 권리의 명세 및 그 소유자·권리자의 성명·주소, 공람 기간, 공람 장소, 의견제출 방법 등이 기재되며 법령에서 정하는 고시를 하지 않고 사업을 진행하면 위법 행위가 될 수 있습니다.

제3장
도시계획

1. 도시계획의 종류 및 위상

　도시계획의 종류에는 국토종합계획, 광역도시계획, 도 종합계획, 도시·군 기본계획, 도시·군 관리계획 등으로 크게 나눌 수 있는데, 도시계획에도 위계질서가 있어 하위계획을 수립할 때에는 상위계획을 위반할 수 없습니다.

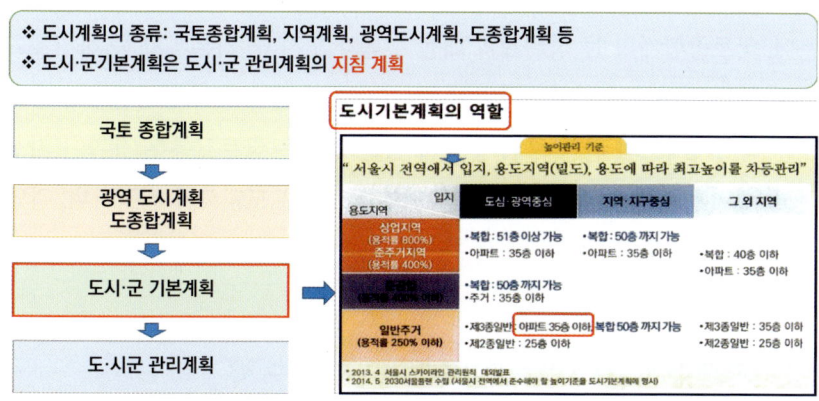

　위 사례는 도시계획에서 상위계획에 부합해야 하는 사례를 설명한 것입니다. 우측은 해당 시 도시기본계획에 일반주거지역 아파트 신축 시 최고 높이를 35층 이하로 정하고 있는데, 재건축 조합에서 사업의 수익성을 높이기 위해 상위계획인 도시기본계획에 명시된 35층 이하 아파트 건립 규정을 무시하고, 49층 도시관리계획을 수립 도시계획위원회에 심의를 받았습니다.

심의 결과, 도시계획위원회에서는 49층 아파트 재건축은 상위계획인 도시기본계획에 있는 '35층 이하'라는 조건에 부합하지 않는다고 불허했습니다. 도시관리계획 수립 시 상위계획을 위반한 하위계획 수립은 불가하다는 걸 증명한 사례입니다.

특히 도시기본계획은 해당 시·군에서 최상위 지침계획으로, 개발행위허가 등 계획을 수립할 때나 개인 등이 투자 등을 목적으로 토지에 투자할 때 도시·군 기본계획을 고려하지 않고 토지를 미리 매입하거나 도시기본계획에서 개발행위가 불가능한 토지를 매입할 경우 큰 낭패를 볼 수 있습니다.

2. 광역도시계획

"광역도시계획"이란 광역계획권의 장기 발전 방향을 제시하는 계획을 말하는데, 국토종합계획 등 상위계획 내용 수용과 도시·군 기본계획 등 하위계획의 지침을 제시하며 광역계획권이 둘 이상의 특별시·광역시·특별자치시·도 또는 특별자치도의 관할 구역에 걸쳐 있는 경우는 국토교통부 장관이 지정하고, 광역계획권이 도의 관할 구역에 속하는 경우 도지사가 지정하며, 광역도시계획은 도시·군 계획 체계상 최상의 계획입니다.

위 사례, "위례 신도시"는 서울특별시, 성남시, 하남시 등 3개 자치구 일부를 광역계획권으로 묶어서 수립한 광역도시계획 사례이고, 수도권 및 부산권 사례는 개발제한구역 광역도시계획 사례인데, 수도권 광역계획권 사례는 서울특별시, 경기도, 인천광역시를 묶어 수도권 광역계획권으로 지정한 사례입니다. 부산권 광역계획권 사례는 부산광역시, 김해, 양산시를 묶어서 광역계획권 사례인데 개발제한구역 광역도시계획 사례입니다.

유의 사항은 개발제한구역의 조정과 관련하여 최초로 수립되는 광역도시계획의 목표연도는 2020년으로 하며, 광역도시계획은 원칙적으로 재검토하지 아니하나, 광역도시계획이 도시·군 기본계획을 대신하는 경우에는 도시·군 기본계획에 준하여 5년마다 타당성 재검토·정비를 합니다.

3. 도시·군 기본계획

1) 도시·군 기본계획 수립 개요

"도시·군 기본계획"은 도시·군 관리계획의 지침계획으로 기본적인 공간 구조와 장기 발전 방향을 제시하는 종합계획입니다. 특히, 해당 시·군의 인구배분, 생활권 설정, 공간구조, 토지이용, 기반시설 등에 관한 해당 지역의 20년 기준 미래의 청사진을 제시하여 향후 개발계획 등이 청사진에 부합되지 않으면 개발을 불허하는 선계획 후개발 지침계획입니다.

> **의의·성격**
> - ❖ '도시·군 기본계획'이란 특별시·광역시·특별자치시·특별자치도·시 또는 군의 관할 구역에 대하여 기본적인 공간구조와 장기발전방향을 제시하는 종합 계획으로서 도시·군 관리계획 수립의 지침이 되는 계획
> - ✓ 비구속적 행정계획으로 행정 쟁송 대상이 아님

> **수립의무 및 승인**
> - ❖ 수립: 특별시장·광역시장·특별자치시장·특별자치도지사·시장 또는 군수는 관할 구역에 대하여 도시·군기본계획을 수립 (예외 수도권에 속하지 않고 광역시와 인접하지 않는 10만 이하 시군)
> - ❖ 승인: 시·군 도시·군기본계획의 승인 도지사

2) 도시·군 기본계획의 내용

도시·군 기본계획에는 아래와 같이 도심을 구성하는 계획의 방향, 인구계획, 생활권 설정, 공간계획, 토지이용, 환경, 기반시설, 방재 등에 관한 사항을 모두 포함하여 계획을 수립합니다. (법 제19조 참조)

① 지역적 특성 및 계획의 방향·목표에 관한 사항
② 공간구조, 생활권의 설정 및 인구의 배분에 관한 사항
③ 토지의 이용 및 개발에 관한 사항
④ 토지의 용도별 수요 및 공급에 관한 사항
⑤ 환경의 보전 및 관리에 관한 사항
⑥ 기반시설에 관한 사항
⑦ 공원·녹지에 관한 사항
⑧ 경관에 관한 사항
⑨ 기후변화 대응 및 에너지절약에 관한 사항
⑩ 방재·방범 등 안전에 관한 사항
⑪ 단계별 추진에 관한 사항

> ❖ 도시·군기본계획 정비: 5년마다 관할 구역 도시·군기본계획에 대하여 타당성 여부 재검토 정비

도시·군 기본계획 수립 기준은 국토교통부 장관이 정하며, 도시·군 기본계획에는 위에 ①~⑪호의 사항에 대한 정책 방향이 포함됩니다. 도시기본계획 명칭은 '2030년 ○○ 도시기본계획' '2035년 ○○ 도시기본계획' 등으로 호칭되며 끝자리 숫자를 0, 5번으로 표기합니다. 위 사례는 2035년 용인 도시

기본계획, 2035년 화성 도시기본계획 표지입니다. 참고로 수도권에 속하지 않고, 광역도시와 인접하지 않는 10만 이하 시·군은 도시기본계획 수립 의무가 없습니다.

3) 인구배분계획

도시·군 기본계획에는 목표연도 기준 5개년 단위로 계획 단계를 구분하고 총인구는 상주인구와 주간 활동 인구로 나누어 설정하고 인구배분계획을 수립하는데, 생활권별로 단계별 인구배분계획을 수립합니다.

(단위: 인)

구분	2015년	2020년	2025년	2030년	2035년
자연적증가인구	637,852	667,783	693,815	715,572	737,283
사회적증가인구	-	426,857	458,606	458,606	458,606
합계	637,852	1,094,640	1,152,421	1,174,178	1,195,889
적용	638,000	1,095,000	1,152,000	1,174,000	1,196,000

주) 2015년 자연적증가인구는 군인, 외국인인구 제외

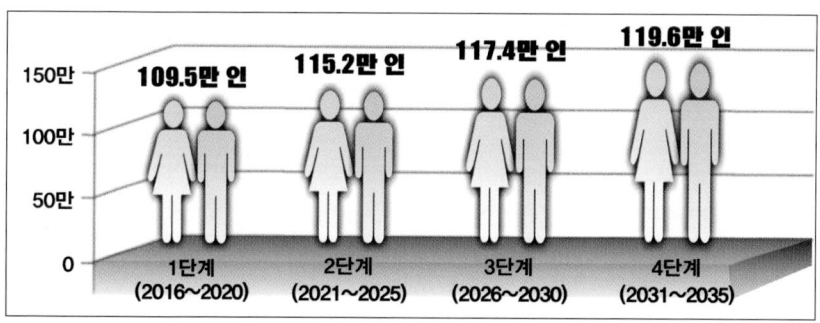

위 사례는 2035년 화성도시기본계획 사례인데, 시군별 도시·군 기본계획을 확인하면 인구의 증감을 확인할 수 있습니다. 특히, 인구배분계획에는 시군별, 생활권별 인구 총량을 5년 단계별로 정하고 있는데, 해당 지역 개발계획을 수립할 때에는 인구 총량의 범위 내에서 개발계획을 수립해야 하며, 만약 해당 지역 인구 총량과 부합되지 않는 개발계획을 수립할 경우 인허가 단계에서 개발계획이 불허될 수 있어 반드시 도시기본계획을 확인하여야 합니다.

4) 공간계획

도시·군 기본계획 중 공간계획은 해당 시·군의 향후 20년의 공간계획으로 해당 지자체의 도심, 부도심, 개발축과 녹지축을 미리 정하는데, 개인이나 개발업자 등이 해당 시·군에 개발계획을 수립할 경우, 반드시 도시·군 기본계획의 공간구조에 부합하는 개발계획을 수립해야 합니다.

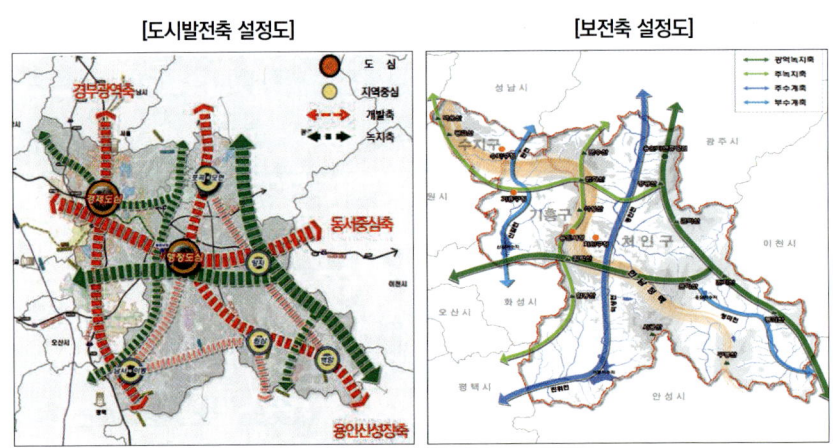

위 사례는 2035년 용인도시기본계획 사례인데, 개발사업자나 개인이 개발계획을 수립하려면 해당 지역의 도시 기본계획상 개발이 가능한 개발축 인근에 토지를 매입해 개발계획을 수립해야 합니다. 만약, 도시기본계획상 개발이 불가능한 보존축에 토지를 매입해 인허가를 신청하면 인허가 부서에서는 인허가를 내주지 않습니다.

만약, 도시기본계획에 부합하지 않아 인허가 불가 시 개발을 포기하거나 기본계획을 변경해야 하는데, 도시기본계획 변경은 5년 단위로 타당성 검토 후 변경이 가능하고, 변경계획은 상급기관인 시·도지사의 변경 승인을 받아야 하기에 개발사업을 하려면 반드시 도시기본계획 부합 여부를 확인해야 합니다. 참고로, 도시·군 기본계획은 해당 시·군 홈페이지에서 내려받을 수 있으며, 해당 시·군 홈페이지서 찾을 수 없으면 "토지 이음" 정보마당 '자료실'에서 찾거나 "구글"에 검색해 찾을 수 있습니다.

5) 생활권계획

"생활권계획"이란 도시기본계획의 부문별 계획으로서 도시기본계획의 내용을 수용하여 도시가 지향하여야 할 바람직한 미래상을 생활권 단위로 구체화하는 도시에 정책계획과 전략계획을 실현하는 계획입니다. 도시기본계획에는 반드시 생활권을 설정해야 하며, 생활권의 설정은 시·군의 발전 과정, 개발축, 도시기능 및 토지이용 특성, 주거 특성, 자연환경 및 생활환경 여건 등 지역 특성별로 위계에 따른 생활권을 설정해야 합니다. 더불어 생활권별로 단계별 인구계획, 토지이용 총량 등을 정하고, 개인이나 법인 등이 개발계획 수립 시 생활권계획의 범위 내에서 개발계획을 수립해야 개발행위 허가를 받을 수 있습니다.

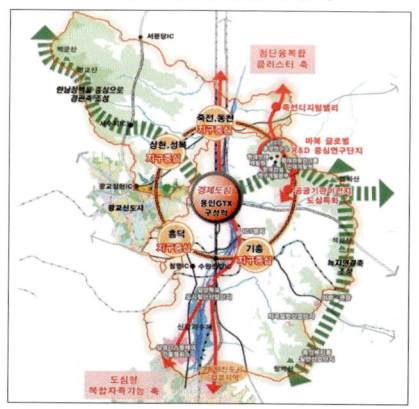
[기흥·수지권역 생활권 구상도]

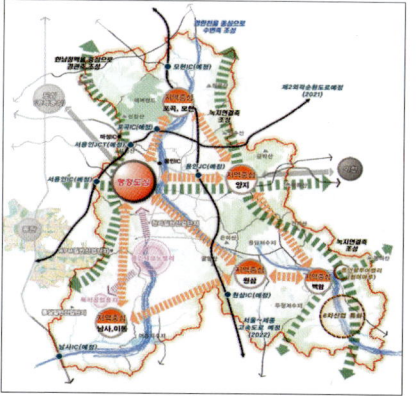
[처인중심권역 구상도]

위 사례는 2035 용인도시기본계획 사례인데, 생활권별 세부 계획에 도심, 부도심, 개발축, 보전축을 지정해서 생활권이 지역 공동체의 중심 지역으로 생활권 전체의 발전을 견인할 수 있도록 하며, 해당 생활권에 친화적인 각종 산업 등을 집중적으로 유치할 수 있도록 토지의 이용계획을 함께 포함하고 있습니다.

특히, 생활권의 경계는 위계별(고속도로, 대로, 로, 길)로 구분이 가능하며 하나의 생활권은 계획의 적정 규모가 될 수 있도록 설정하고 인구 등 각종 자료의 용이한 취득이 가능하도록 행정경계(읍·면·동)를 위주로 하되, 필요한 경우 뚜렷한 지형지물 활용도 가능합니다.

6) 토지이용계획

토지이용계획은 토지이용현황 분석과 토지적성평가 결과를 활용하여 기개발지, 개발가능지, 개발억제지, 개발불가능지를 구분하여 해당 지자체의 장래 토지이용을 예측합니다.

특히, 시가화 예정용지는 목표연도의 인구 규모 등 도시지표 달성에 필요한 토지수요량에 따라 목표연도 및 단계별 총량과 주 용도로 계획합니다. 또한 그 위치는 표시하지 않으며 향후 시가화 용지 중 관리용지로 전환될 시가화 예정용지는 주거용지·상업용지·공업용지로 전환할 수 없습니다.

시가화 예정용지

❖ 성숙·안전형의 경우 사업계획 지연·취소 등으로 인하여 목표연도 내에 사업목적 달성이 불가능하다고 판단되는 경우 재검토하여 과도한 개발계획 지양
❖ 당해 도시의 발전에 대비하여 개발 축과 개발가능지를 중심으로 시가화에 필요한 개발공간을 확보하기 위한 용지로 생활권별로 배분
❖ 개발 용도지역으로 부여하기 위해서는 지구단위계획 수반, 도시의 무질서한 방지·토지의 계획적 이용개발 유도

(단위: ㎢)

구분	합계	생활권		비고
		동 생활권	서 생활권	
합계	25.669	6.385	19.284	
주거형	10.342	2.685	7.657	
공업형	11.057	1.502	9.555	
복합형	4.270	2.198	2.072	

위 사례는 화성시 2035년 화성도시기본계획 시가화 예정용지 토지이용계획 사례인데, 시가화 예정용지를 생활권별로 주거형과 공업형, 복합형으로 나누고 있고, 시가화 예정용지를 5년 단위 단계별 집행계획으로 세분하고 있습니다.

만약, 개발업자가 화성시에서 대규모 주택건설사업계획을 가지고 지구단위계획을 수립하려면 시가화 예정용지 총량의 범위 내에서 개발계획을 수립할 수 있는데, 시가화 예정용지 총량을 관리하는 해당 시에 총량을 사용할 수 있는지에 대해 사전에 협의해야 합니다. 사전 협의 없이 미리 토지를 매입 개발을 위한 지구단위계획을 요청하게 되면 시가화 예정용지 총량 미확보로 개발사업 인허가가 불허될 수 있습니다.

7) 개발가능지 분석

도시기본계획에서 개발가능지 분석은 통상 4단계로 분류합니다. 종류에는 기개발지, 개발억제지, 개발불능지, 개발가능지로 나누는데 개발사업을 추진할 때 도시기본계획의 개발가능지 분석을 모르면 개발사업에 어려움을 겪을 수 있습니다.

구분	내용
기개발지	• 도시지역(주거지역, 상업지역, 공업지역) • 개발사업 예정지, 지구단위계획구역, 개발진흥지구 • 도시계획시설, 취락지구
개발억제지 (법적제약)	• 생태자연도1, 2등급, 토지적성평가 나 등급지 • 임상도 4영급이상지역 • 농림지역, 자연환경보전지역, 농업진흥지역 • 개발제한구역, 문화재보호구역, 보전산지 • 군사시설보호구역
개발불능지 (자연적제약)	• 토지적성평가 가 등급지 • 표고제한: 화성시 도시계획조례에 맞게 지역별 차등 • 경사도 15도 이상인 지역 • 국가하천, 지방하천, 소류지, 저수지
개발가능지	• 기개발지, 개발억제지, 개발불능지를 제외한 지역

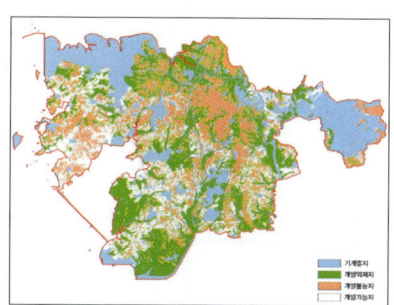

위 사례는 2035년 화성도시기본계획 사례인데, 화성시 도시기본계획에는

개발불능지를 토지적성평가에서 가 등급, 경사도 15도 이상인 지역 등을 개발불능지로 정하고 있습니다. 만약 개발업자가 개발사업을 하려고 토지를 매입하는데, 토지적성평가에서 가 등급지, 경사도 15도 이상인 지역 토지를 매입한다면 도시개발사업이나 지구단위계획으로 개발사업 시 개발행위허가를 받을 수 없기에 반드시 토지를 매입하기 전에 도시기본계획의 개발가능지를 분석하고 개발사업을 추진해야 합니다.

8) 기반시설 계획

도시기본계획에는 기반시설과 관련 향후 20년 이내 철도, 도로, 공원 등이 언제, 어디에 설치되는지 단계별로 도시·군 기본계획에서 정하고 있습니다. 해당 지역에 개발계획을 가지고 있는 개발업자, 개인 등은 반드시 도시·군 기본계획을 확인하고 토지 입지 분석을 해야 합니다. 통상적으로 도시·군 기본계획이 발표되면 기반시설이 설치되느냐에 따라 토지 가격이 변동하는데, 도시기본계획은 개발사업을 추진하거나 개인이 투자할 때에도 반드시 확인해야 합니다.

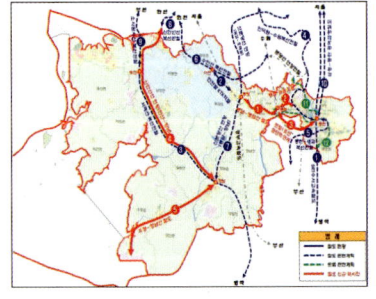

위 사례는 2035년 용인도시기본계획 기반시설 철도계획 사례인데, 도시기본계획에는 철도의 기추진 사업, 신규 제시(안) 사업, 철도 노선명, 연장 길이,

시행 주체, 개통 시기 등을 정하고 있습니다. 도시기본계획을 공부하면 부동산 전문가의 조력 없이도 스스로 해당 지역에 대한 기반시설 설치 여부에 대하여 사전 입지분석 등을 통해 기반시설(도로, 철도 등) 입지 여건에 따른 개발 여부를 확인하고 개발에 참여할지, 토지에 투자할지를 결정할 수 있습니다.

9) 도시기본계획 수립 절차

도시·군 기본계획은 국토교통부가 수립 기준 등을 정하고 있어 모든 도시기본계획의 수립 절차는 같습니다.

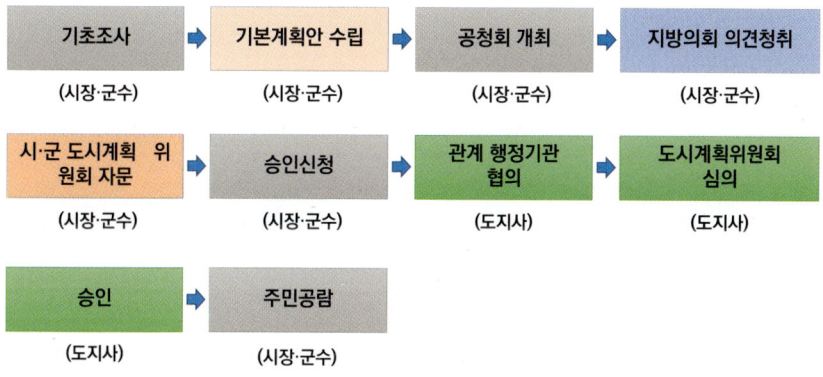

도시·군 기본계획의 수립권자는 시장·군수이며 시·군의 경우 도지사가 승인권자가 됩니다. 도시·군 기본계획 수립 절차는 위와 같이 단계별로 공론화 과정을 거치는데 이는 고품격 도시·군 기본계획을 만드는 데 있어 보완 및 검증 과정으로 보면 됩니다. 특히, 시장(대도시 시장 포함) 또는 군수는 도시·군 기본계획을 수립하거나 변경하려면 대통령령으로 정하는 바에 따라 도지사의 승인을 받아야 합니다. (법 제22조 참조)

4. 도시·군 관리계획

1) 도시·군 관리계획 개요

"도시·군 관리계획"이란 특별시·광역시·특별자치시·특별자치도·시 또는 군의 개발·정비 및 보전을 위하여 수립하는 토지이용, 교통, 환경, 경관, 안전, 산업, 정보통신, 보건, 복지, 안보, 문화 등에 관한 다음 각 목의 계획을 말하는데, 아래 ①~⑥ 중 1가지 이상이 포함된 계획을 도시·군 관리계획이라 합니다.

① 용도지역·용도지구의 지정 또는 변경에 관한 계획
② 개발제한구역, 도시자연공원구역, 시가화 조정구역(市街化調整區域), 수산자원보호구역의 지정 또는 변경에 관한 계획
③ 기반시설의 설치·정비 또는 개량에 관한 계획
④ 도시개발사업이나 정비사업에 관한 계획
⑤ 지구단위계획구역의 지정 또는 변경에 관한 계획과 지구단위계획
⑥ 입지규제 최소구역의 지정 또는 변경에 관한 계획과 입지규제 최소구역계획

민원, 행정 → 관리계획 작성입안 → 기본 조사 → 주민 의견 → 협의 → 심의 → 결정

도시·군 관리계획 수립 대상은 위와 같이 ①~⑥가지 유형을 정하고 있는데 위 6가지 유형 모두가 도시관리계획 수립 시 다수 이해관계인의 이익을 합리적으로 조정하여 주민의 자유 권리에 대한 부당한 침해를 막기 위함입니다. 예컨대, 위 ①번 농림지역을 상업지역으로 용도지역을 바꾼다면 바뀐 사람은 큰 수혜를 입게 되고, 용도지역이 바뀌지 않는 농림지역 주민은 상대적 박탈감으로 민원제기 등 주민 갈등을 유발할 수 있어 이를 합리적으로 조정하여 주민의 자유 권리에 대한 부당한 침해를 방지하는 것을 도시·군 관리계획이라 합니다.

2) 도시·군 관리계획 수립절차

도시·군 관리계획 수립절차는 국토계획법에 정하고 있으며 아래와 같은 단계별 절차로 운영하고 있습니다.

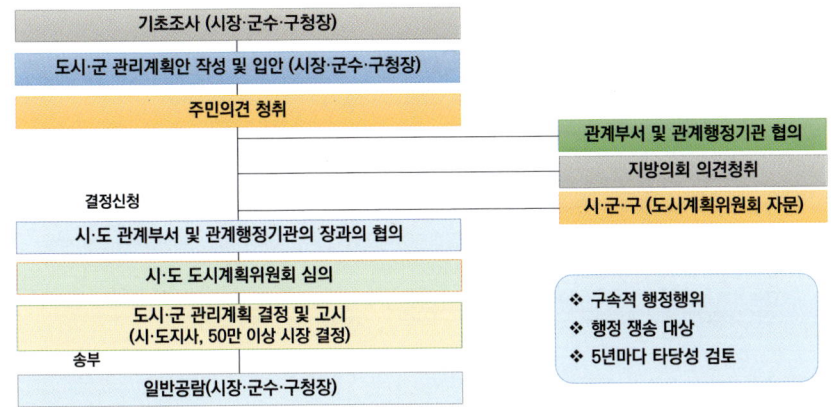

 도시·군 관리계획 수립은 주민 간 이해관계가 크기 때문에 국토교통부 장관, 시도지사, 시장이 입안·결정이 원칙이고, 도 단위 시·군의 경우 시도지사와 50만 이상 대도시 시장이 도시·군 관리계획을 결정할 수 있는데, 예외적으로 시·도의 위임 조례에 따라 시장·군수·구청장도 도시·군 관리계획을 결정할 수 있습니다. 도시·군 관리계획이 결정되면 구속적 행정행위로 행정심판이나 행정소송 대상이 됩니다.

 또한, 도시·군 관리계획이 한 번 결정되면 도시관리계획에 문제가 있거나 변경이 필요하다 하더라도 최소한 5년 단위로 타당성 검토를 통해서 변경할 수 있어 법령 등 개정으로 불가피하게 변경하지 않는 이상 곧바로 도시관리계획을 변경 등을 할 수 없습니다.

3) 도시·군 관리계획 주민 및 이해관계자의 입안 제안

 도시·군 관리계획 입안은 주민 간 이해관계로 민원이 발생할 우려가 크기 때문에 원칙은 국토교통부 장관, 시도지사, 시장 군수만 입안할 수 있습니다. 그러나 예외적으로 도로, 공원 등 기반시설 설치나 지구단위계획 등은 일정 요건의 주민 제안 동의 요건을 충족하면 주민이나 이해관계자도 도시관리계

획 입안을 제안할 수 있습니다. (법 제26조 참조)

제안 대상
1. 기반시설의 설치·정비 또는 개량에 관한 사항
2. 지구단위계획구역의 지정 및 변경과 지구단위계획의 수립 및 변경에 관한 사항
3. 다음 각 목의 어느 하나에 해당하는 용도지구의 지정 및 변경에 관한 사항
① 개발진흥지구 중 공업기능 또는 유통물류기능 등을 집중적으로 개발·정비하기 위한 개발진흥지구로서 개발진흥지구
② 용도지구 중 해당 용도지구에 따른 건축물이나 그 밖의 시설의 용도·종류 및 규모 등의 제한을 지구단위계획으로 대체하기 위한 용도지구

제안 동의 요건
❖ 기반시설 설치·정비 또는 개량에 관한 사항: 대상 토지 면적의 5분의 4 이상
❖ 지구단위계획 및 개발진흥지구: 대상 토지 면적의 3분의 2 이상
✓ 제안자에게 45일 이내 반영 여부 통보 (국·공유지는 제외)

주민 제안은 「국토계획법」 제26조에서 정하고 있는데, 예컨대, 마을에 도로가 없어서 주민들이 생활에 불편을 겪고 있다면 주민들이 편입부지 면적의 5분의 4 이상 동의를 받아서 시청 등에 제안하면, 시에서 검토 후 요건이 충족된다면 입안 여부를 결정하게 됩니다. 도시관리계획 입안을 일반 주민도 입안 제안하도록 법령에서 그 종류를 정하고 있고, 주민이나 이해관계자가 제안한 경우 시장 등은 제안자에게 45일 이내에 반영 여부를 통보해야 합니다.

제4장
용도지역·용도지구·용도구역

1. 용도지역

"용도지역"은 우리나라 모든 토지에 토지이용 및 건축물 용도, 건폐율, 용적률, 심지어 건축물의 높이까지 규제하는 소위 토지에 등급을 정하고 있습니다. 용도지역의 핵심은 용도지역 변경인데, 예컨대, 농림지역을 상업지역으로 용도지역을 변경하면 이해 충돌이 발생하는데 도시·군 관리계획으로 용도지역을 변경하면 공론화 과정을 통해 민관 갈등을 최소화할 수 있습니다. (법 제2조 참조)

용도지역 정의
❖ 토지의 이용 및 건축물의 용도, 건폐율, 용적률, 높이 등을 제한함으로써 토지를 경제적·효율적으로 이용하고 공공복리의 증진을 도모하기 위하여 서로 중복되지 아니하게 도시·군 관리계획으로 결정하는 지역

용도지역 지정
❖ 계획수립: 국토교통부장관, 시·도지사, 시장 또는 군수
❖ 지역지정 결정: 국토교통부장관, 시·도지사 또는 대도시 시장 (50만 이상 시장)
❖ 지정절차: 도시·군 관리계획에 따름

제안 ⇒ 입안계획 ⇒ 기본 조사 ⇒ 주민 의견 ⇒ 협의 ⇒ 심의 ⇒ 결정

용도지역 지정 및 변경 절차는 계획 수립 ⇒ 기본 조사 ⇒ 주민 의견 청취 ⇒ 부처협의 ⇒ 도시계획위원회 심의 등을 거치는데 입안은 국토교통부 장

관, 시·도지사, 시장 또는 군수가 하며, 용도지역 결정 및 변경 결정은 국토교통부 장관, 시·도지사, 도 단위에서는 도지사, 50만 이상 대도시 시장이 결정합니다.

2. 용도지역의 확인

토지는 용도지역에 따라 토지 가격 또는 토지이용에서 가장 큰 차이가 나는데, 용도지역 확인은 토지 이음 사이트에서 확인 가능합니다. 토지 이음을 활용할 경우 해당 필지에 대한 지목, 면적, 개별 공시지가, 지역 지구 등 지정 여부 등 확인이 가능하며, 도시계획, 행위 가능 여부, 건폐율·용적률, 높이 제한, 도로 조건 등 필지별 토지에 대하여 다양한 정보를 얻을 수 있습니다.

〈토지 이음 토지 이용 계획 열람〉

위 그림처럼 토지 이음의 토지이용계획 열람을 통해서 해당 용도지역 등 토지에 대한 많은 정보를 얻을 수 있으며 위 그림에 대한 주요 내용은 아래와 같습니다.

① 국토계획법에서 정하는 지역·지구 등을 나타내면 위 사례는 용도지역이 도시지역, 자연녹지지역, 제1종 일반주거지역, 지구단위계획구역으로 소로 2류에 저촉된다고 표시하고 있습니다. 참고로 도로 표기는 접합과 저촉이 있는데, 저촉은 해당 토지가 도로 부지에 물려 있다는 내용이고, 접합은 도로에 접하고 있다는 뜻입니다.

② 국토계획법을 제외한 다른 법령 등에 따른 지역·지구 등을 표시하면 예컨대 토지가 개발제한구역인지는 ②번 항에 개발제한구역으로 표기됩니다.

③ 토지이용계획에 대한 지정현황, 행위 제한내용, 도시계획, 토지 이력, 건축물 정보 등 각종 정보를 확인 가능합니다.

④ 해당 사진은 확인도면인데 토지의 경계선, 토지 형태를 확인할 수 있고, 토지 용도지역 등을 색으로 표시하며, 도로 등 도시계획시설 등을 확인할 수 있습니다.

3. 용도지역 지정 (도시지역)

도시지역은 주거지역, 상업지역, 공업지역, 녹지지역 등 4개 지역으로 구분하고, 아래와 같이 각 용도지역을 16개 지역으로 세분하며, 용도지역에서 행위허가는 용도지역 지정목적에 따라 토지를 이용할 수 있습니다. (시행령 제30조 참조)

지역(법률)		세분(시행령)	지정 목적
도시 지역	주거지역	제1종전용주거지역 제2종전용주거지역 제1종일반주거지역 제2종일반주거지역 제3종일반주거지역 준 주거지역	❖ 단독주택 중심의 양호한 주거환경 보호 ❖ 공동주택 중심의 양호한 주거환경 보호 ❖ 저층주택 중심의 편리한 주거환경 조성 ❖ 중층주택 중심의 편리한 주거환경 조성 ❖ 중·고층주택 중심의 편리한 주거환경 조성 ❖ 주거기능에 상업 및 업무기능 보완
	상업지역	중심상업지역 일반상업지역 근린상업지역 유통상업지역	❖ 도심·부도심의 상업·업무기능 확충 ❖ 일반적인 상업 및 업무기능 담당 ❖ 근린지역의 일용품 및 서비스 공급 ❖ 도시 내 및 지역 간 유통기능의 증진
	공업지역	전용공업지역 일반공업지역 준공업지역	❖ 중화학공업, 공해성공업 등을 수용 ❖ 환경을 저해하지 아니하는 공업의 배치 ❖ 경공업 수용 및 주·상·업무기능의 보완
	녹지지역	보전녹지지역 생산녹지지역 자연녹지지역	❖ 도시의 자연환경·경관·산림 및 녹지공간보전 ❖ 농업적 생산을 위하여 개발을 유보 ❖ 보전할 필요가 있는 지역으로 제한적 개발허용

위 도시지역의 용도지역은 한 필지에 용도지역을 중복해서 지정할 수 없습니다. 예를 들면 한 필지에 주거지역 + 공업지역, 상업지역 + 녹지지역 등을 한 필지에 용도지역을 중복 지정할 수 없는 것입니다. 특히, 용도지역은 지정 목적대로 사용해야 하는데, 주거지역은 주거 목적으로, 상업지역은 상업 목적, 공업지역은 공업 목적, 녹지지역은 도시의 자연환경 조성 및 녹지공간 보전을 위해 사용해야 합니다.

세부적인 지정목적 사례를 설명하면 제1종 전용 주거지역은 단독주택만 가능하기에 공동주택인 아파트는 지을 수 없고, 준주거지역은 주거 기능 및 상업 및 업무기능까지 가능해 주거지역 중 가장 가치가 높은 지역이며, 상업지역도 중심, 일반, 근린, 유통지역에 따라 업무기능 및 서비스 공급에 차이가 있습니다. 공업지역에서 준공업지역은 주·상 및 업무기능까지 가능해 일반공업지역과 기능에 큰 차이가 있어 용도지역별 차이점을 검토하고 개발 및 투자에 참여해야 합니다.

4. 용도지역 지정 (비도시지역)

비도시지역은 관리지역, 농림지역, 자연환경보전지역을 비도시지역이라 부릅니다. 비도시지역 중에도 일반 건축물 등이 어느 정도 허용된 지역이 관리지역인데, 관리지역은 보전관리지역, 생산관리지역, 계획관리지역으로 나눕니다.

지역(법)		세분(시행령)	지정 목적
관리지역	보전관리	해당 없음	❖ 보전이 필요하나 자연환경보전지역으로 지정이 곤란한 경우
	생산관리	해당 없음	❖ 농·임·어업생산을 위해 필요, 농림지역으로 지정이 곤란한 경우
	계획관리	해당 없음	❖ 도시지역 편입이 예상, 계획·체계적 관리 필요
농림지역		해당 없음	❖ 농림업의 진흥과 산림의 보전을 위하여 필요
자연환경보전지역		해당 없음	❖ 자연환경 등의 보전과 수산자원의 보호·육성

특히, 비도시지역에서는 관리지역이 토지 활용도가 가장 높습니다. 만약, 비도시지역에서 지구단위계획으로 대규모 택지를 개발한다고 하면, 관리지역 토지에만 지구단위계획의 개발이 가능합니다. 그중 계획관리 지역을 50% 이상 확보해야 하는데, 비도시지역에서 대규모개발사업을 하거나 건축물 등을 건축할 때 계획관리지역의 토지가 최우선 선호 대상으로 비도시역에 개발을 계획하고 있다면 비도시지역 계획관리지역 토지가 이용 등에 크게 유리합니다.

5. 용도지역에서 건축

「국토계획법」 제76조에 따라 용도지역에서의 건축물이나 그 밖의 시설의 용도·종류 및 규모 등의 제한에 관한 사항은 같은 법 시행령 [별표 1~ 22]에 정하고 있습니다. 용도지역에서 건축물 등 행위는 국토계획법 시행령에서 정하는 것과 도시·군 계획조례로 정하는 건축물의 제한에 모두 부합해야 입지가 가능합니다. 또한, 건축물이나 그 밖의 시설의 용도·종류 및 규모 등의 제한은 해당 용도지역의 지정목적에 적합하여야 합니다. (시행령 제71조 참조)

〈용도지역에서 건축물의 건축제한 사례〉

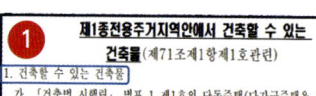

위 국토계획법 시행령 별표 2 예시는 ①은 시행령에서 건축할 수 있는 건축물을 정하고 있고, ②는 특정 시·군의 도시·군 계획조례가 정하는 바에 의하여 건축할 수 있는 건축물을 표기하고 있습니다.

위 표에서 제1종 전용주거지역에 건축을 위해서 법령을 검토해야 하는데 ①번 국토계획법 시행령에서 정하고 있는 [별표 2] 1. 건축할 수 있는 건축물을 체크하고, 다음에 ②번 도시·군 계획조례가 정하는 바에 의하여 건축할 수 있는 건축물을 확인 후 도시·군 계획조례를 확인합니다.

 예를 들어, 토지소유자가 단독주택을 건축한다면 ①번에서 1. 가는 단독주택(다가구주택을 제외) 가능, 2. 가는 단독주택 중 다가구주택을 시·군 조례로 가능하고 ②번 도시계획조례를 체크하여 단독주택이 가능한지를 살펴야 하는데 ②번 도시계획조례에는 가. 단독주택이 가능하다고 명시하고 있어 해당 토지소유자는 단독주택 건축이 가능합니다.

 바꾸어 말하면 ②번 도시계획조례는 해당 시·군의 실정에 맞게 시장·군수가 정하기 때문에 건축허가 등을 받기 위해서는 사실상 ②번 도시·군 계획조례를 확인하면 건축 가능 유무를 바로 확인할 수 있습니다.

6. 용도지역 건폐율·용적률

1) 도시지역

 도시지역은 주거지역, 상업지역, 공업지역, 녹지지역을 말하는데, 용도지역마다 건폐율·용적률 및 부지 용도가 정해지고 아래와 같이 용도지역마다 건폐율·용적률과 부지 용도가 달라 개발계획을 수립하거나 부동산에 투자 시 국토계획법 시행령에서 정하고 있는 건폐율 등 세부사항을 꼼꼼히 살펴봐야 합니다.

지역(법)		세분(시행령)	건폐율	용적률	부지용도
도시 지역	주거지역	제1종전용주거 제2종전용주거 제1종일반주거 제2종일반주거 제3종일반주거 준주거	❖ 50% 이하 ❖ 50% 이하 ❖ 60% 이하 ❖ 60% 이하 ❖ 50% 이하 ❖ 70% 이하	50~100 % 이하 50~150% 이하 100~200% 이하 100~250% 이하 100~300% 이하 200~500% 이하	❖ 단독주택 ❖ 공동주택 ❖ 저층주택 ❖ 중층주택 ❖ 중·고층주택 ❖ 상업, 업무, 주거 기능
	상업지역	중심상업 일반상업 근린상업 유통상업	❖ 90% 이하 ❖ 80% 이하 ❖ 70% 이하 ❖ 80% 이하	200~1,500% 이하 200~1,000% 이하 200~900% 이하 200~1,100% 이하	❖ 상업기능 및 업무기능 ❖ 일반상업 및 업무기능 ❖ 근린지역 일용품 서비스 ❖ 유통기능 증진
	공업지역	전용공업 일반공업 준공업	❖ 70% 이하 ❖ 70% 이하 ❖ 70% 이하	150~300% 이하 150~350% 이하 150~400% 이하	❖ 중화학 공해성 공업 ❖ 환경 저해 공업 ❖ 주, 상, 업무 보완 기능
	녹지지역	보전녹지 생산녹지 자연녹지	❖ 20% 이하 ❖ 20% 이하 ❖ 20% 이하	50~80% 이하 50~100% 이하 50~100% 이하	❖ 녹지공간 보전 ❖ 농업적 생산 유보 ❖ 녹지공간 확보 제한개발

① **"건폐율"이란**

대지면적에 대한 건축면적의 비율을 말하는데, 도시지역 세분 용도지역에서 건폐율은 자연녹지가 최저 20%에서 중심상업지역 최고 90%까지 낙폭이 큽니다. 예컨대 100평의 땅을 매입해 건축물을 건축할 경우, 자연녹지지역은 건폐율이 20%이기 때문에 20평의 건축물을 지을 수 있는데, 중심상업지역은 건폐율이 90%이기 때문에 90평의 건축물을 지을 수 있어 건폐율에 따라 건축 가능 면적을 확인할 수 있습니다.

② **"용적률"이란**

대지면적에 대한 건축 연 면적의 비율을 말하는데, 도시지역에서 자연녹지지역은 용적률이 100% 이하이고, 중심지 상업지역은 용적률이 최대 1,500% 이하로 똑같은 도시지역에서도 용적률에 큰 차이가 있습니다. 아파트의 경우 용적률이 높으면 층수를 높일 수 있습니다.

2) 비도시지역

비도시지역은 관리지역, 농림지역, 자연환경보전지역으로 나누는데, 관리지역은 보전관리지역, 생산관리지역, 계획관리지역으로 세분하고 있습니다.

지역(법)		건폐율	용적률
관리 지역	보전관리	❖ 20% 이하	❖ 80% 이하
	생산관리	❖ 20% 이하	❖ 80% 이하
	계획관리	❖ 40% 이하	❖ 100% 이하
농림지역		❖ 20% 이하	❖ 80% 이하
자연환경보전지역		❖ 20% 이하	❖ 80% 이하

　비도시지역의 건폐율은 계획관리지역 40%를 제외하고 모두 20%를 적용하고, 용적률도 계획관리지역만 100% 나머지 모두 80%를 적용하는데, 비도시지역에서 계획관리지역의 토지가 비싸고 우대를 받는 이유는 계획관리지역에서의 허용 행위 및 건폐율·용적률이 높기 때문입니다.

3) 두 개 이상 용도지역이 걸치는 경우
1필지 토지가 2 이상의 용도지역에 걸치는 경우는 아래 예시와 같습니다.

❖ 1필지의 토지가 2 이상의 용도지역에 걸치는 경우 각 용도지역에 속한 토지면적이 330㎡ 이하인 때에는 가장 넓은 면적이 속하는 용도지역 등에 관한 규정을 적용

사례 예시	주요 내용
❖ 제1종일반주거지역 200㎡, 유통상업지역 300㎡	❖ 전부 유통상업지역 적용
❖ 제1종일반주거지역 400㎡, 준주거지역 300㎡	❖ 전부 제1종일반주거지역 적용
❖ 제1종일반주거지역 400㎡, 준주거지역 500㎡	❖ 각각 제1종일반주거지역·일반상업지역 규정적용
❖ 건축물이 미관지구·고도지구·방화지구와 다른 용도지역에 걸친 경우	❖ 전부에 대하여 미관지구·고도지구·방화지구 규정적용
❖ 1필지 토지가 녹지지역과 다른 용도지역에 걸친 경우	❖ 면적에 관계없이 각 용도지역 규정적용

　위 예시와 같이 1필지의 토지가 2 이상의 용도지역에 걸치는 경우가 가끔 있는데, 각 용도지역에 속하는 토지 면적이 330㎡ 이하인 경우는 가장 넓은

면적이 속하는 용도지역 등에 관한 규정을 적용하게 되어 있습니다. 위 예시 제1종 일반주거지역이 400㎡, 준주거지역 300㎡일 경우 한 필지 용도지역은 전부 제1종 일반주거지역이 적용되기 때문에 토지를 매입할 경우 용도지역이 걸치는 경우 미리 확인하고 개발계획이나 토지가격 등을 정해야 합니다.

7. 용도지구 지정

용도지구는 용도지역에서 토지의 이용 건축물의 용도 등 각종 행위를 제한하는 규제로 용도지역에 경관지구, 고도 지구 등을 지정하면 용도지역이 일정한 규제를 받아 내 토지이용에 큰 제한을 받을 수 있습니다. (법 제37조 참조)

용도지구의 정의
❖ 토지의 이용 및 건축물의 용도·건폐율·용적률·높이 등에 대한 용도지역의 제한을 강화하거나 완화하여 적용함으로써 용도지역의 기능을 증진시키고 경관·안전 등을 도모하기 위하여 도시·군 관리계획으로 결정하는 지역을 말함

용도지구 지정
❖ 계획수립: 국토교통부장관, 시·도지사, 시장 또는 군수
❖ 지역지정 결정: 국토교통부장관, 시·도지사 또는 대도시 시장 (50만 이상 시장)
❖ 지정절차: 도시·군 관리계획 결정 절차에 따름

민원 등 → 입안계획 → 기본조사 → 주민의견 → 협의 → 심의 → 결정

예컨대 특정 지역에 일정 높이의 건축물 등을 계획하고 있는데 해당 지역이 고도 지구일 경우, 반드시 해당 고도 지구에서 가능한 건축물의 층고를 확인하고 토지이용에 대한 개발계획을 수립해야 합니다. 고도 지구를 확인하지 않고 토지를 매입할 경우 사업 추진에 큰 어려움을 겪을 수 있습니다. 용도지역을 제한하는 용도지구 지정·변경은 공론화 과정인 기본 조사 ⇒ 주민 의견 청취 ⇒ 관계기관 협의 ⇒ 도시계획위원회심의를 거쳐 도시·군 관리

계획으로 결정합니다.

1) 경관지구 등 용도지구 지정

용도지구에는 경관을 보호하기 위한 경관지구, 건축물 높이를 규제하는 고도 지구, 화재의 위험을 예방하는 방화지구, 문화재 등을 보호하기 위한 보호 지구로 나누고 있으며, 「국토계획법 시행령」 제31조에서 확인할 수 있습니다.

지구명	지정 목적
(1) 경관지구 ① 자연경관지구 ② 시가지경관지구 ③ 특화경관지구	(1) 경관의 보전·관리 및 형성을 위하여 필요한 지구 ① 자연경관의 보호 또는 도시의 자연풍치 유지 ② 주거지역의 양호한 환경조성과 시가지의 경관보호 ③ 수변, 문화재적 보존가치가 있는 건축물 주변의 경관 보호
(2) 고도지구	(2) 쾌적한 환경 조성 및 토지의 효율적 이용을 위하여 건축물 높이의 최고한도를 규제할 필요가 있는 지구
(3) 방화지구	(3) 화재의 위험을 예방
(4) 방재지구 ① 시가지방재지구 ② 자연방재지구	(4) 풍수해, 산사태, 지반의 붕괴 기타 재해의 예방 ① 건축물·인구가 밀집되어 있는 지역으로 재해 예방이 필요한 지구 ② 토지의 이용도가 낮은 해안 변, 하천 변, 급경사지 주변 등의 지역
(5) 보호지구 ① 역사문화환경보호지구 ② 중요시설물보호지구 ③ 생태계보호지구	(5) 문화재, 중요시설물 및 보존가치가 큰 지역의 보호·보존 ① 문화재·전통사찰 등 역사·문화 보존가치가 큰 시설 보존 ② 중요시설물의 보호와 기능 유지 및 증진 ③ 동식물 서식처 등 생태적 보존가치 큰 지역의 보호·보존

2) 취락지구 등 용도지구 지정

용도지구에 자연 취락지구와 집단 취락지구가 있습니다. 자연 취락지구는 녹지지역 등의 취락을 정비하기 위한 지구이고, 집단 취락지구는 개발제한구역 안의 취락을 정비하기 위한 지구로 법령 적용에 차이가 있습니다.

지구명	지정 목적
(6) 취락지구 ① 자연 취락지구 ② 집단 취락지구	(6) 녹지지역 등과 개발제한구역안의 취락을 정비 ① 녹지지역 등의 취락을 정비하기 위한 지구 ② 개발제한구역안의 취락을 정비하기 위한 지구
(7) 개발진흥지구 ①주거개발진흥지구 ②산업유통개발진흥지구 ③관광휴양개발진흥지구 ④복합개발진흥지구 ⑤특정개발진흥지구	(7) 주·상·공·유통물류·관광·휴양기능의 개발·정비 ① 주거기능을 중심으로 개발·정비 ② 공업 및 유통·물류기능을 중심으로 개발·정비 ③ 관광·휴양기능을 중심으로 개발·정비 ④ 위의 2가지 이상의 기능을 중심으로 개발·정비 ⑤ 위의 기능 외의 기능을 중심으로 특정목적을 개발·정비
(8) 특정용도제한지구	(8) 주거기능, 청소년 보호 등을 목적으로 특정시설입지를 제한
(9) 복합용도지구	(9) 토지이용, 개발 수요 등을 고려하여 복합적 토지이용 도모

3) 용도지구의 건축 제한

용도지구에서는 건축 제한이 따르는데 용도지구 건축 제한을 시·군 건축조례로 정하기도 하고, 법률에서 정하기도 합니다. 경관지구, 고도 지구, 방제구역, 보호 지구는 시·군 도시계획조례에, 취락지구에서 자연 취락지구는 국토계획법 [별표 23]에, 집단 취락지구는 개발제한구역법에서 정하고 있습니다.

구분	주요 내용
의의	❖ 용도지구에서의 건축물이나 그 밖의 시설의 용도·종류 및 규모 등의 제한에 관한 사항은 이 법 또는 다른 법률에 특별한 규정이 있는 경우 외에는 <u>대통령령</u>으로 정하는 기준에 따라 특별시·광역시·특별자치시·특별자치도·시 또는 군의 조례로 정할 수 있다
도·시군 계획조례	❖ 경관지구, 고도지구, 방제구역, 보호지구
취락지구	❖ 자연 취락지구: 국토계획법 별표 23 ❖ 집단 취락지구: 개발제한구역법에 정함
개발진흥지구	❖ 지구단위계획 또는 관계 법률에 따름 (지구단위계획 수립전에는 조례에 따름) ❖ 지구단위계획 또는 관계 법률에 따른 개발계획이 수립되지 않는 경우 해당 용도지역 ❖ 시·군조례로 정하는 건축물

8. 용도구역 지정

용도구역의 정의는 용도지역 및 용도지구의 제한을 강화하거나 완화하여 따로 정하는데 아래 입지규제 최소구역 외는 개별 법률로 정하고 있어 용도구역에서 개발행위 등은 반드시 개별 법령을 확인해야 합니다.

❖ 토지의 이용 및 건축물의 용도·건폐율·용적률·높이 등에 대한 용도지역 및 용도지구의 제한을 강화하거나 완화하여 따로 정함으로써 시가지의 무질서한 확산방지, 계획적이고 단계적인 토지이용의 도모, 토지이용의 종합적 조정·관리 등 위해 도시·군 관리계획으로 결정하는 지역

구역명	지정권자	지정 목적	행위제한
개발제한구역	국토교통부장관	❖ 도시의 무질서한 확산방지와 도시주변 자연환경 보전	개발제한구역법
시가화 조정구역	시·도지사 예외)국토부장관	❖ 무질서한 시가화 방지하고 계획적, 단계적 도시개발 도모 ❖ 시가화 유보기간: 5년 이상 20년 이내	국토계획법
수산자원보호구역	해양수산부장관	❖ 수산자원의 보호·육성	수산자원관리법
도시자연공원구역	시·도지사 대도시시장	❖ 도시의 자연환경 및 경관을 보호하고 도시민에 건전한 여가·휴식공간 제공	도시공원 및 녹지 등에 관한 법률
입지규제최소구역	법29조 도시·군 관리계획 결정권자	❖ 복합적인 토지이용 증진시켜 도시 정비를 촉진하고 지역 거점을 육성	입지규제 최소구역 계획

제5장
도시·군 계획시설

1. 단계별 집행계획

"도시·군 계획시설"이란 기반시설 중 도시·군 관리계획으로 결정된 시설을 말합니다. 토지 등에 도시·군 계획시설이 결정되면 개발행위 등이 제한되는데, 도시·군 계획시설 결정 고시일부터 3개월 이내에 재원조달계획 및 보상계획 등을 포함한 단계별 집행계획을 수립해야 합니다. (법 제85조 참조)

구분	주요 내용
수립	❖ 특별시장·광역시장·특별자치시장·특별자치도지사·시장 또는 군수는 도시·군 계획 시설에 대하여 도시·군 계획시설결정의 고시일부터 3개월 이내에 대통령령으로 정하는 바에 따라 재원조달계획, 보상계획 등을 포함하는 단계별 집행계획을 수립하여야 한다. ❖ 다만, 대통령령으로 정하는 법률에 따라 도시·군 관리계획의 결정이 의제되는 경우에는 해당 도시·군 계획시설결정의 고시일부터 2년 이내에 단계별 집행계획을 수립할 수 있다.
단계	❖ 제1단계: 3년 이내에 시행하는 도시·군 계획시설사업 ❖ 제2단계: 3년 후에 시행하는 도시·군 계획시설사업

단계별 집행계획 수립 제1단계는 3년 이내, 제2단계는 3년 후에 시행하는 도시계획시설 사업 순서를 정하는데, 단계별 집행계획이 수립되면 해당 토지가 언제 수용이 가능한지, 도시계획시설이 언제 설치가 가능한지를 예측

할 수 있어서 단계별 집행계획은 토지 등의 소유자 권리를 보호하기 위한 장치이며, 시장 등이 도시계획시설 결정 남용을 예방하는 법령 규제로 보입니다.

2. 도시·군 계획시설 사업시행자

도시·군 계획시설 사업의 시행자는 대부분 시장·군수가 사업시행자이나, 일부 사업은 민간이 토지의 소유 면적 3분의 2 이상 토지를 소유하고 토지소유자 총수 2분의 1 이상에 해당하는 자의 동의를 받으면 민간인도 사업시행자로 지정받을 수 있습니다. 민간이 사업시행자로 지정이 되면 민간도 도시·군 계획시설사업을 직접 시행할 수 있습니다. (법 제86조 참조)

구분	주요 내용 (법 제86조)
공공	❖ 원칙: 특별시장·광역시장·특별자치시장·특별자치도지사·시장 또는 군수 ✓ 연계: 둘 이상의 자치단체에 걸쳐 있는 경우 시장 또는 군수가 서로 협의 지정 ✓ 지정: 협의가 성립되지 아니하는 도지사 또는 국토교통부장관 시행자 지정 ✓ 국토교통부장관: 국가계획과 관련되거나 그 밖에 특히 필요하다고 인정되는 경우, 시장 또는 군수의 의견을 들어 직접 도시·군 계획시설사업을 시행 ✓ 도지사: 광역도시계획과 관련되거나 특히 필요하다고 인정되는 경우에는 관계 시장 또는 군수의 의견을 들어 직접 도시·군 계획시설사업을 시행 ❖ 예외: 시행령에 정하는 공공기관 기관 등
민간	❖ 도시·군 계획시설사업의 대상인 토지(국공유지는 제외)의 소유 면적 2/3 이상에 해당하는 토지를 소유하고, 토지소유자 총수의 1/2 이상에 해당하는 자의 동의

3. 도시·군 계획시설사업 절차

도시·군 계획시설이 결정되고 단계별 집행계획에 따라 예산이 확보되면 시장 등은 도시계획시설 사업을 할 수 있습니다.

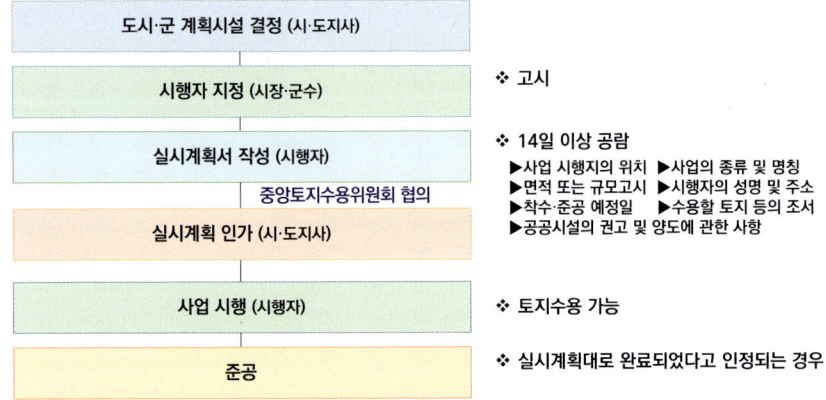

사업 진행 절차는 시장 등이 시행자를 지정하고 시행자는 실시계획서(세부적인 계획)를 작성하고, 실시계획 인가 전에 공익성 검토를 받기 위해 중앙토지수용위원회 사전 협의를 합니다. 중앙토지수용위원회가 수용하면 시장·군수는 실시계획 인가 고시를 하고 사업 시행 및 토지보상절차를 진행합니다. 참고로 토지수용을 위해서는 반드시 중앙토지수용위원회 협의를 받아야 하며, 협의에 앞서 토지소유자 등의 의견을 들어야 합니다.

4. 도시·군 계획시설 매수청구

시장 등이 도시계획시설 결정을 하였으나, 예산 등 문제로 도시계획시설사업 고시일부터 10년 이내 도시·군 계획시설사업을 하지 못하면, 지목이 대인 토지에 대하여 소유자가 매수청구를 할 수 있습니다. (법 제47조 참조)

구분	주요 내용
청구대상	❖ 도시·군 관리계획의 결정 고시일부터 10년 이내 도시·군 계획시설사업이 시행되지 아니하는 경우 ✓ 지목(地目)이 대(垈)인 토지
매수 의무자	❖ 사업시행자, 설치 의무자 등
매수청구 원칙	❖ 현금 지급, 예외 채권지급
매수절차	매수 의무자 (6개월 이내 매수여부 결정) → 통지 → 소유자, 특별시장, 광역시장, 특별자치도지사, 시장 또는 군수 → 2년 이내 매수 (매수결정 시)
매수 안 할 경우 설치가능 건축물	❖ 단독주택 3층 이하인 것 ❖ 제1종 근린생활시설로서 3층 이하인 것 ❖ 제2종 근린생활시설, 공작물

예컨대, 지목이 대인 토지만 매수청구 제도를 두는 이유는 전·답 등은 도시계획시설이 결정되어도 그대로 농사를 지으면 되지만, 지목이 대인 토지는 도시계획시설 결정이 되면 토지소유자가 원하는 건축 등을 할 수 없어 토지를 놀려야 하기 때문입니다. 대인 토지소유자의 손실을 최소화하는 차원에서 지목이 대인 토지만을 매수청구 대상으로 정한 것으로 보입니다.

5. 도시·군 계획시설 실효 등

토지가 도시계획시설로 결정 및 고시되면 토지이용 등에 제한을 받을 수 있고 무제한 토지를 도시계획시설로 묶어 두면 국민의 재산권이 크게 침해됩니다. 때문에 법령에 도시계획시설로 결정이 되면 도시계획시설 고시일부터 20년이 지날 때까지 도시계획시설 사업을 시행되지 못할 시, 20년이 되는 날의 다음 날 도시계획시설이 실효된다고 규정하고 있습니다. 통상, 장기미집행 도시계획시설은 도시계획시설이 결정되고 10년이 넘는 동안에 예산 등이 없어서 도시계획시설 사업을 못 하는 도시계획시설을 장기 미집행 시설이라고 봅니다. (법 제48조 참조)

> **실효 및 고시**
> - 당연실효: 고시일부터 20년이 지날 때까지 시행되지 않는 경우
> - 실효일: 고시일부터 20년이 되는 날의 다음 날

> **해제 권고**
> - 시장·군수는 도시·군 계획시설이 고시된 도시·군 계획시설을 설치할 필요성이 없어진 경우 또는 그 고시일부터 10년이 지날 때까지 해당 시설의 설치에 관한 도시·군 계획시설사업이 시행되지 아니한 경우
> - 해제 권고를 받은 시장·군수는 특별한 사유가 없으면 해제를 위한 도시·군 관리계획을 결정하거나 도지사에게 그 결정을 신청, 신청을 받은 도지사는 특별한 사유가 없으면 1년 이내에 해제결정

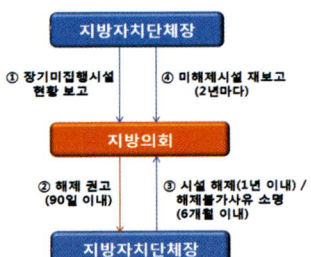

<장기미집행시설 해제권고제도 흐름도>

도시계획시설 해제 권고는 국토계획법에서 도시계획시설에 대하여 10년이 지날 때까지 도시계획시설 사업이 시행되지 않는 경우, 지방의회가 해제 권고를 할 수 있도록 법령에 규정을 두고 있습니다. 그 이유는 도시계획시설 결정에 대하여 토지소유자가 해제 신청 등 행정청을 대상으로 대응이 어려워, 민의를 대변하는 시의회를 통해서 집행부의 도시계획시설 결정 남용을 견제하는 장치로 보입니다.

6. 도시·군 계획시설 해제 신청

10년 이내에 도시계획시설사업 등이 시행되지 않는 경우 지목과 상관없이 토지소유자는 입안권자 등에 도시계획시설 해제를 신청할 수 있습니다.

신청 절차
- 개요: 10년 이내 도시·군 계획시설사업이 시행되지 아니한 경우, 단계별 집행계획상 해당 도시·군 계획시설의 실효 시까지 집행계획이 없는 경우
  - ✓ 입안권자에게 입안 신청
  - ✓ 입안권자 3개월 이내 입안 여부 결정 토지 소유자에게 알림
- 입안되지 않는 경우: 결정권자에 신청
  - ✓ 신청 받은 2개월 이내 결정 여부 알려야 하며 특별한 사유 없는 경우 해제 결정
- 결정권자 미해제 시: 국토 교통부장관에게 해제심사 신청
  - ✓ 국토교통부장관 해제 권고 가능

장기 미집행 시설 해제 신청 (소유자 결정 고시일 10년 내)
↓
입안권자 (신청일 3개월 내 입안 여부 결정 및 입안)
↓
소유자 (미입안 시 도시·군 계획시설 결정권자에 해제 신청)
↓
도시·군 관리계획 결정권자 (2개월 이내 결정 여부 통지)
↓
소유자 (국토교통부 장관에 해제 심사 신청)

도시계획시설 결정하고 예산 등 문제로 10년 이내 도시·군 계획시설사업을 시행하지 못하는 경우, 토지소유자는 지목에 상관없이 입안권자에게 해제 신청을 할 수 있고, 입안권자가 안 된다고 하면 결정권자에게, 결정권자도 안 된다고 하면, 국토교통부 장관에게 단계별로 해제 신청을 할 수 있습니다. 도시계획시설 해제 신청은 최대한 3번의 권리구제를 받을 수 있습니다. (법 제48조의2 참조)

7. 도시·군 계획시설사업 토지수용

도시계획시설 사업을 할 경우, 사업시행자는 토지를 수용해야 하는데, 협의로 매수를 할 수 없는 경우에는 강제적으로 토지를 수용해야 합니다. 사업시행자는 토지수용을 직접 할 수 없고 토지수용위원회에 토지를 수용해 달라고 재결신청을 해야 하는데, 재결신청을 하려면 반드시 실시계획 인가 전 중앙토지수용위원회에 협의를 받아야 합니다. (법 제95조 참조)

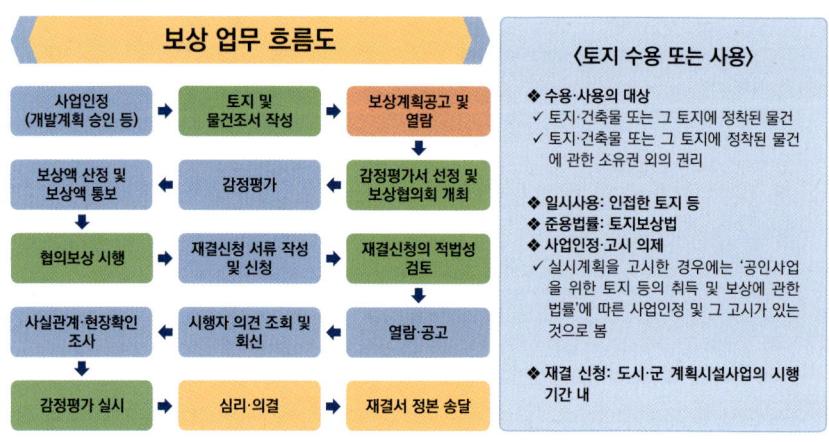

토지수용을 위해 중앙토지수용위원회에 협의를 요청해 중앙토지수용위원회가 수용하면 이를 "사업인정"이라 합니다. 사업시행자는 사업인정을 받으면 실시계획 인가를 고시합니다. 사업 시행자는 실시계획 인가를 받기 전에 반드시 중앙토지수용위원회 공익성 검토를 받아야 실시계획 인가를 받을 수 있고 실시계획 인가를 받아야 도시계획시설사업을 진행할 수 있습니다. (법 제96조 참조)

제6장
지구단위계획

1. 지구단위계획 의의

"지구단위계획"은 난개발 방지를 위하여 개별 개발수요를 집단화하고 기반시설을 충분히 설치함으로써 개발이 예상되는 일부 지역을 체계적으로 개발해 쾌적한 도시 환경을 만드는 것이 목적입니다. 비도시지역에는 관리지역에 지구단위계획을 수립, 대규모 주거단지나 유통단지 조성에 이용합니다.

> **지구단위계획이란**
> - 도시·군 계획 수립 대상지역의 일부에 대하여 토지 이용을 합리화하고 그 기능을 증진시키며 미관을 개선하고 양호한 환경을 확보하며, 그 지역을 체계적·계획적으로 관리하기 위하여 수립하는 도시·군 관리계획
> - 지구단위계획은 다음 각 호의 사항을 고려하여 수립 (법 제49조)
>
> ↓
>
> 1. 도시의 정비·관리·보전·개발 등 지구단위계획구역의 지정 목적
> 2. 주거·산업·유통·관광 휴양·복합 등 지구단위계획구역의 중심기능
> 3. 해당 용도지역의 특성
> 4. 지역 공동체의 활성화
> 5. 안전하고 지속가능한 생활권의 조성
> 6. 해당 지역 및 인근 지역의 토지 이용을 고려한 토지이용계획과 건축계획의 조화

2. 지구단위계획 지정기준

지구단위계획은 아래 도시지역과 비도시지역 지정 기준에 차이가 있는데 큰 차이점은 비도시지역에는 관리지역에만 지구단위계획을 수립할 수 있습니다.

구분	주요 내용
도시지역	❖ 역세권, 고속버스 및 시외버스 터미널, 간선도로의 교차지 등 양호한 기반시설을 갖추고 있어 대중교통 이용이 용이한 지역 ❖ 역세권의 체계적·계획적 개발이 필요한 지역 ❖ 세 개 이상의 노선이 교차하는 대중교통 결절지로부터 1km 이내에 위치한 지역 ❖ '역세권의 개발 및 이용에 관한 법률'에 따른 역세권 개발구역, '도시재정비 촉진을 위한 특별법'에 따른 고밀복합형 재정비촉진지구로 지정된 지역
비도시지역	❖ 구역 면적의 100분의 50 이상 계획관리지역 (계획관리지역 외 지역은 생산관리지역 or 보전관리지역) ▷ 보전관리지역 면적(지구단위계획 면적 10만㎡ 미만: 20% 이내, 10만 초과: 10% 이내) ❖ 규모는 아파트 또는 연립주택 건설계획이 포함되는 경우: 30만㎡ 이상 ▷ 다음의 어느 하나에 해당하는 경우에는 10만㎡ 이상일 것 ✓ 지구단위계획 구역이 '수도권정비법'의 자연보전권역인 경우 ✓ 초등학교 용지 확보 관련 교육청 동의 시 ❖ 3만㎡ 이상일 것 (아파트 또는 연립주택 외) ✓ 도로, 수도공급설비, 하수도 기반시설공급 가능 및 자연환경, 문화재 훼손 우려 없는 곳

1) 도시지역 지구단위계획

도시지역 내 지구단위계획 대상 구역은 「국토계획법」 제37조에 따라 지정된 용도지구, 도시개발구역, 정비구역, 택지예정지구, 「주택법」 제15조의 규정에 의한 대지 조성사업지구, 산업단지 및 준산업단지, 관광단지 및 관광특구, 개발제한구역·도시자연공원구역·시가화조정구역·공원에서 해제되는 구역, 녹지지역에서 주거·상업·공업지역으로 변경되는 구역 등이 있습니다. (시행령 제43조 참조)

2) 비도시지역 지구단위계획 수립

비도시지역에 아파트나 연립 주거단지 조성을 위한 지구단위계획을 수립하려면 원칙은 최소 면적이 30만㎡ 이상으로 수립하게 되어 있는데, 이는 비도시지역에 나 홀로 아파트 등 난개발 방지를 예방하고 편의시설 등을 충분히 확보하는 쾌적한 신도시를 조성하기 위함이 목적입니다. 예외적으로 초등학교 용지확보, 교육청 동의 시 10만㎡ 이상으로 지구단위계획을 수립할 수 있으며, 아파트나 연립이 설치되지 않는 공장, 유통단지 등은 3만㎡ 이상 토지에 지구단위계획을 수립할 수 있습니다. (시행령 제44조 참조)

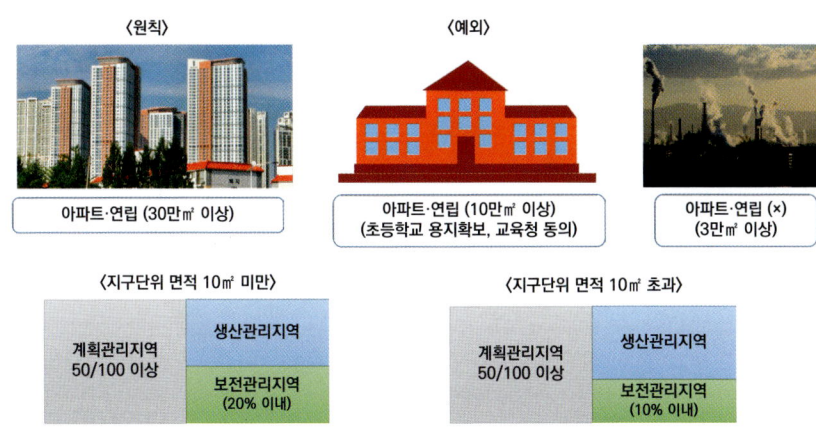

특히, 비도시지역에 지구단위계획으로 주택을 건설할 경우, 관리지역만 해당하는데 계획관리지역이 반드시 50% 이상이고, 지구단위계획 면적이 10만㎡ 미만 시에는 보전관리지역이 20% 이내, 10만㎡ 초과 시에는 10%로 이내로 보전관리지역 훼손을 최소화를 위한 입법 취지로 보입니다.

3. 지구단위계획의 내용

지구단위계획구역의 지정목적을 위하여 지구단위계획에는 아래 다음 각호의 사항 중 제②호와 제④호의 사항을 포함한 둘 이상의 사항이 포함되어야 하며, 지구단위계획 수립지침에는 지구단위계획구역에 건축물의 배치·형태·색채 또는 건축선에 관한 세부적인 사항까지 모두 적시하고 있습니다. (법 제52조 참조)

❖ 지구단위계획구역의 지정목적을 이루기 위하여 지구단위계획에는 다음 각호의 사항 중 제2호와 제4호의 사항을 포함한 둘 이상의 사항이 포함되어야 한다. 제1호의2를 내용으로 하는 지구단위계획의 경우에는 그러하지 아니하다.

① 용도지역이나 용도지구를 대통령령으로 정하는 범위에서 세분하거나 변경하는 사항
①의2. 기존의 용도지구를 폐지하고 그 용도지구에서 건축물이나 그 밖의 시설의 용도·종류 및 규모 등의 제한을 대체하는 사항
② 대통령령으로 정하는 기반시설의 배치와 규모
③ 도로로 둘러싸인 일단의 지역 또는 계획적인 개발·정비를 위하여 구획된 일단의 토지의 규모와 조성계획
④ 건축물의 용도제한, 건축물의 건폐율 또는 용적률, 건축물 높이의 최고한도 또는 최저한도
⑤ 건축물의 배치·형태·색채 또는 건축선에 관한 계획
⑥ 환경관리계획 또는 경관계획
⑦ 보행안전 등을 고려한 교통처리계획
⑧ 그 밖에 토지 이용의 합리화, 도시나 농·산·어촌의 기능 증진 등에 필요한 사항으로서 대통령령으로 정하는 사항

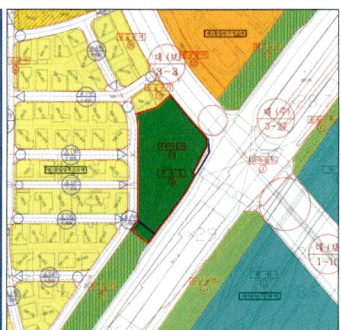

위 좌측 주거지역 지구단위계획의 지구단위계획 수립지침에 일정 규모의 공원, 도로 등을 설치토록 정하고 있는데, 이는 지구단위계획구역에서 주민의 쾌적한 삶의 확보를 위한 제도적인 장치입니다. 만약 기반시설(공원) 등 설치 근거 등 기준이 없으며 사업시행자는 영리 추구를 위해 아파트만 건설 난개발로 인한 피해는 주민 등이 입을 수 있기 때문입니다.

특히, 비도시지역에서 주택법에 따른 지구단위계획으로 아파트를 건설할 경우 최소 면적 10만㎡ 이상 부지를 확보해야 하는데, 사업시행사가 주거부지 95% 이상 확보를 위해 부동산 관련 업체를 동원 협의에 동의하지 않으면 감정평가로 수용하겠다고 지구단위계획구역에 포함되는 토지소유자를 회유합니다. 참고로 주택부지는 수용할 수 없는 매도청구 대상이고, 도시계획시설은 토지보상법을 적용 토지를 수용할 수 있습니다.

4. 지구단위계획구역 법률 규정 완화 적용

지구단위계획을 수립할 경우 구역 내 토지소유자 등의 협조와 개발비용을 줄이는 것이 중요한데, 지구단위계획으로 개발계획을 수립할 때 해당 요건에 해당하면 법령에서 건폐율·용적률 등 인센티브를 제공합니다. 특히, 용도지역 변경 없이 지구단위계획으로 유통단지 등을 개발할 때에는 건폐율·용적률을 최대한 완화 적용하여 사업을 효율적으로 추진할 수 있습니다. (시행령 제46조 참조)

구분	주요 완화 내용 (시행령 제46조)
도시지역	❖ 완화 상한: 해당 용도지역 및 용도지구에 적용되는 건폐율 150%, 용적률 200% 이내 ❖ 공공시설 등의 부지를 제공하는 경우 (건폐율·용적률 및 높이 제한 완화) ❖ 건폐율의 완화, 건축제한의 완화, 주차장 설치기준의 완화 (한옥마을, 차 없는 거리 등) ❖ 개발진흥지구 지구단위계획 (해당 용도지역 120% 이내) ❖ 건축물 높이제한의 완화: 해당 건축물 높이 120% 이내 ❖ 역세권 복합용도개발형 지구단위계획: 용적률 140%, 건축물의 높이 200% 이내
비도시지역	❖ 건폐율·용적률의 완화: 해당 용도지역 또는 개발진흥지구 적용되는 건폐율의 150% 및 용적률의 20% 이내 ❖ 건축제한의 완화: 용도지역·용도지구에서의 건축물의 용도·종류 및 규모 등을 완화 ✓ 다만, 개발진흥지구(계획관리지역에 지정된 개발진흥지구 제외)에 지정된 지구단위계획구역에 대하여는 공동주택 중 아파트 및 연립주택은 불허용

5. 지구단위계획구역 지정 절차

지구단위계획구역 지정 절차는 기초조사, 주민 의견 청취 등 다음과 같습니다.

```
기초조사
(특별시장·광역시장·특별자치시장·특별자치도지사·시장·군수)
           ↓
지구단위 계획구역지정안 작성
(특별시장·광역시장·특별자치시장·특별자치도지사·시장·군수)
           ↓
주민의견청취
           ↓
지구단위계획구역의 지정 입안
(특별시장·광역시장·특별자치시장·특별자치도지사·시장·군수)  → 관계행정기관의 장과 협의
           ↓
시·도 또는 시·군 도시계획위원회 심의
(구역지정과 계획수립을 동시에 추진하는 경우 공동위원회 심의 가능)
           ↓
지구단위계획구역의 지정 결정·고시
(특별시장·광역시장·특별자치시장·특별자치도지사·시장·군수)
           ↓
일반열람
(특별시장·광역시장·특별자치시장·특별자치도지사·시장·군수)
```

제7장
개발행위허가 및 성장관리방안

1. 개발행위허가 의의

"개발행위허가"란 개발과 보전을 조화롭게 유도하여 국토 관리의 지속성을 제고시키고, 토지에 대한 정당한 재산권 행사를 보장하여 토지의 경제적 이용과 환경적 보전의 조화를 도모하며, 계획의 적정성, 기반시설의 확보 여부, 주변 경관 및 환경과의 조화 등을 고려하여 허가 여부를 결정함으로써 난개발을 방지하고 국토의 계획적 관리를 도모하는 제도로, 대상은 주로 소규모 개발사업에 적용하고 있습니다.

개발행위허가를 받으려면 특별시장·광역시장·특별자치 시장, 시장 또는 군수의 허가를 받아야 하며, 시·군 등에 도시·군 계획조례를 마련하여 정한 경우에는 도시·군 계획조례를 우선 적용합니다. 다만, "도시·군 계획사업"은 개발행위 허가 대상이 아닙니다. (법 제56조 참조)

2. 개발행위 대상

개발행위 대상에는 건축물의 건축, 공작물의 설치, 토석의 채취, 토지분할, 물건을 쌓아 놓은 행위가 개발행위 허가 대상인데, 통상 시골에서 논, 밭, 임야 등에 건축물 등을 건축하는데 이는 개발행위허가 대상입니다. (시행령 제51조 참조)

구분	주요 내용
건축물의 건축	❖ 「건축법」 제2조제1항 제2호에 따른 건축물의 건축
공작물의 설치	❖ 인공을 가하여 제작한 시설물 설치 (위 건축물의 건축 제외)
토지의 형질변경	❖ 절토(땅 깎기)·성토(흙 쌓기)·정지(땅 고르기)·포장 등의 방법으로 토지의 형상을 변경하는 행위와 공유수면의 매립 (경작을 위한 토지의 형질변경을 제외)
토석의 채취	❖ 흙·모래·자갈·바위 등의 토석을 채취하는 행위. 다만, 토지의 형질변경을 목적으로 하는 것을 제외
토지분할	❖ 다음 각 목의 어느 하나에 해당하는 토지의 분할(「건축법」 제57조에 따른 건축물이 있는 대지는 제외) ① 녹지지역·관리지역·농림지역 및 자연환경보전지역 안에서 관계법령에 따른 허가·인가 등을 받지 아니하고 행하는 토지의 분할 ② 「건축법」 제57조제1항에 따른 분할제한면적 미만으로의 토지의 분할 ③ 관계 법령에 의한 허가·인가 등을 받지 아니하고 행하는 너비 5m 이하로의 토지의 분할
물건을 쌓아 놓는 행위	❖ 녹지지역·관리지역 또는 자연환경보전지역 안에서 건축물의 울타리 안(적법한 절차에 의하여 조성된 대지에 한한다)에 위치하지 아니한 토지에 물건을 1개월 이상 쌓아 놓는 행위

3. 개발행위허가 규모 및 기준

개발행위허가 규모는 용도지역에 따라 규모가 다른데 도시지역은 공업지역 및 보전녹지지역을 제외하고 1만㎡ 미만, 공업지역 및 관리·농림지역은 3만㎡ 미만, 보전녹지지역과 자연환경보전지역은 5천㎡ 미만이며, 개발행위허가기준은 「국토계획법」 제58조에 정하고 있습니다.

구분	주요 내용
개발행위 허가 규모 (시행령 제55조)	▪ 주거·상업·자연녹지·생산녹지지역: 1만㎡ 미만 ▪ 공업지역: 3만㎡ 미만 ▪ 보전녹지지역: 5천㎡ ▪ 관리·농림지역: 3만㎡ ▪ 자연환경보전지역: 5천 미만
개발행위 허가기준 (법률 제58조)	▪ 용도 지역별 특성 고려 개발행위 규모 기준에 적합 ▪ 도시·군 관리계획 및 성장관리계획의 내용에 어긋나지 아니할 것 ▪ 도시·군 계획사업의 시행에 지장이 없을 것 ▪ 주변지역의 토지이용실태, 토지이용계획 등 주변 환경이나 경관과의 조화 ▪ 기반시설의 설치나 용지확보 계획의 적정성 등

> 관리지역 및 농림지역에 대하여는 해당 지역 면적의 범위 안에서 당해 특별시·광역시·특별자치시·특별자치도·시 또는 군의 도시·군 계획조례로 따로 정할 수 있다.

예컨대, 개발사업에는 도시개발 등 대규모 개발사업과 소규모 개발사업이 있으면 규모 5천㎡~3만㎡까지가 개발행위허가 대상 사업입니다. 해당 규모로 개발행위 허가를 받는 경우 인허가 절차 간소화로 신속한 개발행위허가를 받을 수 있습니다. (시행령 제55조 참조)

만약 위 개발행위허가 규모를 초과하는 경우는 도시개발사업이나, 지구단위계획 등 대규모 개발사업 방식으로 추진해야 합니다. 그러나 이 절차는 복잡하고 오랜 시간이 걸리기 때문에, 개발행위허가 규모를 따져서 개발행위허가 대상인지를 사전에 꼼꼼히 따져서 사업을 추진해야 합니다.

특히, 유념해야 하는 점은 해당 필지가 개발행위 규모에 해당하더라도 국토계획법에서 정하는 개발행위 허가 세부 기준에 부합해야 개발행위허가를 받을 수 있기에 그 세부 기준도 철저히 사전 분석해야 합니다.

4. 개발행위허가 절차

개발행위허가 절차는 대규모 개발사업과 달리 아래와 같은 약식 절차로 진행 비용과 시간을 절감할 수 있습니다.

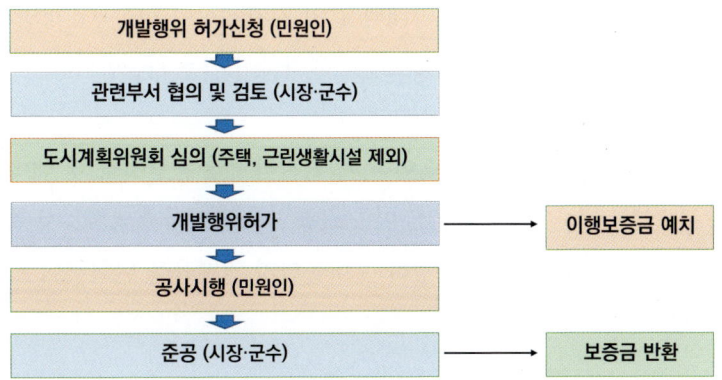

5. 성장관리계획

"성장관리계획"이란 개발압력이 높은 지역 등에 대하여 기반시설의 설치·변경, 건축물의 용도 등에 관한 기본 방향을 미리 설정함으로써 당해 지역의 난개발을 방지하고 계획적 개발을 유도해 나가고자 하는 계획입니다.

- ❖ 성장관리계획이란 성장관리계획구역에서의 난개발을 방지하고 계획적인 개발을 유도하기 위하여 수립하는 계획을 말한다.
- ❖ 대상용도지역: 녹지지역, 관리지역, 농림지역, 자연환경보전지역 전부 또는 일부
- ❖ 구역지정요건
  ① 개발수요가 강해 난개발 우려지역 ② 토지이용 행위제한이 완화되는 지역
  ③ 향후 시가화가 예상되는 지역 ④ 주변 지역과 연계 체계적인 관리가 필요한 지역

기초조사(시장, 군수 등) → 성장관리방안 입안 → 주민 및 지방의회 의견 청취 → 관계기관 협의 → 도시계획위원회 심의 → 결정 및 고시(시장, 군수 등) → 일반열람

"성장관리구역"이란 지역 특성, 개발여건 등을 고려하여 계획적 개발 및 관리를 통한 난개발 방지를 목적으로 성장관리방안을 수립하기 위하여 설정한 지역 또는 성장관리방안이 수립된 지역을 말합니다. (법 제75조의2 참조)

성장관리계획 수립 지역에서 아래와 같이 지자체장이 성장관리방안 수립 시 건폐율·용적률 등 도시·군 계획조례로 완화하여 적용 가능합니다.

① **건폐율**: 계획관리지역 50% 이하, 생산관리지역·농림지역 및 대통령령으로 정하는 녹지지역은 30% 이하로 특별시·광역시·특별자치시·특별자치도·시 또는 군의 조례로 정하는 비율까지 건폐율을 완화하여 적용할 수 있다.

② **용적률**: 성장관리계획구역 내 계획관리지역에서는 125% 이하의 범위에서 성장관리계획으로 정하는 바에 따라 특별시·광역시·특별자치시·특별자치도·시 또는 군의 조례로 정하는 비율까지 용적률을 완화하여 적용할 수 있다.

6. 계획관리지역에서 성장관리방안 수립

국토계획법 시행령 [별표 20]이 2021.1.26에 개정 계획관리지역에 공장 신축 시 성장관리방안 수립에 대한 근거 규정을 정하고 있습니다. 참고로 종전에는 계획관리지역에서 성장관리계획과 상관없이 공장 등 신축이 가능했습니다.

구분	주요 내용
국토계획법령 (별표 20)	1. 계획관리지역에서 건축할 수 없는 건축물 (신설) 자.「건축법 시행령」별표 1 제17호의 공장으로서 성장관리방안이 수립되지 않은 지역에 설치하는 것 ※ 세부내역: 부칙 제2조 참조
부칙 [대통령령 제31417호, 2021.1.26.]	❖ 제1조 시행일 2. 별표 20 제1호 라목, 같은 호 자목, 같은 호 차목(1)부터 (7)까지 외의 부분 및 같은 표 제2호 타목(1)·(2)의 개정규정: 공포 후 3년이 경과한 날 ❖ 제2조(계획관리지역 안에 건축할 수 없는 건축물에 관한 적용례) 별표 20 제1호 라목, 같은 호 자목, 같은 호 차목(1)부터 (7)까지 외의 부분 및 같은 표 제2호 타목(1)·(2)의 개정규정은 다음 각호의 지역에 대하여 각호의 구분에 따른 날부터 적용한다. 1. 서울시, 부산, 대구, 인천, 광주, 대전, 경기 주요 시 등: 공포 후 3년 경과한 날 2. 강원 강릉, 충북 제천, 전북 남원, 전남 광양, 경북, 구미 등: 5년이 경과한 날 3. 강원 고성, 충북 담양, 전북 고창, 전남 강진, 경북 안동 등: 7년이 경과한 날

참고로 위 표 해당 시군별 경과규정 3년, 5년, 7년 세부 내용은 국토계획법 시행령 [부칙] 〈대통령령 제31417호, 2021. 1. 26.〉에 명시하고 있으니 참고 바랍니다.

제2강. 토지수용은 내 주변에 자주 일어난다

제1장. 토지수용의 개요
1. 토지보상법 목적 및 연혁
2. 토지보상법의 조문
3. 토지보상법이 없다면

제2장. 공익사업
1. 공익사업의 종류
2. 사업인정 협의
3. 사업인정의 통지
4. 사업인정 고시
5. 사업인정의 효력
6. 주요사업 사업인정 의제제도
7. 공익사업의 준비

제3장. 토지의 취득 절차
1. 토지의 취득
   1) 토지의 취득 절차
   2) 협의 취득 절차
   3) 수용 취득 절차
   4) 토지 및 물건조서 작성
   5) 보상계획 공고·열람
   6) 보상협의회
2. 협의 감정평가
   1) 감정평가사 선정 및 가격 산정
   2) 보상액 산정 재평가
3. 토지보상 협의 관련
   1) 토지보상 협의 요청

2) 협의요청 공시송달
  3) 성실한 협의요건
  4) 협의경위서 작성

제4장. 토지수용 재결신청
 1. 재결신청의 청구
  1) 토지수용위원회 개요
  2) 토지수용위원회 성격
  3) 토지수용 재결절차
  4) 재결신청서 열람·공고
  5) 조속 재결신청
 2. 토지수용위원회 심리
  1) 수용재결 감정평가
  2) 토지수용위원회 심리
  3) 토지수용위원회 재결
  4) 보상금의 지급 및 소유권 취득
  5) 이의신청

제5장. 토지수용 손실보상
 1. 수용보상의 개요
  1) 손실보상의 원칙
  2) 감정평가에 의한 보상액 산정
  3) 사업시행자 직접 보상액 산정
 2. 토지보상 평가 기준
 3. 기타 건축물 등 평가
  1) 건축물 등
  2) 무허가건축물 등
  3) 사실상의 사도부지
  4) 공도부지

5) 미지급용지 (미불용지)
  6) 잔여지 등의 매수 및 수용청구
  7) 환매권 행사

제6장. 영업손실 보상
 1. 영업보상의 요건
 2. 휴업보상
 3. 폐업보상

제7장. 이주대책
 1. 생활보상의 개념
 2. 이주대책 등
 3. 주거이전비 이사비 등

제1장
토지수용의 개요

1. 토지보상법 목적 및 연혁

'공익사업을 위한 토지 등의 취득 및 보상에 관한 법률'은 공익사업의 효율적인 수행을 위하여 일정 요건에 해당하면 타인의 토지를 합법적으로 강제로 빼앗을 수 있는 가장 강력한 법으로 약칭은 "토지보상법"이라 합니다.

토지보상법 목적
- 공익사업에 필요한 토지 등을 협의 또는 수용에 의하여 취득하거나 사용함에 따른 손실의 보상에 관한 사항을 규정함으로써 공익사업의 효율적인 수행을 통하여 공공복리의 증진과 재산권의 적정한 보호를 도모함을 목적으로 함

- 헌법 제23조 제3항은 공공필요에 의한 재산권의 수용·사용 또는 제한 및 그에 대한 보상은 법률로써 하되, 정당한 보상을 지급하여야 한다.

토지보상법 연혁
- 토지수용법(1962): 강제취득을 위한 수용 및 보상에 관한 법
- 공공용지의 취득 및 손실보상에 관한 특례법(1975): 강제취득 전 협의에 의한 취득 규정
- 2002년 양 법을 통합하여 "공익사업을 위한 토지 등의 취득 및 보상에 관한 법률" 제정

① 1962.1.15. "토지보상법" 제정

「제헌헌법」 제100조의 규정에 의하여 의용되고 있던 토지수용령(1911年, 制令 第3號)을 폐지하고, 공익사업에 필요한 토지의 수용과 사용에 관한 사항을 규정하여 공공복리의 증진과 사유재산권과의 조절을 도모하기 위해 제정되었다.

② 1975.12.31. '공공용지의 취득 및 손실보상에 관한 특례법' 제정

　공공사업에 필요한 토지 대부분이 '민사법'에 의한 협의 매수에 의하여 취득되고 있었으나 이에 관한 일반적인 법적 준칙이 없으므로 사업의 종류 또는 시행청별로 보상대상이나 기준이 상이하여 적정보상이 이루어지지 아니하므로 이로 인하여 민원의 대상이 되어 왔으며 보상청구 절차가 복잡하고 때로는 보상비보다 보상금 청구에 필요한 서류의 작성 경비가 과대하게 되는 경우가 있을 뿐만 아니라 등기 미정리토지 또는 소유권자 불명의 토지는 토지수용에 의하지 아니하고는 취득이 곤란하게 되는 등 문제점이 허다하여 이를 해결하기 위해 제정되었다.

③ 2002.2.4. '공익사업을 위한 토지 등의 취득 및 보상에 관한 법률' 제정

　토지수용법과 공공용지의 취득 및 손실보상에 관한 특례법으로 이원화되어 있는 공익사업 용지의 취득과 손실보상에 관한 제도를 2003년 1월 1일부터는 '공익사업을 위한 토지 등의 취득 및 보상에 관한 법률' 약칭 "토지보상법"으로 통합함으로써 손실보상에 관한 절차와 기준을 체계화하고 각종 불합리한 제도를 개선하여 국민의 재산권을 충실히 보호함과 아울러 공익사업의 효율적인 추진을 도모하기 위해 제정, 현재 적용되는 토지보상법을 말합니다.

2. 토지보상법의 조문

　토지보상법 조문은 제9장 99개 조문, 시행령 51개 조문, 시행규칙 69개 조문으로 구성되어 있는데 보상에 대한 세부적인 내용은 토지보상법 시행규칙에서 확인할 수 있습니다.

구분	주요 내용	주요 법령 근거
제1장	총칙	제1조(목적), 제2조(정의), 제3조(적용대상), 제4조(공익사업)
제2장	공익사업의 준비	제9조(출입의 허가 등), 제13조(증표 등의 휴대)
제3장	협의에 의한 취득 또는 사용	제14조(토지 및 물건조서작성), 제15조(보상계획열람), 제16조(협의), 제17조(계약의 체결)
제4장	수용에 의한 취득 또는 사용	제1절(수용 또는 사용의 절차) 제19조~39조 제2절(수용 또는 사용의 효과) 제40조~48조
제5장	토지수용위원회	제50조(재결사항), 제51조(관할), 제52, 53조(토지수용위원회)
제6장	손실보상 등	제1절(손실보상의 원칙), 제2절(손실보상의 종류와 기준 등), 제78조(이주대책 수립), 제82조(보상협의회)
제7장	이의신청 등	제83조(이의신청), 제85조(행정소송의 제기)
제8장	환매권	제91조(환매권), 제92조(환매의 통지 등)
제9장	벌칙	제93조(벌칙), 제99조(과태료)

예컨대, 「토지보상법 시행규칙」 제5장에 손실보상평가의 기준 및 보상액의 산정 등에 토지의 평가, 건축물 등 물건의 평가, 권리의 평가, 영업의 손실 등에 대한 평가, 이주 정착금 등의 보상, 공익사업 시행지구 밖의 토지 등의 보상 등 보상기준 등을 대부분 시행규칙에서 정하고 있습니다. 토지나 물건 등 수용대상자는 반드시 세부적인 평가 기준 등에 대한 토지보상법 시행규칙을 우선 확인하시어 토지수용에 따른 대응 방안을 찾아야 합니다.

3. 토지보상법이 없다면

부동산 개발사업 등에 '토지보상법'이 없다면 정부나 민간이 효율적인 개발사업을 추진할 수 없습니다. 대규모 택지개발사업, 도시개발사업, 재개발사업, 산업단지 조성사업, 도로 등 기반시설 설치사업 등을 하려면 토지를 100% 매입해야 하는데 '토지보상법'이 없다면, 토지소유자 등이 보상가 저렴 등을 이유로 또는 내 토지는 절대로 개발을 할 수 없다고 주장하는 등 어떤 공익사업도 추진이 어렵습니다. 이때 토지보상법을 적용 일정 요건을 갖추면 토지를 수용할 수 있는 유일한 모법이 토지보상법입니다.

제2장
공익사업

1. 공익사업의 종류

"공익사업"란 공공의 이익을 목적으로 하는 사업인데, 「토지보상법」 제4조에서 그 대상을 명시하고 있으며 대부분 사업이 공공의 이익을 위해 필요한 사업을 대상으로 하고 있으며, 개별법을 적용하는 의제 사업은 토지보상법 [별표]에 정하고 있습니다. (법 제4조 참조)

공익사업의 의의
- 공익사업은 공공필요를 위하여 꼭 필요한 사업임
- 사업시행자와 토지소유자 등 사이에 협의가 성립되지 않을 경우에는 사업시행자가 법률의 힘에 의하여 토지 등을 강제적으로 취득하거나 사용할 수 있음

공익사업의 종류
- 국방·군사에 관한 사업
- 관계법률에 따라 허가·인가·승인·지정 등을 받아 공익을 목적으로 시행하는 공공용 시설에 관한 사업 (철도, 도로, 공항, 항만, 하수도, 전기 등)
- 국가, 또는 지방자치단체가 설치하는 공용, 공공용시설에 관한 사업
- 국가 등 공공이 주택건설 or 택지조성 등 사업
- 공익목적의 이주단지 조성에 관한 사업
- 의제사업: 토지보상법 별표에 규정

2. 사업인정 협의

국토교통부 장관은 사업인정을 하려면 관계 중앙행정기관의 장 및 특별시장·광역시장·도지사·특별자치 도지사 및 중앙토지수용위원회와 협의하여야

하며, 미리 사업 인정에 이해관계가 있는 자의 의견을 들어야 합니다. (법 제21조 참조)

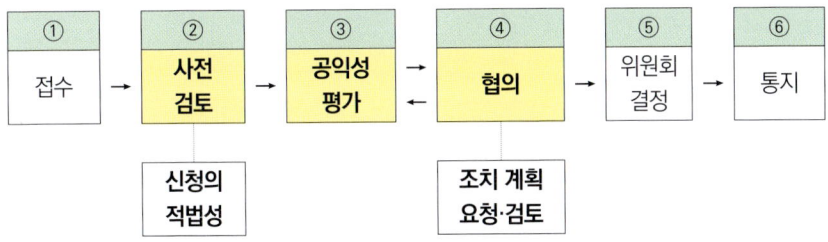

중앙토지수용위원회는 협의를 요청받는 경우 사업인정에 이해관계가 있는 자에 대한 의견 수렴 절차이행 여부, 허가·인가·승인 대상 사업의 공공성, 수용의 필요성, 그 밖에 대통령령으로 정하는 사항을 검토하여야 하여야 하는데, 실무에서는 대부분 개별법 [별표]에 따라 사업인정 협의를 하고 있습니다.

3. 사업인정의 통지

국토교통부 장관은 사업시행자에게 사업인정을 통지하는 경우 중앙토지수용위원회와의 협의 결과와 중앙토지수용위원회의 의견서를 함께 통지해야 합니다. [별표]에 규정된 법률에 따라 사업인정이 있는 것으로, 의제되는 공익사업의 허가·인가·승인권자 등은 사업인정이 의제되는, 지구지정·사업계획 승인 등을 할 때 중앙토지수용위원회와의 협의 결과와 중앙토지수용위원회의 의견서를 함께 통지해야 하며, 협의의 주된 목적은 공익성을 강화하기 위함입니다.

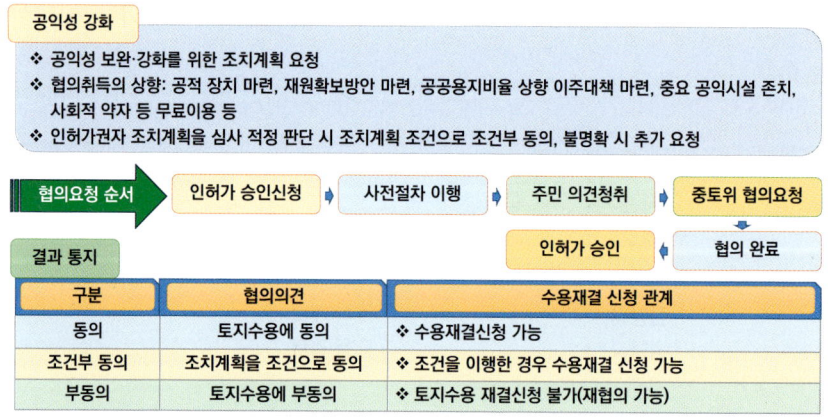

사업인정 협의가 끝나면 중앙토지수용위원회는 사업인정 결과통지를 하는데, 동의와 조건부 동의는 토지수용 재결신청이 가능하고, 부동의는 공익성 미흡 사항을 보완하여 다시 협의를 요청할 수 있습니다.

4. 사업인정 고시

국토교통부 장관은 사업인정을 하는 때에는 지체 없이 그 뜻을 사업시행자, 토지소유자 및 관계인, 관계 시·도지사에게 통지하고 사업시행자의 성명이나 명칭, 사업의 종류, 사업지역 및 수용하거나 사용할 토지의 세목을 관보에 고시하여야 합니다. 사업인정의 사실을 통지받은 시·도지사(특별자치도지사는 제외)는 관계 시장·군수 및 구청장에게 이를 통지하여야 하며, 사업인정은 고시한 날부터 그 효력이 발생합니다. (법 제22조 참조)

5. 사업인정의 효력

사업인정은 당해 사업이 「토지보상법」 제4조에의 공익사업에 해당되어 사업시행자에게 법에서 정한 일련의 절차를 거쳐 수용할 수 있는 권원을 부여하는 행정행위인데, 통상 개별법에 의한 사업승인 등이 사업인정으로 의제되고 있으므로 '토지보상법'에 의한 사업인정을 받는 사례는 거의 없으며, 사업인정의 효과는 아래와 같이 토지소유자에게 토지 등의 보전의무가 발생합니다.

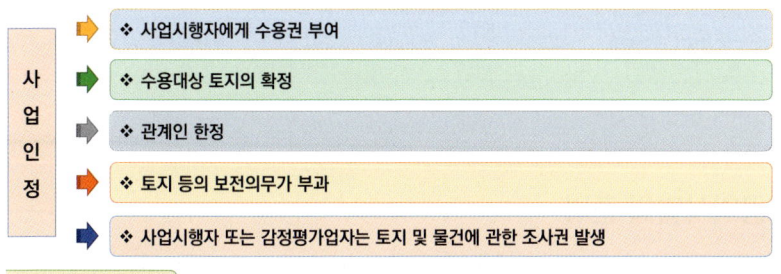

6. 주요사업 사업인정 의제제도

토지를 수용하기 위해서는 아래 주요 개별법에서 인허가를 받기 전에 중앙토지수용위원회 동의를 받으면 사업인정이 의제되는데 사업인정이 의제되면 고시를 하고 토지수용절차를 진행할 수 있습니다.

법률명 (공익사업명)	수용 근거	사업인정 (사업인정 및 의제 근거 조항)	고시	재결신청 기한특례
국토의 계획 및 이용에 관한 법률 (도시·군 계획 시설사업)	제96조	실시계획 인가 (제88조)	제91조	사업시행기간 내 (제96조 제2항)
농어촌도로 정비법 (농어촌도로 정비공사)	제13조	도로노선 지정 (제9조)	제9조 제5항	도로공사의 시행기간 내(제13조 제2항)
도로법 (도로공사)	제82조	도로구역결정 고시 (제25조)	제25조 제3항	도로공사시행기간 내 (제82조 제2항)
도시 및 주거환경정비법 (도시재개발사업)	제63조	사업시행인가의 고시 (제50조)	제50조 제7항	사업시행기간 내 (제65조 제3항)
도시개발법 (도시개발사업)	제22조	개발계획의 수립 (제4조, 토지세목 포함)·고시	제9조 제1항	시행시행기간 종료일 (제22조 제3항)
산업입지 및 개발에 관한 법률 (산업단지개발사업)	제22조	산업단지의 지정·고시 (토지 등의 세목고시 포함)(제7조의4)	제7조의4 제1항	사업기간 내 (제22조 제3항)

7. 공익사업의 준비

사업시행자가 개발사업을 하면서 공익사업으로 토지를 수용하려면 토지보상법 등을 근거 기본 조사 등을 하는데 기본 조사 과정에서 남의 토지에 대한 출입, 조사 등을 위해서는 시장·군수에게 토지 출입허가, 증표 및 허가증 등 절차를 토지보상법에서 정하고 있어 사업시행자는 반드시 법령 절차에 따라야만 타인의 토지 등에 출입할 수 있습니다. (법 제9조 참조)

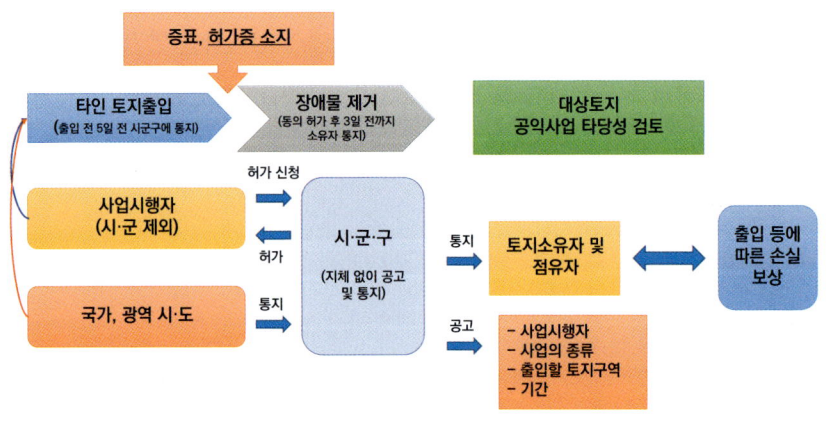

공익사업을 시행하기 위해서는 미리 공익사업지구를 선정하여 사업계획을 작성하는 등 준비를 하여야 하는데 그 준비 행위로서 타인의 토지에 출입 측량을 하고 조사해야 할 필요가 있습니다.

이 경우, 사업시행자는 토지소유자 또는 점유자의 동의를 받고 그 토지에 출입하여 측량·조사를 하여야 하나, 그 토지소유자 또는 점유자의 동의를 받지 못하거나 동의를 받을 수 없는 경우도 토지보상법은 사업시행자에게 타인의 토지에 출입하여 공익사업의 시행에 필요한 측량·조사·지질조사·장애물 제거 등을 할 수 있는 권한을 부여함과 동시에 토지소유자 또는 점유자에게는 이를 거부하거나 방해하지 못하도록 하는 수인의무를 부과하고 있습니다. 참고로 사업시행자가 아무런 통보나 허가증 없이 토지소유자 토지에 출입할 경우 토지소유자는 증표 등 소지 여부를 확인 출입을 거부할 수 있습니다.

제3장
토지의 취득 절차

1. 토지의 취득

1) 토지의 취득 절차

토지의 취득 절차는 아래 토지보상법 절차에 따라 진행하는데 보상 진행 단계별로 토지소유자 등에게 반드시 서면으로 통보하고 협의 등을 할 때 법령에서 정하는 기간 등을 엄수해야 보상에 따른 성실한 협의로 문제가 없습니다.

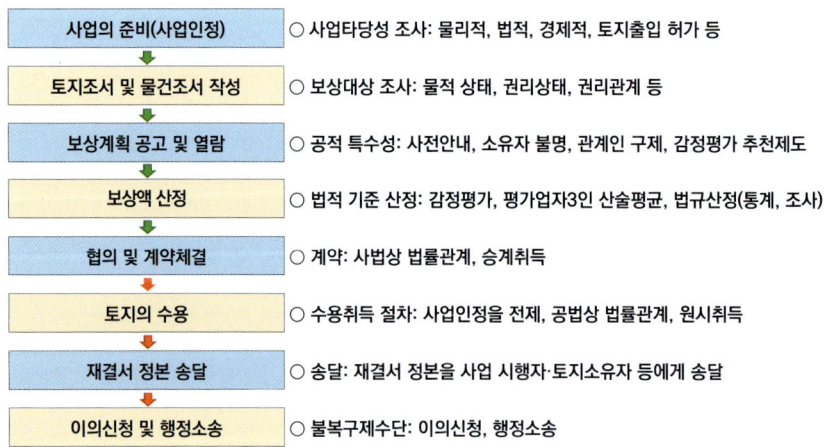

2) 협의 취득 절차

"협의 취득이란" 아래와 같이 토지보상절차에서 사업시행자와 토지소유자가 협의 기간에 협의를 통해서 사적 계약으로 보상을 끝내는 방법입니다.

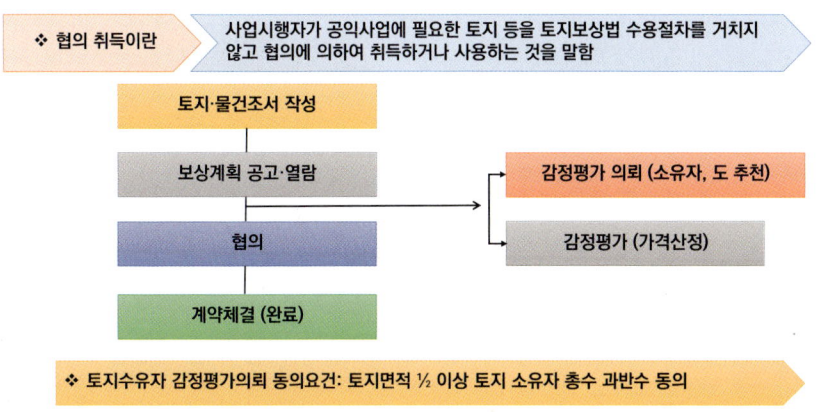

통상 토지보상법 협의 취득 절차는 엄격한 절차로 진행하는데, 토지를 수용하기 위해서는 감정평가를 하고 감정평가 결과가 나오면 30일 이상 반드시 토지소유자와 협의를 하여야 합니다. 협의 기간에 소유자가 계약에 동의하면 협의 취득으로 토지수용절차는 종료되는데 이를 협의 취득이라 합니다.

3) 수용 취득 절차

수용 취득이란 사업시행자가 협의를 위한 감정평가를 하고 토지소유자와 30일 이상 협의를 하는데, 토지소유자가 협의에 불응할 경우 사업시행자가 토지수용위원회에 재결신청을 하는데 이를 수용 취득 절차라 합니다.

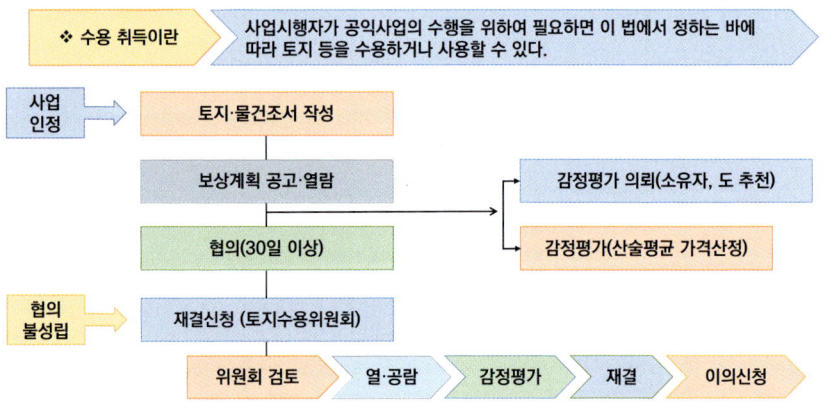

4) 토지 및 물건조서 작성

아래처럼 토지 및 물건 조서를 작성하고 소유자 서명 또는 날인을 받습니다.

작성 방식
- ❖ 지적도 또는 임야도에 토지를 표시한 용지도를 작성한 후, 토지조서 및 물건 조서를 작성
- ❖ 물건이 건축물인 경우 물건조서에 건축물의 연면적과 편입면적을 적고, 그 실측 평면도 첨부
  ※ 실측편입면적과 건축물대장의 면적이 일치하는 경우 건축물대장의 현황도로 갈음

서명 또는 날인
- ❖ 사업시행자는 토지조서 및 물건조서를 작성하여 서명 또는 날인
- ❖ 서명 또는 날인은 거부하는 경우 또는 소유자 등을 알 수 없는 등의 사유로 서명 또는 날인을 받을 수 없는 경우 해당 토지·물건조서에 그 사유를 기재
  ✓ 사업시행자가 토지(물건)조서를 작성함에 있어 토지소유자를 입회시켜서 이에 서명날인을 하게 하지 아니하였다 하더라도 그러한 사유만으로는 그 토지에 대한 수용재결 및 이의재결까지 무효가 된다고 할 수 없다. (2003두12349)

토지나 물건을 수용하기 위해서는 토지 조서 및 물건 조서를 소유자별로 작성하고 서명 및 날인을 받는데, 대부분 토지소유자 등이 보상가 저렴 등을 이유로 대부분 날인 및 서명 등을 거부합니다. 토지소유자 등이 날인 및 서명을 하지 않아 무효라고 주장을 하나, 토지보상법에서는 토지 등 소유자가 날인 및 서명을 하지 않더라도 사업시행자가 날인 거절 사유를 기재하면 문제가 없습니다.

5) 보상계획 공고·열람

토지 조서 및 물건 조서를 작성하면 사업시행자는 보상계획 공고 및 열람을 하는데, 보상계획 공고문 등은 반드시 토지소유자에게 개별 통지를 해야 합니다. 이는 타인의 토지를 수용하면서 토지소유자에게 반드시 알려서 토지소유자가 대응할 수 있도록 하기 위함입니다. (법 제15조 참조)

보상계획 공고 및 통지
- ❖ 사업시행자는 토지(물건)조서를 토대로 보상의 시기·방법 및 절차 등이 포함된 보상계획을 전국을 보급 지역으로 하는 일간신문에 공고하고, 토지 소유자 등에게 각각 통지(토지·물건조서 포함)하여야 함
  - ✓ 보상계획 열람기간 14일 이상 준수 (초일 불 산입)
  - ✓ 민간사업시행자(공공기간 포함)의 경우 해당 시장·군수에게 보상계획의 열람을 의뢰하여야 함
  - ※ 단, 토지소유자 및 관계인이 20인 이하인 경우 신문공고는 생략 가능하며, 보상계획을 통지만 하면 됨

공고 및 통지 내용
- ❖ 시·도지사와 토지소유자가 감정평가업자를 추천할 수 있다는 내용을 포함하여 공고
  - ✓ 일간신문에 공고하여야 할 토지(물건)조서의 내용은 보상대상 토지 및 물건의 범위를 말한다고 보며, 토지소유자 등의 인적사항이 포함된 토지(물건)조서의 구체적인 내용은 각각 개별 통지하여야 할 것으로 봄 (토지정책과-1398/2011.3.24.)

〈판례〉 토지조서 및 물건조서의 작성상의 하자는 당연무효 아니다.

[대법원 2005.09.30. 선고 2003두12349, 12356]

기업자가 「토지수용법」 제23조 소정의 토지조서 및 물건조서를 작성함에 있어서 토지소유자를 입회시켜서 이에 서명날인을 하게 하지 아니하였다 하더라도 그러한 사유만으로는 그 토지에 대한 수용재결 및 이의재결까지 무효가 된다고 할 수 없고, 기업자가 토지소유자에게 성의 있고 진실하게 설명하여 이해할 수 있도록 협의요청을 하지 아니하였다거나, 협의경위서를 작성함에 있어서 토지소유자의 서명날인을 받지 아니하였다는 하자 역시 절차상의 위법으로서 수용재결 및 이의재결에 대한 당연 무효의 사유가 된다고 할 수 없다.

6) 보상협의회

보상협의회는 법령에 근거 의무적으로 보상협의회를 구성해야 하는 대상이 있고, 임의로 시장·군수 등이 보상협의회를 운영할 수 있는데, 보상협의회 구성의 취지는 보상 전에 보상에 따른 문제를 서로 협의·조정하기 위함입니다.

의무 대상
- ❖ 해당 공익사업의 면적이 10만㎡ 이상이고, 토지 등의 소유자가 50인 이상인 공익사업을 시행하는 경우에는 보상협의회를 반드시 두어야 함
- ✓ 보상계획 열람기간 만료 후 30일 이내에 보상협의회를 설치
- ✓ 위원장(부시장·부군수) 1명을 포함 8명 이상 16명 이내로 구성
- ✓ 사업시행자는 위원에 포함되고, 위원 중 3분의 1 이상은 토지소유자 등으로 구성

유의 사항
- ❖ 의무적 보상협의회 설치기준인 공익사업지구 면적은 보상대상 면적이 아닌 해당 공익사업지구 전체 면적을 기준으로, 토지 등의 소유자의 수는 보상 대상자가 아닌 전체 소유자 수를 기준으로 함
- ❖ 보상협의회는 보상에 관련된 사항을 협의하는 자문기구로, 회의에서 협의된 사항에 대하여 사업시행자는 정당하다고 인정되는 사항은 이를 반영하여 사업을 수행하여야 함

특히, 사업시행자가 보상협의회 의무 대상인데 보상협의회를 설치 및 운영하지 않는 경우 토지수용위원회에서 요건불비로 각하 대상에 해당합니다. 실무 경험상 일부 민원인의 경우 보상협의회개최에 따른 의견제시 내용을 토지수용위원회가 반영하지 않은 것이 잘못이라고 주장하는데, 법령상 보상협의회는 자문기관의 성격임으로 토지수용위원회가 그 의견을 반영할 의무는 없습니다.

2. 협의 감정평가

1) 감정평가사 선정 및 가격 산정

협의 감정평가는 사업시행자가 협의 가격을 산정하기 위한 최초 감정평가

로, 사업시행자가 주도하여 감정평가를 합니다. 최소한 2개 이상 감정평가 법인의 감정평가를 산술평균하는데, 감정평가 법인의 선정은 사업시행사 추천, 도지사 추천, 토지소유자 추천 감정평가사를 선정 평가를 해서 협의 가격은 3개 감정평가 법인의 평가액을 산술평균으로 가격을 정하고, 가격 산정 시점은 협의 가격은 협의 성립 당시, 재결에 의한 경우는 재결 당시 가격으로 합니다.

평가업자 선정

❖ 사업시행자는 보상액 산정을 위해 감정평가업자 3인을 선정하여 평가·의뢰하여야 함
 - 도지사·토지소유자 모두 추천하지 않은 경우 → 사업시행자 2인 선정
 - 도지사·토지소유자 중 한 곳 미추천 → 사업시행자 1인 + 도지사(소유자) 1인
 - 도지사·토지소유자 모두 추천 → 사업시행자 1인 + 도지사 1인 + 소유자 1인
 ✓ 도지사 및 토지소유자는 보상계획열람기간 만료일부터 30일 이내에 사업 시행자에게 감정평가업자를 추천할 수 있음

가격시점 및 가격 산정

❖ 가격시점: ①협의가격: 협의성립 당시의 가격 ② 재결가격: 재결당시 가격
❖ 가격 산정: 보상금은 3인 또는 2인의 감정평가업자의 보상평가액의 산술평균치를 기준으로 함

특히, 소유자 추천 감정평가사 선정은 보상계획 열람 기간 만료일부터 30일 이내에 추천할 수 있는데 토지 면적의 2분의 1 이상에 해당하는 토지소유자와 보상대상 토지의 토지소유자 총수의 과반수의 동의를 받아야만 합니다. 만약 토지소유자의 감정평가사 추천이 없어도 사업시행자는 2개(사업시행자·도지사) 감정평가법인으로 감정평가를 진행할 수 있습니다. (시행령 제28조 참조)

2) 보상액 산정 재평가

협의 감정평가 시 2~3인의 감정평가사가 보상액을 산정하는데 평가사별 보상액이 최고 평가액과 최저 평가액이 10%를 초과할 시에는 감정평가를 다시 하게 되는데, 실무에서는 10% 차이로 재감정평가를 하는 사례는 드뭅니다. (시행규칙 제17조 참조)

재평가 대상

❖ 재평가 (당초 평가업자가 아닌 다른 평가업자 2인 이상에게 의뢰)
 - 평가 후 1년이 경과한 경우 (가격 시점 기준)
 - 대상 물건의 평가액 중 최고평가액이 최저평가액의 110%를 초과하는 경우
 ※ 대상물건이 지장물의 경우 최고평가액과 최저평가액의 비교는 소유자별 합계액을 기준으로 함
 - 당해 감정평가업자에게 평가를 요구할 수 없는 특별한 사유가 있는 경우

유의 사항

❖ 재평가 시 당초 도지사·토지소유자의 감정평가업자 추천이 있은 경우, 도지사·토지소유자(계약이 체결 되지 않은 소유자)에게 다른 감정평가 업자를 추천해 줄 것을 통지하여야 함
 ※ 통지를 받은 날부터 30일 이내에 추천하지 않은 경우 추천이 없는 것으로 봄

토지수용위원회에는 재결신청 시 협의 감정평가서를 함께 제출받습니다. 토지수용위원회는 감정평가서 가격시점이 1년 경과 여부, 최저 평가액 10% 초과 등을 확인하는데, 만약 1년 이상, 10% 초과 등이 확인되면 사업시행자에게 재평가 요구를 합니다. 재평가는 당초에 참여했던 감정평가 법인은 참여할 수 없는데, 이는 재평가 원인을 제공한 평가 업체 참여로 재평가에 대한 신뢰를 잃을 수 있어 재평가는 기존 평가와 관련 없는 평가업체를 선정 평가합니다.

3. 토지보상 협의 관련

1) 토지보상 협의 요청

사업시행자가 협의 감정평가를 하고 보상액이 책정되면 토지소유자에게 계약하자고 협의를 요청하는데, 토지보상법에서는 협의 기간을 30일 이상 토지소유자와 협의를 해야 하는데 실무상 협의는 1차·2차·3차로 진행합니다.

> **협의 기간**
> - 사업시행자는 토지소유자 및 관계인과 성실하게 협의하여야 하며, 협의 기간은 특별한 사유가 없으면 30일 이상으로 함
>   - 실무상 최소 1차(30일), 2차(15일), 3차(15일) 이상 협의해야 함
>   ※ 성실한 협의: 토지보상법에서 정한 절차의 완전한 이행 + 정당한 보상금의 제시 등

> **협의 방법**
> - 협의의 방법은 협의요청서를 작성하여 토지소유자 및 관계인에게 통지함
> - 토지소유자 및 관계인을 알 수 없거나, 통지할 장소를 알 수 없을 때, 시·군 게시판 및 홈페이지와 사업 시행자의 홈페이지에 14일 이상 게시하는 방법으로 공고하여 갈음할 수 있음
>   ※ 미등기 토지, 소유자 불명, 협의요청서 미송달, 망자 (상속인이 수령한 경우도 해당)

특히, 실무에서 가장 큰 쟁점은 토지소유자 등이 실제 협의를 하지 않아 절차상 하자라고 토지수용위원회에 기각 등을 요구하는데, 토지수용위원회는 당사자가 협의를 직접 하였는지 등 확인이 어려워 통상적으로 서면으로 확인합니다. 문서에 협의 기간을 정해서 30일 이상 협의 문서 등 송달이 입증되고, 협의 기간이 도과하면 협의로 인정하며 소송절차에서도 문서로 협의 여부를 입증하면 문제가 되지 않습니다.

2) 협의요청 공시송달

토지수용 단계에서 사망자 및 거소 불명자 등이 발생할 수 있는데 망자에 대한 협의 절차를 어떻게 처리하는지가 중요한 쟁점입니다. 토지보상 단계에서 사망자가 나와도 수용절차는 그대로 진행되고 망자는 상속인과 별개로 망자에 대하여 공고를 하면 송달로 간주합니다.

망자
- 망자는 보상협의요청서를 수령할 수 없으므로 공고를 실시함
  ※ 상속인이 수령한 경우도 망자를 대상으로 공고
- 망자의 인적사항(주민등록번호 등) 확인이 가능한 경우 공고와는 별도로 제적등본상 상속인들 대상으로 협의요청 통지 실시

거소불명자
- 거소불명자(주민등록번호 X): 해당 주소지(등기부상) 주민센터에 "거소사실 조회" 후
  ✓ 주민등록주소지가 확인된 경우: 해당 주소지로 협의요청서 통지 후 반송되는 경우 공고 실시
  ✓ 주민등록주소지 확인 불가의 경우: 공고 실시
- 거소불명자(주민등록주소지로 송달하였으나 반송): 거소사실 조회 없이 공고 실시

특히, 거소 불명자는 위에서 정하는 절차에 따라 사실 조회하고 시·군 게시판에 14일 이상 공고하면 송달로 간주됩니다.

3) 성실한 협의요건

토지보상법은 타인의 소유권을 강제적으로 취득하기 때문에 엄격한 절차와 사업시행자가 다음과 같은 성실한 협의 요건을 지켜야 토지를 수용할 수 있습니다.

구분	내용
토지조서 및 물건조서 작성	❖ 토지조서 및 물건조서에 소유자 및 관계인의 서명 또는 날인 (미날인 사유 등)
보상계획의 열람 등	❖ 일간신문공고 및 보상계획 소유자, 관계인 및 시·군·구 통지 실시(우편내용증명) ❖ 보상계획 14일 이상 일반인에게 열람 실시 여부 ✓ 사업지역이 2이상의 시·군·구에 걸치는 경우, 비행정청인 경우 시·군구 의뢰
협의	❖ 협의기간 30일 이상(기재사항 적정 여부, 소유자관계인 통지, 우편송달 확인 등) ❖ 통지 불능자 공시송달 여부, 협의경의서 기재사항 적정 여부
보상협의회 개최	❖ 해당 공익사업지구 면적 10만㎡ 이상이고, 토지 등의 소유자가 50인 이상인 경우 보상협의회 개최 여부, 통보된 협의사항 반영 여부
보상평가	❖ 보상계획 공고 시 시·도지사와 토지소유자 감정평가업자 추천 내용 포함 여부 ❖ 추천 결과 반영 보상금을 산정하였는지 여부 (통지확인 우편 송달내역 등)

특히, 위 협의 요건을 모두 충족해야 성실한 협의에 해당하는데, 성실한 협의를 거치지 않으면 토지수용위원회에서 기각당할 수 있으며, 행정소송의 빌미가 될 수 있습니다. (법 제16조 참조)

4) 협의경위서 작성

"협의경위서"란 사업시행자가 토지소유자와 협의 과정을 기록하는 공식 문서로, 사업시행자가 보상계획 공고 당시부터 당사자와 협의 과정을 문서로 작성한 기록으로 최종 토지수용위원회에서 사업시행자가 토지소유자와의 "성실한 협의 여부를 확인하는 중요한 자료입니다. (시행령 제8조 참조)

서명 및 날인
- 사업시행자는 협의기간에 협의가 성립되지 아니한 경우 협의경위서를 작성하여 토지소유자 및 관계인의 서명 또는 날인을 받아야 함
- 정당한 사유 없이 서명 또는 날인을 거부하거나 토지소유자 및 관계인을 알 수 없거나 통지할 장소를 알 수 없는 등의 사유로 서명 또는 날인을 받을 수 없는 경우 그 사유를 기재하여야 함

유의 사항
- 협의경위서는 반드시 협의기간 이후에 작성하여야 하는 것은 아니며 토지 소유자 등이 협의에 응할 의사가 없음이 명확한 경우에는 협의기간 만료일 이전에 작성할 수 있음(대법원 85누755)
- 실무상 3차 협의까지 종료 후 협의경위서를 작성하여 소유자 및 관계인에게 통지

제4장
토지수용 재결신청

1. 재결신청의 청구

1) 토지수용위원회 개요

토지수용위원회는 토지수용 보상가격을 결정하는 기관으로 시·도에는 지방토지수용위원회, 중앙에는 중앙토지수용위원회가 있으며, 토지수용위원회 기능은 아래 내용과 같습니다. (법 제49조 참조)

개요
- ❖ 성격: 토지수용위원회는 사업시행자가 협의를 통하여 토지 등을 취득 또는 사용할 수 없는 경우 강제적 취득 또는 사용을 위한 재결을 하는 기관
- ❖ 구분: 토지수용위원회는 중앙토지수용위원회
  시·도에 두는 지방토지수용위원회가 있음

기능
- ❖ 사업인정(의제)사업 공익성 검토 및 이의신청 재결 (중앙토지수용위원회)
- ❖ 토지수용위원회는 ① 수용하거나 사용할 토지의 구역 및 사용 방법 ② 손실보상
  ③ 수용 또는 사용의 개시일과 기간
  ④ 그 밖에 토지보상법 및 다른 법률에서 규정한 사항에 대하여 재결 (중앙 + 지방 공용)

토지수용위원회 기능에는 공익성 검토, 재결, 이의신청, 화해의 권고가 있는데 화해의 권고는 토지수용위원회의 재량에 따른 임의적 절차이므로 반드시 거쳐야 하는 것은 아닙니다.

① **중앙토지수용위원회**: 화해의 권고, 사업인정 공익성 검토, 이의신청 재결이 있고, 토지를 수용하거나 사용을 위한 재결기능이 있습니다.

② **지방토지수용위원회**: 화해의 권고와 토지를 수용 및 사용을 위한 재결기능이 있습니다.

특히, 민원인 등이 많이 문의하는 것은 토지수용위원회에서 토지를 수용할 때 협의 평가액보다 낮은 금액으로 평가금액이 나오는지에 대한 것인데, 토지수용위원회에서는 감액재결은 안 되며, 이의신청 재결 시에도 같습니다.

2) 토지수용위원회 성격

토지수용위원회 성격은 준사법적 권한을 갖는 합의제 행정관청이며, 서면심사 주의, 불고불리의 원칙, 재결전치주의가 적용되며 주요 내용은 다음과 같습니다.

구분		중앙토지수용위원회	지방토지수용위원회
관할	토지보상법	❖ 국가, 시·도가 사업시행자인 사업 ❖ 둘 이상 시·도에 걸쳐 있는 사업	❖ 시장·군수가 사업시행자인 사업 등 중앙토지수용위원회 사업 외
	산업입지법	❖ 국토교통부장관 지정한 산업단지	❖ 국토교통부장관 외의 자가 지정한 산업단지
구성		❖ 위원장 1명 포함 20명 이내	❖ 위원장 1명 포함 20명 이내
회의		❖ 구성원 과반수의 출석과 출석위원 과반수 찬성으로 의결	
성격		❖ 준사법적 권한을 갖는 합의제 행정관청	
기능		❖ 토지의 수용 및 사용에 관한 재결, 화해의 권고, 감정평가 등	
이의신청		❖ 재결에 이의가 있는 자	
행정소송		❖ 재결에 불복할 때	

특히, 토지수용위원회 관할의 차이에 대하여 문의하는데 위 표 관할을 참조하면 되고 관할이 중앙인지 지방인지에 따라 재결 기간 등에 차이가 있습

니다.

3) 토지수용 재결절차

타인의 토지를 강제로 취득하는 토지수용은 엄격한 절차를 거치게 되어 있는데, 재결신청서 접수부터 최종 재결서 정본송달까지 아래와 같이 단계별 절차로 운영합니다.

단계	내용
재결신청 접수	❖ 사업시행자 → 토지수용위원회
재결신청의 적법성 검토	❖ 사업인정의 유효성, 협의절차 준수, 법정구비서류
재결신청서 열람·공고	❖ 소유자 열람 및 제출 의견 위원회 송부
재결신청서 열람·공고결과 접수 및 사업시행자 의견조회	❖ 제출된 소유자 의견에 대한 사업시행자 의견 접수
현지 실지 조사 및 감정평가 실시	❖ 손실보상금 결정을 위한 감정평가 실시
심의안건 작성	❖ 위원회 심리를 위한 심의안건 작성
위원회 심리·의결	❖ 위원회 심리·의결
재결서 정본 송달	❖ 사업 시행자·토지소유자 등에게 송달

4) 재결신청서 열람·공고

재결신청서 열람·공고는 통상적으로 14일 이상 공고합니다.

열·공람 의뢰
- ❖ 토지수용위원회에서 접수된 재결신청서를 검토한 후 절차상 이상이 없을 경우
- ❖ 토지 등의 소재지를 관할 하는 시장·군수에게 재결신청서 공고 및 열람을 의뢰함

열·공람 공고 실시
- ❖ 공고 및 열람을 의뢰 받은 시장·군수는 해당 게시판에 공고하고, 공고한 날부터 14일 이상 그 서류를 일반인이 열람할 수 있도록 하여야 함
- ❖ 시장·군수는 공고를 한 경우에는 그 공고의 내용과 의견서를 제출할 수 있다는 뜻을 토지 소유자 및 관계인에게 통지하여야 함
  ※ 통지받은 자를 알 수 없거나, 통지할 장소를 알 수 없을 때는 그러지 아니함 (공시송달 X)
- ❖ 토지소유자 및 관계인은 열람기간에 해당 시장·군수에게 의견서를 제출 (사전 정보공개 등)

대부분 지소유자 등이 사업시행자가 평가한 1차 협의보상금이 저렴하다고 토지수용위원회에 재결신청을 하는데, 토지수용위원회에서 감정평가사를 2곳을 선정 감정평가를 하며, 감정평가를 하기 전에 토지소유자에게 보상가격 저렴 등 의견을 제시할 수 있도록 14일 이상 열람·공고를 합니다. (법 제31조 참조)

토지소유자는 열람공고 기간에 보상가 저렴, 누락 지장물, 잔여지 토지수용, 가치하락 등 필요한 사항을 서면으로 제출해야 토지수용위원회가 수용 여부를 심의하는데, 토지보상법은 불고불리의 원칙을 적용하기 때문에 사업시행자나 토지소유자가 주장하지 않는 것은 심의 대상이 아니어서 심의 자체를 하지 않습니다. 그렇다면, 토지소유자 등은 반드시 열람·공고 기간 14일 이내에 보상가격 저렴 등 그 사유를 서류로 제출해야만 합니다. 그래야 토지수용위원회에서 소유자 의견을 참고해서 심의를 통해 보상 여부를 결정합니다.

5) 조속 재결신청

"조속재결" 신청 제도의 취지는 사업시행자는 사업인정 고시 후 사업 기간 내에는 언제든지 재결을 신청할 수 있는 반면, 토지소유자 등은 재결신청권이 없으므로 수용을 둘러싼 법률관계의 조속한 확정을 바라는 토지소유자 등의 이익을 보호하고 수용 당사자 간의 공평을 기하는 제도입니다. (법 제30조 참조)

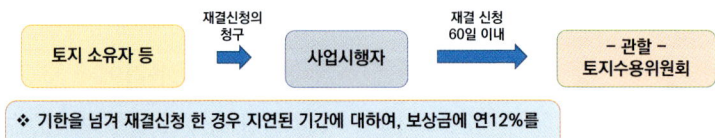

「토지보상법」 제30조에 소유자 권리를 보호하기 위해 위 ②번 사업인정 고시일, ③번 협의기간 만료일 둘 중 마지막 날짜가 끝났을 때, 토지소유자가 사업시행자에게 조속재결신청을 하면 사업시행자는 토지소유자의 재결신청 60일 이내에 토지수용위원회에 재결신청을 하지 않으면 지연가산금을 지급하여야 합니다.

> **〈판결 요지〉 토지보상법 '보상금'에는 지연가산금도 포함**
>
> [대법원 2019. 1. 17. 선고 2018두54675 판결]
>
> 甲 등 토지소유자들이 주택재개발정비사업 시행자에게 수용재결신청을 청구한 날로부터 60일이 지난 후에 사업시행자가 지방토지수용위원회에 수용재결을 신청하였고, 지방토지수용위원회가 「공익사업을 위한 토지 등의 취득 및 보상에 관한 법률」 제30조 제3항에 따른 지연가산금을 재결보상금에 가산하여 지급하기로 하는 내용의 수용재결을 하자, 사업시행자가 지연가산금 전액의 감액을 구하는 손실보상금감액

청구를 하였으나 청구기각 판결이 확정된 사안에서, 「공익사업을 위한 토지 등의 취득 및 보상에 관한 법률」 제87조의 '보상금'에는 같은 법 제30조 제3항에 따른 지연가산금도 포함된다고 보아, 수용재결에서 인정된 가산금에 관하여 재결서 정본을 받은 날부터 판결일까지의 기간에 대하여 「소송촉진 등에 관한 특례법」 제3조에 따른 법정이율을 적용하여 산정한 가산금을 지급할 의무가 있다고 본 원심판단을 수긍한 사례

2. 토지수용위원회 심리

1) 수용재결 감정평가

수용재결 감정평가는 토지수용위원회에서 보상가격을 결정하기 위해 2개의 감정평가 법인을 지정 감정평가를 하는데 이를 수용재결 감정평가라 합니다.

평가 의뢰 및 평가
- ❖ 토지수용위원회는 보상액 산정을 위해 2인 감정평가업자에게 보상평가를 의뢰
- ❖ 보상액의 산정은 각 감정평가업자가 평가한 평가액의 산술평균치를 기준
  - ✓ 기존에 사업시행자가 의뢰하여 평가한 감정평가업자는 제외하여야 하므로, 사업시행자가 평가한 감정평가업자 전부를 위원회에 제출하여야 함

실무 사례
- ❖ 토지수용위원회에서 감정평가 일정이 정해지면, 약 1주일 전 사업시행자에게 구두로 통지함
  - ✓ 일정을 통지 받은 사업시행자는 그 일정에 따라 소유자 및 관계인에게 연락하여 현장 입회 가능 안내
- ※ 토지수용위원회의 감정평가 수수료는 사업시행자가 부담

토지소유자 등이 토지수용위원회 수용재결 감정평가를 잘 받기 위해서는 토지소유자 등이 제1차 협의 보상 감정평가서를 자세하게 검토해야 하는데,

실무 경험상 토지수용을 처음 겪는 대부분의 토지소유자 등은 감정평가 내용의 문제점을 제기할 수 없어서 행정사나 법무법인 등에 맡기게 됩니다. 그러나 업무를 맡은 사람도 감정평가 실무에 대하여 경험이 없으면 공인 감정평가사가 평가한 감정평가에 대한 대응이 쉽지 않습니다. 그렇다면, 보상금액이 큰 토지나 건축물, 공장, 일부 토지만 수용되는 복잡한 토지 등이 수용되는 경우에는 실무 경험 행정사 등을 별도로 선정해 대응하면 의외의 성과를 거둘 수도 있습니다.

2) 토지수용위원회 심리

토지수용절차에 따라 토지수용위원회는 열람 기간이 지나면 감정평가를 하고 토지수용에 대한 심리를 진행하는데 토지수용위원회 심리는 서면주의 비공개주의 및 불고불리의 원칙을 적용, 사업시행자 또는 소유자가 주장하는 내용에 한정 심의하기 때문에 토지소유자 등은 보상가 저렴, 잔여지 보상 등 부당하다고 생각되면 반드시 열람·공고 기간에 서면으로 의견을 제시하여야 합니다.

의견 진술
- 토지수용위원회는 열람기간이 지났을 때에는 지체 없이 해당 신청에 대한 조사 및 심리
- 필요시 사업시행자, 토지소유자 및 관계인을 출석시켜 그 의견을 진술하게 할 수 있음

심리
- 심리는 서면주의, 비공개주의와 직권주의, 불고불리의 원칙으로 함
- 재결은 심리를 시작한 날부터 14일 이내에 하여야 하나, 특별한 사유가 있을 때에는 14일의 범위에서 한차례만 연장할 수 있음
- 토지수용위원회가 회의를 소집하여 사실상 심리에 착수한 날을 법 제35조에 의한 "심리를 개시한 날"로 보아야 할 것임 (토지정책과-1219/2011.3.14.)

3) 토지수용위원회 재결

토지수용위원회는 감정평가 후 토지수용위원회 심의를 거쳐 재결하는데,

토지수용위원회 재결은 사업시행자가 1차로 협의 평가한 금액보다 적은 금액으로 감액재결을 할 수 없으며, 토지수용위원회는 재결이 완료되면 재결서를 개인별로 송달합니다.

재결 사항
- ❖ 토지수용위원회의 재결사항
  - ✓ ① 수용하거나 사용할 토지의 구역 및 사용 방법, ② 손실보상, ③ 수용 또는 사용의 개시일과 기간, ④ 그 밖에 이 법 및 다른 법률에서 규정한 사항 등에 대해 재결함
- ❖ 토지수용위원회는 사업시행자, 토지소유자 등이 신청한 범위에서 재결하여야 함
  - ※ 손실보상의 경우 신청한 범위를 초과하여 증액재결할 수 있음

재결서 송달
- ❖ 재결은 서면으로 하고, 재결서에는 주문 및 그 이유와 재결일을 적고, 위원장 및 회의에 참석한 위원이 기명날인한 후 그 정본을 사업시행자, 토지 소유자 및 관계인에게 송달하여야 함
- ❖ 재결서의 송달은 당사자에게 교부하거나, 특별송달(배달증명)의 방법에 의함
  - ※ 상당한 기간이 지난 후에 한 송달도 유효함(대법원 95다13159)

4) 보상금의 지급 및 소유권 취득

토지수용위원회에서 보상금이 책정되면 사업시행자는 수용개시일까지 보상금을 지급해야 하며, 토지소유자가 보상금 수령을 거부하면 법원에 수용개시일까지 보상금을 공탁하면 수용개시일에 사업시행자는 토지소유권을 확보하는데 사업시행자의 소유권은 원시취득으로 토지소유권 외 권리는 인수하지 않습니다.

> **원시 취득**
> - ❖ 사업시행자는 수용의 개시일까지 보상금을 지급·공탁하고 수용의 개시일에 목적물의 소유권을 취득하며, 그 토지나 물건에 관한 다른 권리는 이와 동시에 소멸
> - ✓ 다만, 토지수용위원회의 재결로 인정된 권리는 소멸되거나 그 행사가 정지되지 아니함

> **인도 이전 의무**
> - ❖ 토지소유자 등은 수용대상 토지나 그 토지에 있는 물건에 관한 권리를 가진 자는 수용(이전) 개시일까지 그 토지나 물건을 사업시행자에게 인도하거나 이전하여야 함
> - ✓ 인도 또는 이전 의무자가 인도 또는 이전에 응하지 않으면 차임 상당의 부당이득 반환 의무 발생

5) 이의신청

이의신청은 재결서 정본을 받은 날부터 30일 이내에 신청하는데 통상적으로 이의신청은 토지수용 재결 후 대다수가 신청하는데, 이의신청 등을 하려면 아래 사항을 참고해서 신청하면 됩니다. (법 제83조 참조)

> **신청 기간**
> - ❖ 토지수용위원회의 재결에 이의가 있는 자는 재결서 정본을 받은 날부터 30일 이내(이의신청), 90일 이내 (행정소송) 제기할 수 있음
> - ❖ 이의신청을 거쳤을 때 이의신청에 대한 재결서를 받은 날부터 60일 이내 (행정소송)

> **제출 방법**
> - ❖ 이의신청서 제출: 해당 토지수용위원회로 등기 우편을 이용하여 제출(팩스 제출 가능)
> - ❖ 지방 토지수용위원회에서 이의신청서를 중앙토지수용위원회로 송부하고 사업 시행자에게 그 사실을 통보하면, 사업시행자는 관련내용을 중앙토지수용위원회 재결정보시스템(LTIS)에 입력

> **유의 사항**
> - ❖ 이의의 신청 및 행정소송의 제기는 사업의 진행 및 토지의 수용 또는 사용을 정지시키지 아니함
> - ❖ 토지소유자 등이 사업시행자에게 이의 유보 없이 보상금(공탁금)을 수령한 경우 토지수용위원회가 행한 재결에 승복한 것으로 봄
> - ❖ 공유물에 대한 이의신청의 효력은 이의신청한 공유자에 한정됨[공유자 중의 1인인 원고가 자기 명의로만 한 이의신청의 효력은 당해 원고에게만 미친다 (대법원 80누405,406)]

토지수용 재결 후 보상금 받을 때 이의 유보를 하지 않고 보상금을 받으면 이의신청을 할 수 없습니다. 이의신청은 해당 토지수용위원회에 이의신청서를 제출합니다. 이의신청은 우편이나 팩스로 가능하고, 이의의 신청은 사업의 진행 및 토지의 수용 또는 사용을 정지시키지 아니합니다. (법 제88조 참조)

제5장
토지수용 손실보상

1. 수용보상의 개요

1) 손실보상의 원칙

손실보상의 원칙은 아래와 같은 원칙에 따라 손실보상을 합니다.

구분	주요 내용
사업시행자보상	❖ 공익사업에 필요한 토지 등의 취득 또는 사용으로 인하여 토지소유자나 관계인이 입은 손실은 사업시행자가 보상해야 함
사전보상	❖ 사업시행자는 해당 공익사업을 위한 공사에 착수하기 이전에 토지소유자와 관계인에게 보상액 전액을 지급하여야 함
현금보상	❖ 손실보상은 다른 법률에 특별한 규정이 있는 경우를 제외하고는 현금으로 지급 * 대토보상: 토지소유자가 원하는 경우 그 공익사업의 시행으로 조성한 토지로 보상할 수 있음 * 채권보상: 토지소유자가 원하는 경우 또는 부재부동산 소유자 토지보상금 중 1억 원 이상인 부분
사업시행자의 이익상계금지	❖ 해당 공익사업의 시행으로 인하여 잔여지의 가격이 증가하거나 그 밖의 이익이 발생한 경우에도 그 이익을 손실과 상계할 수 없음
개별보상	❖ 손실보상은 토지소유자나 관계인에게 개인별로 하여야 함
일괄보상	❖ 사업시행자는 동일한 사업지역에 보상 시기를 달리하는 동일인 소유의 토지 등이 여러 개 있는 경우 토지소유자나 관계인이 요구할 때에는 한꺼번에 보상금을 지급
시가보상	❖ 보상액 산정은 협의에 의한 경우에는 협의 성립 당시의 가격을, 재결에 의한 경우에는 수용 또는 사용의 재결 당시의 가격을 기준으로 함

특히, 실무에서 많이 문의하는 내용은 보상금도 받지 않았는데 내 땅에 사업시행자가 공사를 재개할 때와 주거 이전비 등 세입자 보상금은 누구에게 보상을 받는지 등인데 "사전보상원칙"에 따라 보상금을 주지 않고 공사를 하면 불법 및 고발 대상이고, "사업시행자 보상의 원칙"에 따라 세입자 주거 이전비 및 이사비는 집주인과 상관없고 사업시행자가 보상합니다.

2) 감정평가에 의한 보상액 산정

감정평가에 의한 보상액 산정 대상에는 토지, 건축물, 수목 및 농작물, 어업 보상, 광업권, 영업 보상 등은 감정평가로 보상을 합니다.

특히, 토지의 평가는 표준지 공시지가를 기준으로 평가를 하며, 건축물 등 동산이전비 등은 원가법이나 주거용 건축물의 경우에는 거래사례 비교법으로 평가를 하며 수목 및 농작물은 이전비로, 영업 보상은 개별법에 영업 보상기준을 정하고 있는 경우 개별법이 우선 적용됩니다.

3) 사업시행자 직접 보상액 산정

아래 표와 같이 감정평가로 하지 않고 법령에 근거 사업시행자가 직접 보상액을 산정해서 평가하는 주요 사업 대상입니다.

구분	관계 법령 및 산출근거
농업손실	❖ 「토지보상법」 시행규칙 제48조 ✓ 도별 연간 농가평균 단위 경작면적당 농작물 총수입의 직전 3년간 평균×2년분
주거이전비	❖ 「토지보상법」 시행규칙 제54조 ✓ 도시근로자가구의 가구원수별 월평균 명목 가계지출비 기준으로 산정
이사비	❖ 「토지보상법」 시행규칙 제55조 제2항 ✓ 별표 4의 기준에 의하여 산정한 이사비
폐업보상	❖ 「토지보상법」 시행규칙 제46조 제3항 ✓ 연간 영업이익 하한액 = 제조부문 보통 인부 노임단가 × 25일 × 12월
휴업보상	❖ 「토지보상법」 시행규칙 제47조 제5항 ✓ 영업이익 하한액 = 3인 가구 기준 도시근로자가구 월평균가계지출비
이농·이어비	❖ 「토지보상법」 시행규칙 제56조 ✓ 연간 전국평균 가계지출비 ÷ 가구당 전국 평균 농가인구 × 이주가구원수

통상적으로 토지수용은 감정평가로 보상액을 산정하는 것으로 알고 있으나, 아래 사례와 같이 주거 이전비 등은 감정평가로 산정하지 않고 보상시스템을 사용하는데, "한국부동산원" 국민소통 카테고리에서 보상 관련 내용에서 확인 가능하며, 시스템에서 요청한 데이터를 입력하면 보상금액을 직접

확인할 수 있습니다.

<한국부동산원 보상금 산정 사례>

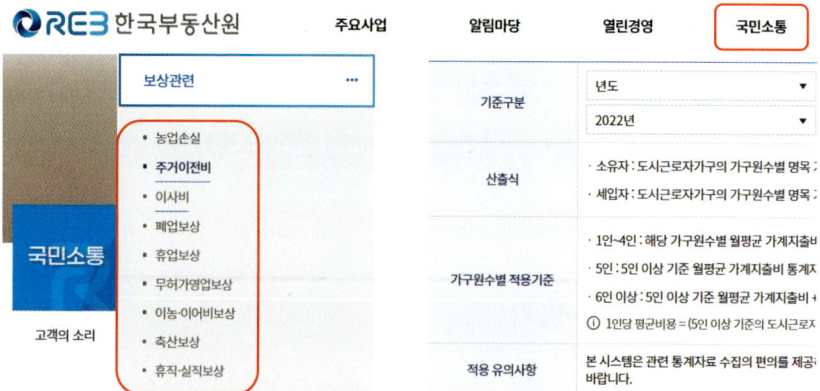

2. 토지보상 평가 기준

토지보상의 평가 기준은 공시지가가 아닌 표준지 공시지가를 기준으로 합니다. 현황 기준, 객관적인 기준, 개발이익 배제, 나지를 상정 평가를 하는데 토지소유자가 가장 큰 관심 사항은 개발이익 반영 여부입니다. 토지보상법은 개발이익을 반영하지 않고 평가합니다. 참고로 개발이익 미반영이란 재개발사업을 하는데 새 아파트 가격이 아닌 구주택 가격으로 보상하는 것을 말합니다.

구분	주요 내용
표준지 공시지가 기준 평가	❖ 표준지 공시지가×시점수정×지역요인×개별요인×그 밖의 요인
현황 기준 평가	❖ 예외) 일시적 이용, 미지급 용지, 불법형질변경토지, 무허가건축물 부지 등
객관적 기준 평가	❖ 기준 시점에서의 일반적인 이용 방법에 따른 객관적 상황을 기준으로 감정평가 하며, 토지소유자가 갖는 주관적 가치나 특별한 용도에 사용할 것을 전제로 한 것은 고려하지 아니함
개발이익 배제 평가	❖ 당해 공익사업에 따른 가격변동의 배제, 개발 이익뿐 아니라 개발손실도 포함되는 개념
나지 상정 평가	❖ 예외) 건축물 등이 토지와 함께 거래되는 사례나 관행이 있어 그 건축물 등과 토지를 일괄하여 감정 평가하는 경우

3. 기타 건축물 등 평가

1) 건축물 등

"건축물 등"이란 건축물·입목·공작물 그 밖에 토지에 정착한 물건을 말하고, "지장물"이란 공익사업 시행지구 내의 토지에 정착한 건축물·공작물·시설·입목·죽목 및 농작물 그 밖의 물건 중에서 해당 공익사업의 수행을 위하여 직접 필요하지 아니한 물건으로 정의하고 있습니다. (법 제75조 참조)

건축물의 가격은 감가상각비 등 적용 원가법으로 평가하는 것이 원칙인데, 다만, 주거용 건축물은 거래사례 비교법에 의하여 평가한 금액이 원가법에 의하여 평가한 금액보다 큰 경우와 아파트 등 '집합건물의 소유 및 관리에 관한 법률'에 의한 구분소유권의 대상이 되는 건물의 가격은 거래사례 비교법으로 평가합니다. (시행규칙 제33조 참조)

2) 무허가건축물 등

"무허가건축물 등"이란 건축 또는 용도변경을 하여야 하는 건축물을 허가를 받지 아니하거나 신고를 하지 아니하고 건축 또는 용도변경한 건축물의 부지 또는 국토계획법 등 관계 법령에 의하여 허가를 받거나 신고를 하고 형질변경을 하여야 하는 토지를 허가를 받지 아니하거나 신고를 하지 아니하고 형질 변경한 토지를 소위 "불법형질변경토지"라 합니다. (시행규칙 제24조 참조)

"무허가건축물 등"의 평가는 건축 또는 용도변경될 당시 또는 토지가 형질변경 될 당시의 이용 상황을 상정하여 평가합니다. 다만, 1989년 1월 24일 당시의 무허가건축물 등의 부지는 토지보상법 무허가건축물에 관한 경과조치로 기준 시점에서의 현실적인 이용 상황 즉 적법한 건축물로 평가합니다. 무허가건축물 주택 등을 소유하고 있다면 건축 연도를 따져서 대응하면 무허가 건물건축물 등도 정상 건축물로 보상받을 수 있습니다.

> [부칙 〈건설교통부령 제556호, 2007. 4. 12.〉]
> · 제3조 (무허가 건축물 등에 관한 경과조치)
> 1989년 1월 24일 당시의 무허가 건축물 등에 대하여는 제45조 제1호, 제46조 제5항, 제47조 제6항, 제52조 및 제54조 제2항 단서의 개정규정에도 불구하고 이 규칙에서 정한 보상을 함에 있어 이를 **적법한 건축물**로 본다.

"불법형질변경" 토지평가는 그 토지의 형질변경이 될 당시의 이용 상황을 기준으로 평가합니다. 다만, 1995년 1월 7일 당시 공익사업 시행지구에 편입된 토지는 기준 시점에서의 현실적인 이용 상황을 기준으로 평가합니다.

[시행규칙 부칙 〈건설교통부령 제344호, 2002.12.31.〉]
· 제6조 (불법형질변경토지 등에 관한 경과조치)
1995년 1월 7일 당시 공익사업 시행지구에 편입된 불법형질변경토지 또는 무허가개간토지(관계법령에 의하여 허가·인가 등을 받고 개간을 하여야 하는 토지를 허가·인가 등을 받지 아니하고 개간한 토지를 말한다)에 대하여는 제24조 또는 제27조 제1항의 규정에 불구하고 이를 현실적인 이용 상황에 따라 보상하거나 개간비를 보상하여야 한다.

3) 사실상의 사도부지

사실상의 사도부지에 대한 보상평가는 인근 토지에 대한 평가액의 3분의 1 이내로 평가합니다.

※ 사실상 사도 사진

위 사진과 같이 "사실상의 사도"라 함은 '사도법'에 의한 사도 외의 도로('국토계획법'에 의한 도시·군 관리계획에 의하여 도로로 결정된 후부터 도로로 사용되고 있는 것을 제외함)로서 ①도로개설 당시의 토지소유자가 자기토지의 편익을 위하여 스스로 설치한 도로, ②토지소유자가 그 의사에 의하여 타인의 통행을 제한할 수 없는 도로, ③「건축법」 제45조에 따라 건축허가권자가 그 위치를 지정·공고한 도로, ④도로개설 당시의 토지소유자가 대지 또는 공장용지 등을 조성하기 위하여 설치한 도로 등을 말합니다. (시행규칙 제26조 참조)

> **〈판결요지〉**
> **'자기 토지의 편익을 위하여 스스로 개설한 도로'의 판단기준**
> [대법원 2013. 06. 13. 선고 2011두7007]
>
> 「공익사업을 위한 토지 등의 취득 및 보상에 관한 법률 시행규칙」 제26조 제2항 제1호에서 규정한 '도로개설 당시의 토지소유자가 자기토지의 편익을 위하여 스스로 설치한 도로'에 해당한다고 하려면, 토지소유자가 자기 소유 토지 중 일부에 도로를 설치한 결과 도로부지로 제공된 부분으로 인하여 나머지 부분 토지의 편익이 증진되는 등으로 그 부분의 가치가 상승됨으로써 도로부지로 제공된 부분의 가치를 낮게 평가하여 보상하더라도 전체적으로 정당보상의 원칙에 어긋나지 않는다고 볼 만한 객관적인 사유가 있다고 인정되어야 하고, 이는 도로개설 경위와 목적, 주위환경, 인접토지의 획지 면적, 소유관계 및 이용상태 등 제반 사정을 종합적으로 고려하여 판단할 것이다.

4) 공도부지

"공도"란 국가 또는 지방자치단체가 일종의 "행정권의 작용"으로 토지를 일반 공중의 통행에 제공한 도로로서, 그 도로를 둘러싼 법률관계가 '도로법'·'국토계획법' 기타의 공법에 의하여 규율되는 도로를 말합니다.

공도 부지는 도로로 이용되지 아니하였을 경우에 예상되는 인근 지역의 표준적인 이용 상황을 기준으로 보상 평가합니다. 참고로 "예정 공도"란 '국토계획법'에 따른 도시·군 관리계획에 의하여 도로로 결정된 후부터 도로로 사용되고 있는 도로 즉, 기반시설로서의 도로는 도시·군 관리계획(도시계획시설) 결정 ⇒ 실시계획의 작성 및 인가 ⇒ 토지 등의 취득 ⇒ 도로개설공사 등과 같은 도시·군 계획시설사업의 시행절차에 따라 개설되나, 예정 공도는 도시·군 관리계획에 의하여 도로로 결정된 후 통상적으로 예산이 확보되지 않아 도시계획 시설사업을 하지 않고 사실상 개설된 도로를 의미합니다.

5) 미지급용지 (미불용지)

"미지급용지"란 종전에 시행된 공익사업의 부지로서 보상금이 지급되지 아니한 토지를 말합니다. 공익사업에 편입된 토지는 해당 공익사업의 준공 이전에 협의 또는 수용의 절차에 의해 취득되어야 하나, 불가피한 사유로 취득하지 못한 상태에서 다른 공익사업에 편입되는 경우가 있어 이러한 토지를 미불용지라 합니다. 미지급용지의 발생 사례는 일제하 강제시공, 6.25동란 중 시공한 작전도로, 소유자불명 토지, 보상액이 서류구비비용보다 적어 수령 포기한 토지, 보상담당자 실수로 보상 누락된 토지 등이 있습니다. (시행규칙 제25조 참조)

미불용지의 정의에 대한 대법원 판례를 살펴보면 "미불용지는 같은 토지에 대하여 둘 이상의 공익사업이 시행되고, 새로운 공익사업이 시행되기까지 종전에 시행된 공익사업에 의하여 보상금이 지급되지 아니한 토지를 말한다 (대법원 2009.3.26. 선고 2008두22129 판결 참조)"고 합니다. 즉 준공된 공익사업지구 내에 소재하는 보상이 되지 않은 토지를 미불용지라고 하는 것이 아니라, 그 토지가 다른 공익사업에 편입되어 보상의 대상이 될 때 이를 미불용지라고 판시하고 있는 것입니다.

따라서, 미불용지의 판단은 토지보상법에서 규정한 일정한 절차에 의해서 사업시행자가 판단하며 감정평가를 의뢰하는 때에는 보상평가 의뢰서에 미불용지임을 표시하여야 합니다. 미불용지의 평가는 종전의 공익사업에 편입될 당시의 이용 상황을 상정하여 감정평가하며 예외적으로 편입 당시의 현실적인 이용 상황을 알 수 없는 경우에는 편입될 당시의 지목과 인근 토지의 이용 상황 등을 참작하여 판단하며, 현실적인 이용 상황을 기준으로 감정평가하는 것이 유리한 경우에는 이에 따릅니다.

6) 잔여지 등의 매수 및 수용청구

「토지보상법」 제74조는 동일한 소유자에게 속하는 일단의 토지의 일부가 협의에 의하여 매수되거나 수용됨으로 인하여 잔여지를 종래의 목적에 사용하는 것이 현저히 곤란할 때에는 사업시행자에게 잔여지를 매수하여 줄 것을 청구할 수 있으며, 사업인정 이후에는 관할 토지수용위원회에 수용을 청구할 수 있도록 하고 있으며, 특히, 잔여지는 도로 등 선형개량사업에서 많이 발생합니다. (법 제74조 참조)

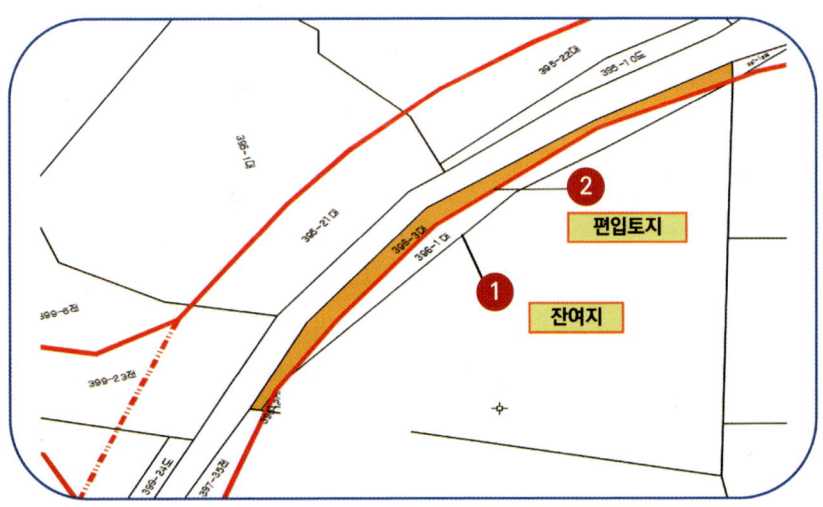

잔여지 보상은 토지소유자가 아래 요건에 해당하면 토지수용위원회에 잔여지 보상을 요구해야 토지수용위원회 심의 대상이며, 잔여지의 판단 세부기준은 중앙토지수용위원회에서 매년 발간하는 『토지수용업무편람』 [별표 10] 잔여지 수용 및 가치하락 손실보상 등에 관한 참고 기준에서 확인이 가능합니다.

구분	주요 내용
잔여지 가치하락 판단	❖ 잔여지 가치하락액은 공익사업에 편입되기 전의 잔여지 가액에서 공익사업에 편입된 후의 잔여지 가액을 차감금액 산정 ✓ ① 공익사업 편입 후 수용손실 및 사업손실 반영, ② 잔여지 일부에 대한 가치하락 반영
잔여지 수용판단 기준	❖ 사업인정고시일 당시 현실적인 이용 상황 기준으로 판단 ❖ 사업인정고시일 이후 허가를 받아 착공한 경우 재결당시 기준
택지의 판단	❖ ① 잔여지가 일전수준 면적 미달 건축이 현저히 곤란, ② 잔여지 접면 도로상태가 바뀌어 건축법상 건축 불가, ③ 잔여지 형상이 부정형 건축이 현저히 곤란 ✓ 일정수준 미달 규모(주거용 주택 90㎡, 연립 330㎡, 아파트 1,000㎡, 상업용 150㎡, 공업용토지, 330㎡), 다만, 토지 중 잔여지 비율 25% 이하인 경우 1.5배 완화 적용
농지의 판단	❖ 농지로서 영농, 사용 농지로서 현저히 곤란, 축사부지로 건축허가 불허 시 ❖ 편입 농지가 330㎡ 이하, 잔여농지 비율이 25% 이하인 경우 495㎡ 완화 적용
산지의 판단	❖ 일정 수준 미달 종래 목적대로 사용 곤란, 도로가 없어 종전목적대로 사용곤란 ❖ 편입 산지가 330㎡ 이하, 잔여산지 비율이 25% 이하인 경우 495㎡ 완화 적용

※ 세부사항은 "잔여지 수용 및 가치하락 손실보상 등에 관한 참고기준" 참조

7) 환매권 행사

「토지보상법」 제91조 제1항에 공익사업의 폐지·변경 또는 그 밖의 사유로 취득한 토지의 전부 또는 일부가 필요 없게 된 경우 토지의 협의취득일 또는 수용의 개시일 당시의 토지소유자 또는 그 포괄승계인은 다음 각호의 구분에 따른 날부터 10년 이내에 그 토지에 대하여 받은 보상금에 상당하는 금액을 사업시행자에게 지급하고 그 토지를 환매할 수 있습니다.

① 사업의 폐지·변경으로 취득한 토지의 전부 또는 일부가 필요 없게 된 경우: 관계 법률에 따라 사업이 폐지·변경된 날 또는 제24조에 따른 사업의 폐지·변경 고시가 있는 날

② 그 밖의 사유로 취득한 토지의 전부 또는 일부가 필요 없게 된 경우: 사업완료일

또한, 취득일부터 5년 이내에 취득한 토지 전부를 해당 사업에 이용하지 아니하였을 때에는 위 「토지보상법」 제91조 제1항을 준용합니다. 이 경우 환매권은 취득일부터 6년 이내에 행사하여야 하며, 내 토지가 위 요건에 해당하면 토지소유자는 환매권을 행사할 수 있습니다.

> 제6장
> # 영업손실 보상

1. 영업보상의 요건

영업을 폐지하거나 휴업함에 따른 영업 손실에 대하여는 영업이익과 시설의 이전 비용 등을 고려하여 보상함이 원칙입니다. 보상대상으로서의 영업은 생업으로서 직업적인 면에 중점을 둔 것으로서, 그 영업장소가 공익사업 시행지구에 편입됨으로 인하여 일정한 요건하에서 손실이 발생하는 영업을 말합니다.

영업 손실보상은 아래 6가지의 요건에 해당해야 보상대상이 되는데, 어느 시기부터 영업을 해야 보상을 받을 수 있는지는 원칙상 토지보상법에 영업보상 시점을 사업인정 고시일 등으로 정하고 있으나, 개별법에서 별도의 보상기준을 정하고 있으면 먼저, 개별법을 적용하고 그 외는 토지보상법을 준용합니다. 참고로 도시정비법은 영업 보상기준을 정비구역 지정 주민공람 공고일 기준으로 정하고 있습니다. (시행규칙 제45조 참조)

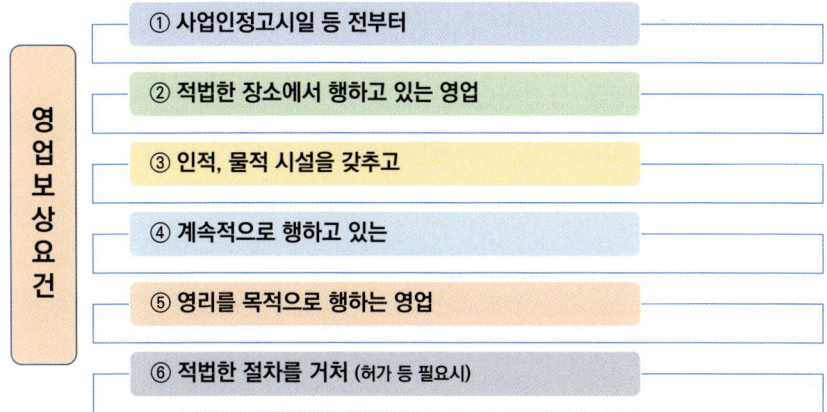

2. 휴업보상

휴업보상은 아래와 같이 공익사업의 시행으로 인하여 영업장소를 이전하여야 하는 경우의 영업 손실은 휴업 기간에 해당하는 영업이익과 영업장소 이전 후 발생하는 영업이익 감소액에 ①휴업 기간 중의 고정적 비용, ②영업시설 등의 이전비용 및 그 이전에 따른 감손 상당액, ③부대비용 등을 합한 금액으로 보상 평가합니다. (시행규칙 제47조 참조)

휴업보상
- ❖ 휴업기간의 영입이익(휴업기간: 4개월 이내 원칙, but 예외적 실제 휴업기간, 2년 한도) 및 영업장소 이전 후 발생하는 영업이익 감소액 (휴업기간 영업이익의 20%, 1천만 원 한도)
- * 휴업기간 중의 고정적 비용 (인건비, 유지관리비, 감가상각비 등)
- * 영업시설 등의 이전비용 및 이전에 따른 감손상당액
- * 부대비용 (이전광고비, 개업비 등)

최저 영업이익 및 임차인 특례
- ❖ 개인영업의 경우 최저영업이익 인정
  - ✓ 휴업기간에 해당하는 영업이익은 도시근로자가구 월평균 가계지출비를 기준으로 산정한 3인 가구의 휴업기간(4개월을 초과할 수 없음) 동안의 가계 지출비를 하한으로 봄
- ❖ 임차인 특례(규칙 제45조제1항 단서)에 의한 보상액
  - ✓ 영업시설 등의 이전 비용을 제외한 금액이 1천만 원을 초과하지 못함

〈판결 요지〉
영업보상의 대상은 사업인정고시일 등을 기준으로 판단한다.
[대법원 2012. 12. 27. 선고 2011두27827]

일반지방산업단지 조성사업의 사업인정고시일 당시 사업지구 내에서 영업시설을 갖추고 제재목과 합판 등의 제조·판매업을 영위해 오다가 사업인정고시일 이후 사업지구 내 다른 곳으로 영업장소를 이전하여 영업을 하던 갑이 영업보상 및 지장물 보상을 요구하면서 수용재결을 청구하였으나 관할 토지수용위원회가 갑의 영업장은 임대기간이 종료되어 이전한 것으로 공익사업의 시행으로 손실이 발생한 것이 아니라는 이유로 갑의 청구를 기각한 사안에서, 「공익사업을 위한 토지 등의 취득 및 보상에 관한 법률」 제75조 제1항, 제77조 제1항과 「공익사업을 위한 토지 등의 취득 및 보상에 관한 법률 시행규칙」 제45조 제1호 등 관련 법령에 따르면, 공익사업의 시행으로 인한 영업손실 및 지장물 보상의 대상 여부는 사업인정고 시일을 기준으로 판단해야 하고, 사업인정고시일 당시 보상대상에 해당한다면 그 후 사업지구 내 다른 토지로 영업장소가 이전되었다고 하더라도 이전된 사유나 이전된 장소에서 별도의 허가 등을 받았는지를 따지지 않고 여전히 손실보상의 대상이 된다고 본 원심판단을 정당하다고 한 사례.

3. 폐업보상

"폐업보상"은 공익사업 토지수용으로 다른 곳에 옮겨서도 영업활동을 할 수 없는 사업 중 아래 "영업 폐지의 요건"에 해당해야 폐업보상 대상인데, 영업 폐지의 요건은 주관적인 요건이 아닌 객관적인 요건을 충족해야 합니다.
(시행규칙 제46조 참조)

> **폐업보상**
> ❖ 2년간의 영업이익(최근 3년간의 평균영업이익 기준)+영업용고정자산·원재료·제품 및 상품 등의 매각 손실액

> **영업 폐지의 요건**
> ❖ 당해 또는 인접 시·군·구(자치구) 지역 안의 다른 장소로 이전할 수 없거나, 이전이 현저히 곤란하다고 인정되는 경우
> ❖ 영업장소 또는 배후지의 특수성으로 다른 장소에서는 당해 영업을 할 수 없는 경우 (예) 도축장
> ❖ 다른 장소에서는 당해 영업의 허가 등을 받을 수 없는 경우
> ❖ 도축장 등 악취 등이 심하여 인근 주민에게 혐오감을 주는 영업시설로서 다른 장소로 이전하는 것이 현저히 곤란하다고 시장·군수·구청장이 객관적인 사실에 근거하여 인정하는 경우

폐업보상 민원 관련 실무 경험상 재개발사업지역에서 식당업을 하던 민원인이 이번 재개발사업으로 식당업을 폐업하고 앞으로 식당업을 포기하려고 폐업보상금 지급을 요청한 사례에서 해당 영업을 폐지한다고 폐업보상금으로 지급하는 것이 아니고 위 "영업 폐지의 요건"인 다른 장소에서는 식당 영업 등의 허가 등을 받을 수 없는 경우에만 폐업보상 대상입니다.

> **〈판결요지〉 폐업보상 해당 여부를 판단하는 기준**
> [대법원 2000. 11. 10. 선고 99두3645]
>
> 영업손실에 관한 보상의 경우 영업의 폐지로 볼 것인지 아니면 영업의 휴업으로 볼 것인지를 구별하는 기준은 당해 영업을 그 영업소 소재지나 인접 시·군 또는 구 지역안의 다른 장소로 이전하는 것이 가능한지 여부에 달려 있고, 이러한 이전가능성 여부는 법령상의 이전 장애사유 유무와 당해 영업의 종류와 특성, 영업시설의 규모, 인접지역의 현황과 특성, 그 이전을 위하여 당사자가 들인 노력 등과 인근 주민들의 이전 반대 등과 같은 사실상의 이전 장애 사유 유무 등을 종합하여 판단하여야 한다.

제7장
이주대책

1. 생활보상의 개념

생활 보상이란 해당 지역에 정착해서 평온·공연하게 거주하는데, 어느 날 갑자기 내가 사는 곳이 공익사업부지에 편입되어 다른 곳으로 이사를 하게 되면 거주자로서는 낭패가 아닐 수 없습니다. 이런 낭패를 방지하고 종전의 생활 상태를 최소한 원상으로 회복하는 것을 생활 보상이라 합니다.

> **생활보상의 의의**
> ❖ 공공사업의 시행에 필요한 토지 등을 제공함으로 인하여 생활의 근거를 상실하게 되는 이주자들에게는 종전의 생활상태를 원상으로 회복시키면서 동시에 인간다운 생활을 보장하여 주는 이른바 생활보상을 하는 것이 헌법상의 생존권적 기본권 보장의 이념에 부합 (대법원 2007다63089)
> ✓ ① 이주대책 ② 생활대책 ③ 주거이전비 ④ 이사비 ⑤ 이농비, 이어비
>
> **법적 근거**
> ① 정당보상설(헌법 제23조 제3항) 공공필요에 의한 재산권의 수용·사용 또는 제한 및 그에 대한 보상은 법률로써 하되, 정당한 보상을 지급하여야 함
> ② 생존권설(헌법 제34조) 모든 국민은 인간다운 생활을 할 권리를 가짐
> ③ 통일설(헌법 제23조 제3항 + 헌법 제34조) 판례의 입장

2. 이주대책 등

이주대책은 일정 요건을 갖춘 경우, 사업시행자가 이주대책을 수립하는데, 이주대책 수립 요건에 해당하지 않으면 이주정착금으로 대신할 수 있습니다. (법 제78조 참조)

> **이주대책 수립·실시**
> - ❖ 사업시행자는 공익사업의 시행으로 인하여 주거용 건축물을 제공함에 따라 생활의 근거를 상실하게 되는 자를 위하여 이주대책을 수립·실시하거나 이주정착금을 지급
> - ❖ 이주대책은 이주대책대상자 중 이주정착지에 이주를 희망하는 자 가구 수가 10호(戶) 이상
>   - ✓ 제외자: 해당 건축물에 공익사업을 위한 관계 법령에 따른 고시 등이 있는 날부터 계약체결일 또는 수용재결일까지 계속하여 거주하고 있지 아니한 건축물의 소유자

> **이주정착금**
> - ❖ 지급요건: ① 사업시행자가 이주대책을 수립·실시하지 아니한 경우
>   ② 이주대책대상자가 이주정착지가 아닌 다른 지역으로 이주하려는 경우
> - ❖ 이주정착금: 주거용 건축물에 대한 평가액의 30퍼센트에 해당하는 금액
>   - ✓ 금액 한도 1천2백만 원 미만인 경우1천2백만 원, 2천4백만 원을 초과하는 경우 2천4백만 원

3. 주거이전비 이사비 등

토지수용 대상 지역에서 주거용 건축물을 가지고 있는 소유자나 세입자의 주거이전을 지원하는 제도가 주거비와 이사비가 있는데, 주거 이전비는 소유자와 세입자에 따라 차이가 있고, "이사비"는 거주가 소유자인지 세입자인지 또는 언제부터 거주하였는지 관계없이 무조건 이사비를 지급하여야 합니다. (시행규칙 제54조 참조)

> **주거이전비**
> - ❖ 주거용 건축물의 거주자에 대하여는 주거 이전에 필요한 비용과 가재도구 등 동산의 운반에 필요한 비용을 산정하여 보상
>   - ➢ 소유자: 보상 당시 해당 공익사업시행지구 내에 거주하기만 하면 보상 대상, 보상액은 가구원수에 따라 2개월분의 주거이전비를 보상
>   - ➢ 세입자: 사업인정 고시일 당시 또는 관계법령에 의한 고시 등이 있는 당시 해당 공익사업시행지구 안에서 3개월 이상 거주한 자에 대하여는 가구원수에 따라 4개월분의 주거이전비를 보상

> **이사비**
> - ❖ 주거용 건축물의 거주자가 해당 공익사업시행지구 밖으로 이사를 하는 경우에는 보상
> - ❖ 이사비는 주거용 건축물의 거주자에 대해 실제 소요되는 비용을 보상하는 것이므로, 거주자가 소유자인지 세입자인지 또는 언제부터 거주하였는지, 무허가 건축물 등인지에 관계없이 보상 당시 주거용 건축물에 거주하기만 하면 보상 대상

세입자 주거 이전비에 대하여 많은 질문을 하는데, 세입자의 경위가 위 요건에 해당하면 주거 이전비를 지급해야 하는데 주거 이전비와 이사비는 사업시행자가 지급하며 임대인과는 상관이 없습니다.

특히, 세입자 주거 이전비 지급 대상인데 주거 이전비를 받지 않고 먼저 이사 시 사업시행자가 주거 이전비 지급을 회피하는 사례가 있습니다. 세입자 주거 이전비 대상은 토지보상법에 세입자가 사업인정고시일 등 당시 또는 공익사업을 위한 관계 법령에 따른 고시 등이 있은 당시 해당 공익사업 시행지구 안에서 3개월 이상 거주한 자에 대해서는 가구원 수에 따라 4개월분의 주거 이전비를 보상해야 한다고 규정하고 있으나, 주택재개발 사업인 경우는 "도시정비법"에 정비구역의 지정을 위한 주민공람일 당시 시행지구 안에서 3개월 이상 거주자로 되어 있어 '도시정비법'이 우선 적용되며, 먼저 이사 갔다고 주거 이전비 지급을 거부하면 「토지보상법」 제30조를 근거로 대응할 수 있습니다.

제3강. 그린벨트는 전문가의 간접 경험으로 쉽게 배울 수 있다

제1장. 개발제한구역 개요
　1. 개발제한구역 관심 사항
　2. 개발제한구역 전문가가 없는 이유
　3. 개발제한구역 의의
　　1) 개발제한구역 유래 및 목적
　　2) 개발제한구역 지정현황
　　3) 개발제한구역 연혁
　　4) 개발제한구역 환경평가등급
　　5) 개발제한구역 대상 토지 확인 방법

제2장. 개발제한구역 해제
　1. 개발제한구역 해제 유형
　2. 개발제한구역 해제 개요
　3. 개발제한구역 해제 절차
　4. 개발제한구역 조정대상지역 해제
　5. 집단취락지구 해제
　6. 단절토지 해제
　7. 경계선 관통대지 해제

제3장. 취락지구 지정
　1. 취락지구 지정 개요
　2. 취락지구 주택호수 산정 기준

제4장. 개발제한구역 관리계획 수립
　1. 개발제한구역 관리계획 개요
　2. 개발제한구역 관리계획 수립 대상

3. GB 관리계획 수립 절차
 4. GB 관리계획 미반영 시설
 5. GB 관리계획 경미한 변경
 6. 개발제한구역 관리계획 비대상 사업

제5장. 개발제한구역 개발행위 허가
 1. 건축물 및 공작물 종류 및 설치의 범위
 2. 허가 또는 신고의 세부 기준
 3. GB 구역 내 허가 또는 신고 없이 할 수 있는 행위
 4. 개발제한구역 내 주택 및 근린생활시설 신·증축
 5. GB 구역 내 주택 및 근린생활시설 용도변경
 6. 개발제한구역 이축
 7. 개발제한구역 이축권 행사 방법
 8. 개발제한구역 내 신축 가능 기타 시설
 9. 야영장

제6장. 개발제한구역 보전부담금 및 불법행위
 1. 개발제한구역 보전부담금
 2. GB 불법행위 단속 체계
 3. 이행강제금 부과

제1장
개발제한구역 개요

1. 개발제한구역 관심 사항

　개발제한구역 민원인 대부분은 내 토지 해제가 가능한지, 해제가 안 되면 행위허가가 가능한지, 건축물은 지을 수 있는지, 이축권을 받을 수 있는지 등에 대한 문의를 많이 합니다. 개발제한구역 해제부터 GB 관리계획 전반에 대하여 개발제한구역 민원인 등의 주요 관심 사항을 실무 경험 사례로 정리하였습니다.

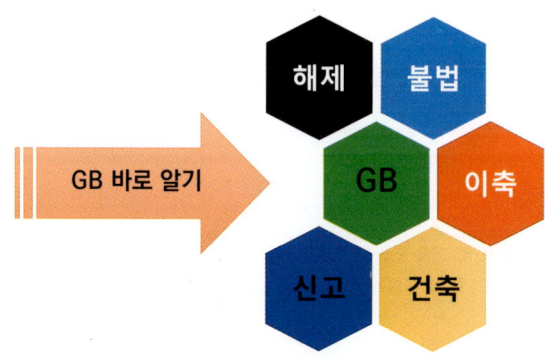

2. 개발제한구역 전문가가 없는 이유

　"개발제한구역 업무" 전문가가 없는 이유는 GB 업무의 독특한 시스템 때문입니다. 통상적으로 도시계획 업무 등은 업무 담당자 혼자서 도시계획 입안부터 결정까지 담당하지만, GB 업무는 해제는 토목 직렬, GB 관리계획 행위허가 업무는 건축 직렬 담당 공무원이 고유 영역처럼 전담하고 있고, GB 해제 입안은 시장·군수가, 해제 결정은 시·도지사·국토교통부 장관이 결정하고, GB 관리계획 입안은 시·도지사가 입안하고 결정은 국토교통부 장관이 하게 됩니다. 이와 같이 GB 업무 행정체계는 행정주체가 각각 달라서 GB 전반에 대한 실무 경험 자체가 불가한 시스템으로 GB 전문가가 나올 수 없는 구조입니다. 그러나, 필자는 도청에서 GB 해제 결정, GB 관리계획 입안 등 GB 업무 전반에 대하여 종합적인 실무를 경험한 자로서 GB 전반에 대한 독자의 궁금증을 이 책을 통해 실무 경험 사례를 공유하고자 합니다.

3. 개발제한구역 의의

1) 개발제한구역 유래 및 목적

개발제한구역은 영국의 그린벨트 제도에서 유래하였습니다. 개발제한구역 지정목적은 도시의 무질서한 확산 방지가 주된 목적입니다. 개발제한구역 용어는 그린벨트, 개발제한구역, GB를 혼용 사용하는데 개발제한구역이 법정용어입니다.

GB 유래
- 영국의 그린벨트 제도 및 이를 도입한 일본의 근교지대제도를 모델, 1971년 1월 19일 도시계획법 개정법률(법률 제2291호)에 개발제한구역 제도 포함

목적
- 도시의 무질서한 확산방지가 주 목적으로 우리나라는 60년대부터 시작된 산업화의 진행으로 70년대 초반부터 서울을 비롯한 중추도시의 경우 인구가 급증하면서 도시가 밖으로 팽창
- 도시가 무질서하게 외곽으로 확산되는 경우 교통, 주택, 환경 문제는 물론 도시내부의 토지가 비효율적으로 이용될 수 있고, 도시외곽의 녹지가 무분별하게 훼손되는 등 많은 문제를 초래

2) 개발제한구역 지정현황

개발제한구역 지정현황은 아래 그림 좌측 지도에 최초로 전국에 14개 권역으로 지정되어 있다가, 현재는 7개 권역인 아래 우측 지도(녹색 표시) 수도권, 대전권, 광주권, 대구권, 창원권, 부산권, 울산권역만 남아 있습니다.

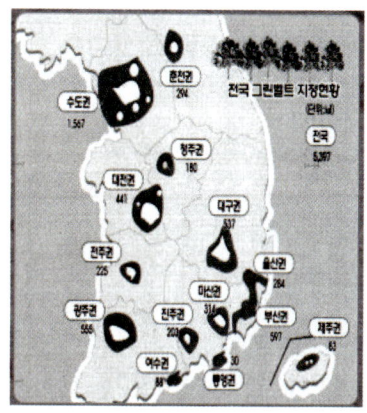 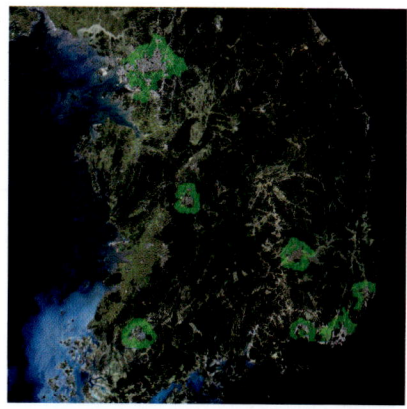

(좌) 개발제한구역 40년(국토해양부), (우) 개발제한구역 규제 개선방안(2015.5.6.) (출처: 국토교통부)

특히, 현재 7개 개발제한구역 권역은 대한민국 핵심 대도시를 중심으로 벨트형으로 해당 도시를 감싸고 있고 주 도심 인근에 소재하여 개발 욕구가 강한 지역이며, 개발제한구역에 대한 주민의 관심도가 높으나 개발제한구역법령에 행위허가 등이 엄격하여 투자나 이용에 주의를 기하여야 합니다.

3) 개발제한구역 연혁

개발제한구역 지정은 1971.7.3.일 1차 지정에서 1977.4.18. 8차에 걸쳐 아래와 같이 지정되었습니다.

구분	지정 시기	지정 지역
1차 지정	1971.07.30	수도권 내측(수도권 1차)
2차 지정	1971.12.29	수도권 수원, 안양지역(수도권 2차), 부산권
3차 지정	1972.08.25	수도권 외곽지역(수도권 3차), 대구권
4차 지정	1973.01.17	광주권
5차 지정	1973.03.05	제주권
6차 지정	1973.06.27	도청소재지(대전권, 춘천권, 청주권, 전주권), 울산권, 마산·진해권, 충무권, 진주권
7차 지정	1976.12.04	수도권 반월(시화산업단지)지역(수도권4차)
8차 지정	1977.04.18	여천권

개발제한구역 지정 시기가 중요한 이유는 개발제한구역에서 주택신축 등을 하려면 개발제한구역 지정 당시부터 지목이 대인 토지(이축된 건축물이 있었던 토지의 경우에는 개발제한구역 지정 당시부터 그 토지의 소유자와 건축물의 소유자가 다른 경우만 해당)와 개발제한구역 지정 당시부터 있던 기존의 주택(개발제한구역 건축물 관리대장에 등재된 주택을 말한다)이 있는 토지에만 주택을 신축할 수 있기 때문입니다.

만약, 개발제한구역 전·답 토지가 개발제한구역 지정 이후에 지목이 '대'로 바뀌었다면 해당 토지는 현황상 지목이 '대'라 하더라도 주택을 신축할 수 없는 토지에 해당하기 때문에 GB 지역에 주택을 신축하기 위해 대지를 매매 시는 지목이 '대'라 하더라도 언제 '대'로 변경됐는지 반드시 확인해야 합니다.

〈개발제한구역 지정연혁〉

권역별	지정 일자	행정 구역	면적(km²)	비율(%)
계			5,397	100
수도권	'71. 7. 30~ '76. 12. 29	서울·인천, 남양주·시흥·광명·부천·성남·안양·수원·안산·구리·의왕·과천·고양·하남·군포, 의정부·용인, 양주·화성·양평·광주·김포시	1,567	29
부산권	'71. 12. 29	부산, 김해·양산시, 기장군, (울산시)	597	11
대구권	'72. 8. 25	대구, 경산시, 달성·칠곡·고령군	537	10
광주권	'73. 1. 17	광주, 나주시, 담양·화순·장성군	555	10.3
제주권	'73. 3. 5	제주시, 북제주군	83	1.5
대전권	'73. 6. 27	대전, 공주·논산시, 금산·연기·옥천·청원군	441	8.2
춘천권	"	춘천시, 홍천군	294	5.4
청주권	"	청주시, 청원군	180	3.3
전주권	"	전주·김제시, 완주군	225	4.2
마산권	"	마산·진해·창원시, 함안군	314	5.8
울산권	"	울산시	284	5.2
진주권	"	진주, 사천시	203	3.8
통영권	"	통영시	30	0.6
여수권	"	여수시	88	1.6

출처: 개발제한구역 40년, 국토해양부

4) 개발제한구역 환경평가등급

개발제한구역 환경평가등급은 개발제한구역에만 존재하며, 환경평가등급에 따라 개발행위 허가 등 유무가 결정되기 때문에 매우 중요합니다. 개발제한구역에는 1등급부터 5등급까지 환경평가등급이 있는데, 1~2등급은 해제 또는 개발이 원칙적으로 불가하기 때문에 개발제한구역에서 해제 및 개발행위허가 등을 받으려면 반드시 개발제한구역 환경평가등급을 사전에 확인해야 합니다. 환경평가등급은 표고, 경사도, 농업적성도, 식물상, 임업 적성도,

수질 등으로 구분합니다.

> **개요**
> ❖ 개념: 개발제한구역 내 환경등급 1~5등급으로 구분 관리
> ❖ 활용: 해제·관리계획 심의 시 활용 (1등급일수록 환경적 보전가치 높음)
> ❖ 원칙: 1·2등급은 해제 또는 개발 불가 (예외 있음)
> ▶ (해제 관련) 도시관리계획 입안 시점 기준 ▶ (관리계획) 국토교통부 사전협의 신청한 시점 기준

구분	내용
표고	❖ 높이가 높을수록 1등급
경사도	❖ 경사도가 클수록 1등급
농업적성도	❖ 농업진흥지역(1등급), 경지정리지역(2등급)
식물상	❖ 오래될수록 1등급 (식물 수령에 따라 등급 설정)
임업적성도	❖ 임지생산능력급수도에 따라 등급 설정
수질	❖ 수질과 관련된 지표를 종합적으로 평가

참고로 한 필지에 6개 항목 중 한 분야만 1등급으로 평가되어도 전체를 1등급으로 평가하며, 환경평가등급 확인은 시·군·구청 GB 관련 부서(건축부서)에서 확인할 수 있습니다.

5) 개발제한구역 대상 토지 확인 방법

내 토지 또는 내가 매입하고자 하는 토지가 개발제한구역 대상 토지인지를 확인하는 방법은 토지 이음 사이트에 들어가는 것입니다. 인터넷에 '토지 이음'을 검색·클릭하고 토지이용계획에 해당 주소를 입력하면 아래 토지이용계획이 나옵니다. 참고로 개발제한구역의 용도지역은 대한민국 모든 개발제한구역이 도시지역, 자연녹지지역에 해당하며, 개발제한구역에 소재하는 임야는 모두 "공익용산지"에 해당합니다.

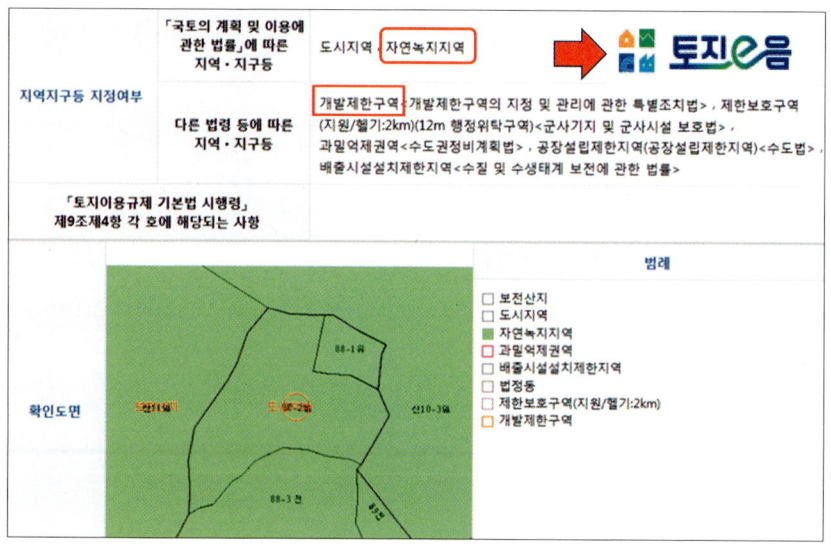

　내 토지가 개발제한구역에 해당하는지를 토지 이음에 주소를 입력 토지이용계획 열람을 하면 위 그림과 같이 "토지이용계획"을 확인할 수 있는데, 용도지역은 도시지역, 자연녹지지역, 사진 두 번째 칸 다른 법령 등에 따른 지역·지구 등에 개발제한구역이 표기되면 개발제한구역 지정 대상 토지입니다.

　유의할 점은, 통상적으로는 "토지 이음"을 통해 용도지역별 행위 가능 여부를 확인할 수 있는데, 토지 이음에서 확인 가능한 용도지역별 행위 가능 사항은 '국토계획법'에 따른 자연녹지지역 행위 가능 여부가 표시되기 때문에 국토계획법의 특별법인 「개발제한구역법 시행령」 [별표 1]을 참조해 개발제한구역에서의 행위 가능 여부를 별도로 확인해야 한다는 점입니다.

■ 국토계획법 시행령

제83조(용도지역·용도지구 및 용도구역안에서의 건축제한의 예외 등)
③항 개발제한구역, 도시자연공원구역, 시가화조정구역 및 수산자원보호구역 안에서의 건축제한에 관하여는 다음 각호의 법령 또는 규정에서 정하는 바에 따른다.

1. 개발제한구역 안에서의 건축제한: 「개발제한구역의 지정 및 관리에 관한 특별조치법」

제2장
개발제한구역 해제

1. 개발제한구역 해제 유형

개발제한구역 해제 유형에는 ①대규모 해제, ②소규모 해제 2가지로 구분합니다. ①대규모 해제는 해제면적이 20만㎡ 이상이 원칙이고 해제 시 행정기관별 해제 총량을 사용하는 반면, ②소규모 해제는 집단취락, 소규모 단절토지, 경계선 관통대지가 해당하는데 해제 총량과 관계없이 요건이 되면 해제를 할 수 있습니다.

해제 유형	주요 요건
조정대상지역	❖ 20만㎡ 이상 원칙, 공익적 목적, 주택, 사회복지, 산업단지 등 (해체총량)
집단취락	❖ 1만㎡ 주택 10호이상의 밀도를 기준으로 주택이 20호 이상인 취락
단절토지	❖ 도로(중로 15m이상), 철도, 하천개수로(지방하천이상)로 인하여 단절된 3만㎡ 이하의 토지로서 GB 이외의 토지와 접한 토지
경계선 관통대지	❖ 개발제한구역의 경계선을 관통하는 대지로서 대지의 면적은 1천㎡ 이하이고 대지 중 GB면적이 기준면적 이하일 것 ✓ 단, 기준면적은 지역특성을 고려하여 시·도 조례로 정함
해제절차	시장·군수 입안 → 도시계획위원회 심의 → 시·도지사 결정 → 지형도면 고시

2. 개발제한구역 해제 개요

개발제한구역 해제는 1971년 당시 불합리한 경계설정에 따른 주민 불만 야기 등에 대한 대응으로 1999년 GB 제도 개선방안 마련에 따라 2001~2003년간 7개 중소도시권부터 개발제한구역 해제가 추진되었습니다.

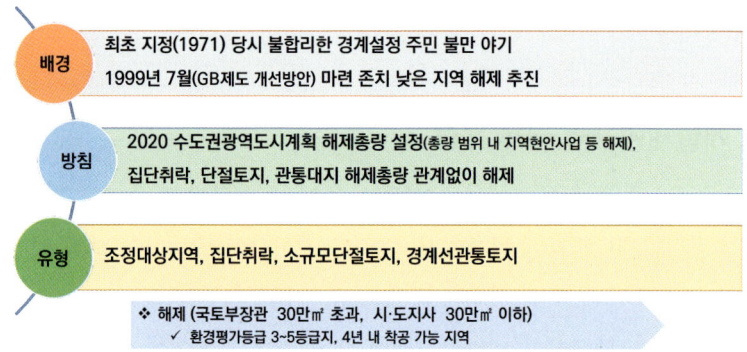

3. 개발제한구역 해제 절차

개발제한구역 해제 절차는 국토계획법에 따른 도시·군 관리계획으로 결정하는데, 시장·군수는 개발제한구역 해제 입안권만 있고, 개발제한구역 해제 결정권은 시·도지사, 국토교통부 장관에게 있습니다.

4. 개발제한구역 조정대상지역 해제

개발제한구역 조정대상지역 해제 원칙은 20만㎡ 이상이며 기관별 해제 총량 범위 내에서 해제 가능합니다. 예외적으로 해제된 지역이나 기존 시가지 등과 결합 단일구역으로 개발이 가능한 지역은 20만㎡ 미만 해제가 가능하며, 조정대상지역에서 해제 기준, 가능 사업, 해제 절차는 아래와 같습니다.

구분	주요 요건
해제기준	❖ 규모: 20만㎡ 이상 원칙, 단, 해제지역 및 기성시가지 접한 경우 일부 완화 ✓ 이미 해제된 지역이나 기존 시가지 등과 결합하여 단일구역으로 개발 가능한 지역 ✓ 기존 시가지와 연접한 공공주택지구 또는 공공지원민간임대주택 공급촉진지구 등 ❖ 요건: 환경평가등급 3~5등급, 대규모 기반시설 설치 소요가 적은 지역 등
가능사업	❖ 공익적 목적의 개발수요가 발생할 경우 추진 ❖ 공공주택사업·사회복지사업·녹지확충사업 등 ❖ 수도권 이외의 지방도시권은 수도권에 있는 기업의 본사·공장이 지방으로 이전 ❖ 산업단지, 물류단지, 유통단지, 컨벤션센터, 자동차서비스 복합단지 건설사업
해제절차	시장·군수 입안 → 도시계획위원회 심의 → 시·도지사, 국토교통부장관 결정 → 지형도면 고시

특히, 개발제한구역 대규모 해제는 국책사업 및 지역 현안사업 등 공공성이 인정되는 개발사업을 위하여 지자체별로 해제 가능 총량 범위 내에서 해제합니다. 따라서 개발제한구역 일부 부동산 업자 등이 해당 지역 소규모 개별 필지가 곧 해제된다는 소문은 20만㎡ 이상 요건 등에 부합되지 않아 해제가 불가하기 때문에 이는 근거 없는 가짜뉴스로 보시면 됩니다.

5. 집단취락지구 해제

집단취락지구 해제 기준은 개발제한구역 해제를 위한 주택호수가 20호 이상이며 해제 시 반드시 지구단위계획을 수립해야 합니다. 해제 경계선 설정 기준은 지구단위계획구역의 경계선으로 하며 해제는 시장·군수가 입안하고 도시계획위원회 심의를 거쳐 시·도지사가 결정합니다.

구분	주요 요건
해제기준	❖ 개발제한구역 해제를 위한 주택호수가 20호 이상인 취락 ❖ 지구단위계획으로 지정 및 지구단위계획 수립
경계선 설정기준	❖ 사업추진에 최소한 면적으로 경계선 설정 ❖ 맹지 또는 경계선 관통 필지, 단절토지 및 섬형 발생하지 않도록 조정 ❖ 집단 취락의 경계선은 지구단위계획구역의 경계선
해제절차	시장·군수 입안 → 도시계획위원회 심의 → 시·도지사 결정 → 지형도면 고시

개발제한구역에서 취락지구 해제는 해제 총량과 상관없이 요건에 맞으면 할 수 있는데, 주택 호수 산정 시 주택 호수로 인정되는 것은 개발제한구역 지정 당시부터 지목이 대인 토지, 지목이 '대'는 아니어도 지정 당시부터 기존의 건축물이 있는 경우, 개발제한구역 건축물 관리대장에 등재된 주택과 이축권을 행사해 주택이나 근린생활시설이 설치된 주택 등도 주택호수로 산정해 20호 이상 주택이 소재할 경우 집단 취락지구 해제 요건에 해당하면 도시·군 관리계획으로 시장 군수가 입안하고 시·도지사가 해제 결정을 합니다.

6. 단절토지 해제

단절토지 해제 기준은 도로 중로 2류 15m 이상, 철도·하천(지방하천) 개수로 인하여 단절된 3만㎡ 미만의 토지가 해당하는데, 1만㎡ 초과 시는 반드시 지구단위계획을 수립해야 합니다. 참고로 도로 등 개수의 의미는 공사 완료 공고가 되어야 도로 등으로 인정받습니다.

구분	주요 요건
해제기준	❖ 도로(중로 2류 15m 이상), 철도·하천개수로(지방하천 이상)로 인하여 단절된 3만㎡ 미만의 토지 (1만㎡ 초과 지구단위계획 수립) ✓ 단, 시·도지사가 인정하는 경우, 도로(소로2류 8m 이상)로 단절된 경우도 가능
경계선 설정기준	❖ 단절토지 경계선은 도로·철도·하천개수로 인하여 단절된 당해 토지의 지형 또는 지적 경계선
해제절차	시장·군수 입안 ▶ 도시계획위원회 심의 ▶ 시·도지사 결정 ▶ 지형도면 고시

아래 지적도 붉은색 동그라미가 단절토지 요건에 해당하려면 GB 구역 토지 중 일부가 GB 구역 이외의 토지와 접하고 나머지 토지는 도로, 철도, 하천으로 단절되어야 하는데, 아래 붉은색 동그라미 토지는 도로와 일부 지역이 GB 이외인 제1종 일반주거지역에 접해 있어 단절토지에 해당합니다. 참고로 도로로 인정받기 위해서는 반드시 도로 개설 완료 공고가 나야 도로로 인정받습니다.

7. 경계선 관통대지 해제

경계선 관통 대지 해제 기준은 개발제한구역 지정 당시 또는 해제 당시부터 대지면적이 1천㎡ 이하로 개발제한구역 경계선이 그 대지를 관통하도록 설정된 토지가 해제 대상입니다. 경계선 관통 대지는 대부분 기존 취락지구 해제지역에서 도로 등 경계선 설정 시 발생합니다.

구분	주요 요건
해제기준	❖ 개발제한구역의 지정 당시 또는 해제 당시부터 대지의 면적이 1천㎡ 이하로 개발제한구역 경계선이 그 대지를 관통하도록 설정 ❖ 면적 기준 이하로 시·도의 조례로 세부사항 정함
제외대상	❖ 구역경계선에 맞춰 분할한 적이 있는 대지 ❖ 경계선 관통대지가 아닌 대지와 합병한 적이 있는 대지 ❖ 합병으로 1천㎡를 초과한 적이 있는 대지
해제절차	시장·군수 입안 → 도시계획위원회 심의 → 시·도지사 결정 → 지형도면 고시

아래 좌측 사진은 1천㎡ 이하 3개 필지가 각각 GB 지역과, GB 지역 외 토지로 경계선이 관통하고 있는데 이를 경계선 관통 대지라 합니다. 따라서, 아래 좌측 3개 필지는 경계선 관통 대지 해제 요건에 해당하고, 우측 사진은 경계선 관통 대지로 GB가 해제된 사례입니다. 경계선 관통대지 해제 절차도 도시·군 관리계획으로 시장·군수가 입안하고 시·도지사가 해제 결정을 합니다.

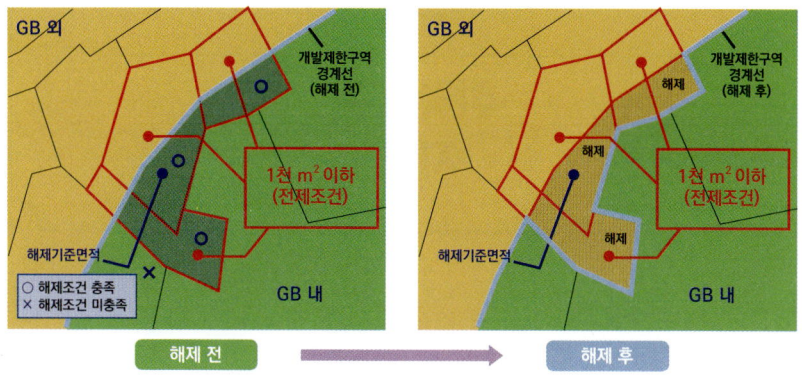

제3장
취락지구 지정

1. 취락지구 지정 개요

　취락지구 지정은 취락지구에서 주거환경을 개선하고 기반시설을 정비하기 위해 도시·군 관리계획으로 결정합니다. 주택호수가 10호 이상으로 취락지구 요건을 갖추면 취락지구를 지정할 수 있으며, 취락지구 지정도 도시·군 관리계획으로 시장·군수가 입안하고 시·도지사가 결정합니다. (시행령 제25조 참조)

구분	주요 요건
개요	❖ 취락지구에서 주거환경을 개선하고 기반시설을 정비하기 위한 사업 ❖ 취락지구 정비사업을 시행할 경우 지구단위계획 수립 ❖ 도시·군 관리계획으로 결정
기준	❖ 취락을 구성하는 주택의 수가 10호 이상일 것 ❖ 호수밀도(10호 이상) / 1만㎡ ❖ 취락지구 경계설정은 도시·군 관리계획 경계선, 도로, 하천, 임야 지적
지정절차	시장·군수 입안 → 도시계획위원회 심의 → 시·도지사 결정 → 지형도면 고시

2. 취락지구 주택호수 산정 기준

집단 취락지구 지정 호수 산정 기준은 주택 등 호수 10호 이상인데, 최근에는 10호 이상 취락지구는 대부분이 지정되어 있어서 새로운 집단 취락지구 지정이 쉽지 않습니다.

지정 당시 지목이 대인 토지 및 입안 기준일 GB구역 건축물관리대장에 등재된 주택

주택을 용도 변경한 근린생활시설 및 사회 복지 시설 주택수로 산정 가능

주택 or 근린생활시설을 신축할 수 있는 토지
- 분할이 가능한(330㎡) 경우 분할 후의 필지당 주택1호

제4장
개발제한구역 관리계획 수립

1. 개발제한구역 관리계획 개요

 개발제한구역 관리계획은 개발제한구역의 종합적 보전·관리를 위해 개발제한구역법 제정('00년)에 따라 5년 단위로 수립하는 종합계획으로써, 7대 권역별로 시·도지사가 입안하며 국토교통부 장관이 결정합니다. 도시·군 관리계획은 개발제한구역법에 따라 수립하며 GB 내 행위허가 준거 기준이 됩니다. (법 제11조 참조)

구분	주요 내용
GB관리계획 목적	❖ 5년 단위로 수립하는 종합적인 행정계획, GB지역 훼손 최소화 및 계획적 관리 목표 (선 계획 후 개발)
법령 근거	❖ 개발제한구역의 지정 및 관리에 관한 특별조치법 11조 ✓ 국계법상 도시관리계획이 아닌 GB법에 의한 GB 내 행위허가 준거 기준
입안	❖ 입안권자: 시·도지사 (수도권: 경기+서울+인천 공동입안) ❖ 승인권자: 국토교통부장관
GB 관리계획 수립내용	❖ 개발제한구역 기본 방향과 목표, 개발제한구역의 현황 및 실태에 대한 조사, 개발제한구역의 토지이용 및 보전 등 14개 항목

 GB 관리계획에 포함하는 내용은 아래와 같이 총 14항목이 있습니다.

〈관리계획에 포함될 내용 (총 14가지 항목)〉

① 개발제한구역 관리의 기본방향과 목표
② 개발제한구역의 현황 및 실태의 조사
③ 토지의 이용 및 보전에 관한 사항
④ 도시계획시설의 설치계획
⑤ 대규모 건축물 및 시설의 설치계획
⑥ 취락지구의 지정 및 정비에 관한 사항
⑦ 구역주민을 위한 지원 사업에 관한 사항
⑧ 위법행위의 지도·단속 및 항공사진 촬영
⑨ 해제지역 및 해제대상 지역의 주변 지역에 관한 관리방안
⑩ 훼손지 복구가 필요한 지역의 현황 및 복구에 관한 계획
⑪ 개발제한구역의 관리를 위한 시설·인원·장비에 관한 사항
⑫ 구역관리의 전산화에 관한 사항
⑬ 재원조달에 관한 사항
⑭ 환경성 검토에 관한 사항

2. 개발제한구역 관리계획 수립 대상

개발제한구역 관리계획 수립 대상은 아래와 같이 ①대규모 사업 입지시설과 ②도시·군 계획시설 사업으로 분류하는데, ①대규모 사업 입지시설은 도시계획시설이 아닌 GB 구역 내 건축 연 면적이 3천㎡ 이상이거나, 토지의 형질변경 면적이 1만㎡ 이상, ②도시·군 계획시설 사업은 「개발제한구역관리계획 수립 및 입지대상시설의 심사에 관한 규정」[별표 2]에 해당하면 GB 관리계획 수립대상에 해당합니다. (시행령 제10조 참조)

대규모 사업 입지시설
- 건축 연면적 3천㎡ 이상, 토지형질변경 면적 1만㎡ 이상
- ※ 도시계획시설이 아닌 시설 GB구역 내에 허용되는 건축물 또는 시설(시행령 별표 1, 1호 ~ 5호)

도시·군 계획 시설
- GB내 보전 및 관리에 도움이 되는 도시·군 계획시설 中 ⇒ 형질변경 5만㎡ 이상, 건축 연면적 1만㎡ 이상
- 도로시설 중 휴게소
- 도시·군 계획시설 中 ⇒ 토지형질변경 1만㎡ 이상, 건축 연면적 3천㎡ 이상
- 철도시설 中 ⇒ 정거장·기지·연구시설
- 수도시설 中 ⇒ 정수시설
- 하수도시설 中 ⇒ 하수종말처리시설
- 전기공급시설 中 ⇒ 면적 330㎡ 이상
- 기상시설 中 ⇒ 면적 330㎡ 이상

GB 관리계획 대표적인 사례인 과천 서울대공원은 입지가 모두가 GB 지역으로 공원에 놀이시설, 건축물 및 도로 등 형질변경 등 GB 관리계획을 승인받아 놀이공원을 조성한 사례입니다. 이와 같이 GB 구역에서 대규모 건축 허가 및 형질변경 등을 하려면 GB 관리계획을 승인받아야 합니다.

3. GB 관리계획 수립 절차

국토계획법에서 도시관리계획은 통상적으로 시장·군수 등이 입안권자이나, GB 관리계획 입안은 개발제한구역이 시·도 단위 권역별로 나뉘어 있어 입안권이 권역별 시·도지사에게 있고 승인권자는 국토교통부 장관입니다. 입안권을 시장·군수가 아닌 시·도지사에게 있는 이유는 GB 구역이 권역별로 관리되고 있어서 권역별 GB 관리계획을 시·도 권역별로 입안하기 때문으로 보입니다.

도지사	❖ 관리계획 수요조사 ➡ 사업 신청 및 지방자체심사(사업자 → 시장·군수 → 道)
국토부	❖ 사전협의신청(도→국토부) ➡ 국토부사전심사반 심사 통보(국토부 → 도)
도지사	❖ 관련부서 협의 ➡ 주민의견청취(시장·군수) ➡ 도시계획위원회 심의(도)
협의회	❖ 수도권 관리계획협의회심의(도 →간사) ➡ 관리계획 승인신청(국토부)
국토부	❖ 중앙협의(국토부→부처) ➡ 중도위 상정 및 심의(국토부→중도위) ➡ 승인(도통보)
착공	❖ 행위허가(실시계획인가)(시장·군수)

4. GB 관리계획 미반영 시설

대규모 사업 입지시설 및 일정 규모 이상의 도시계획시설 사업은 GB 관리계획으로 엄격한 절차를 거쳐서 국토교통부 장관의 승인을 받아 수립하나, 아래에서 정하는 규모가 작은 대상 사업은 GB 관리계획 수립절차를 대폭 생략하고 국토교통부와 협의 절차를 거쳐서 협의 결과 수용 시 개발행위 허가를 받을 수 있는데, 국토교통부 협의 대상 시설을 GB 관리계획 미반영 시설이라 합니다.

국토교통부 협의 대상

- ❖ GB내 보전 및 관리 도움이 되는 도시·군 계획 시설 中
  ⇒ 형질변경 5만㎡이하, 건축 연면적 1만㎡ 이하
- ❖ 도로시설(단, 휴게소는 수립대상), 교통광장, 철도시설(변전소·급전·구분소만 협의 대상)
- ❖ 자연공원시설, 관개·발전용수로, 잔디광장·피크닉장, 주민 지원사업
- ❖ 주민지원사업으로 조성되는 도로·주차장·공원 등
- ❖ 도시·군 계획시설 中
  ⇒ 토지형질변경 1만㎡ 이하, 건축 연면적 3천㎡ 이하

개발제한구역 관리계획 미반영 시설 제도는 개발제한구역에 불가피하게 설치가 필요한 도로 등 도시계획시설, 주민지원사업으로 설치되는 도로, 주차장, 공원 등을 약식 절차로 신속하게 추진 주민 편의 등을 제공하기 위한 사업이 주 대상입니다.

5. GB 관리계획 경미한 변경

　GB 관리계획 경미한 변경이란 개발제한구역법 시행령에 별도로 정하고 있는데 경미한 변경 요건에 해당하면 국토교통부와 협의 절차 없이 시·도지사가 검토 후 승인하는 약식 변경 절차입니다. (시행령 제10조 참조)

　GB 관리계획 경미한 변경 대상 요건은 기존에 국토교통부 장관이 GB 관리계획 승인 후 사업 추진 과정에서 변경사항이 많이 발생하는데, 법령에서 정하는 경미한 변경에 해당할 경우 국토교통부 장관 GB 관리계획 변경 승인 절차 없이 시·도지사가 직접 변경하는 것을 경미한 변경이라 합니다. 만약, 경미한 변경에 해당하지 않으면 국토교통부 장관에게 ,GB 관리계획 변경 승인을 받아야 합니다.

경미한 변경 내용
- ❖ 개발제한구역의 현황 및 실태에 관한 조사계획의 변경
- ❖ 도시·군 계획시설 및 대규모 관리계획대상 시설 중 하나
  ① 건축물의 건축 연면적 또는 토지의 형질변경 면적의 감소
  ② 건축물의 건축 연면적의 최초 대비 10분의 2 이하 또는 토지의 형질변경 면적의 최초 대비 10분의 1 이하의 증가(같은 목적으로 여러 번에 걸쳐 증가하는 경우에는 그 누적된 면적), 다만, 증가되는 면적이 연면적 3천㎡ 이상, 토지의 형질변경 1만㎡ 이상 중 어느 하나의 규모에 해당되는 경우 제외
  ③ 도시·군 계획시설 중 도로·철도·궤도·공동구·급 배수 관로·송전선로·가스 관로 등 선형 시설의 경과 지 및 폭의 변경

| 절차 | 승인신청 (시·군→도) | 시·도 신청서 검토 | 관련부서 의견조회 | 경미한 변경공고 | 시·군 변경수립 통보 |

6. 개발제한구역 관리계획 비대상 사업

개발제한구역 관리계획 미수립 대상 사업은 개발제한구역의 보전 및 관리에 도움이 되는 공공공지, 하천, 운하 등 공공시설과 개발제한구역을 통과하는 선형시설과 필수시설인 철도·수도 시설, 개발제한구역에 입지하여야만 기능과 목적이 달성되는 공항, 항만 등 시설은 GB 관리계획 비대상 시설로서 시장·군수의 행위허가만으로 사업을 추진할 수 있습니다.

〈개발제한구역 관리계획 비대상 사업〉

구분	주요 내용
공공시설	◦ 공공공지·녹지, 하천·운하, 방재 시설, 경관광장, 공동구 ◦ 철도시설(단, 정거장·기지·연구시설은 수립 대상) ◦ 수도시설(단, 정수시설은 수립 대상) ◦ 하수도 시설(단, 하수종말처리시설은 수립 대상) ◦ 전기공급시설(330㎡ 이하, 태양 에너지시설 기존건축물 상부 설치, 기존에 토지형질변경 허가를 득한 토지), 전기통신 시설·방송시설 및 중계탑 시설, 송유설비, 집단에너지 공급시설 ◦ 공항시설, 보건소, 경찰파출소, 119안전센터, 초소, 영유아보호법에 따른 어린이집, 도서관 ◦ 가스공급시설·유류저장설비·기상시설(330㎡ 이하) 및 공급 배관·관로 등
존치 건물	◦ 개발제한구역 지정 이전에 조성된 기존부지 안에서의 증축(공장, 공공청사, 종교시설, 청소년 수련 시설, 사회복지시설, 주유소, 도축장 등)

특히, GB 관리계획 비대상 사업 중 개발제한구역 지정 이전에 조성된 기존 부지 안에서의 공장, 공공청사 등 기존 존치 건축물을 증축하는 경우는 관리 계획을 수립하지 않고 행위허가로 가능합니다.

제5장
개발제한구역 개발행위 허가

1. 건축물 및 공작물 종류 및 설치의 범위

개발제한구역에서 "건축물 및 공작물 종류 및 설치의 범위"는 「개발제한구역법 시행령」 [별표 1]에 건축물 및 공작물의 종류 및 설치 범위를 열거주의로 명시하고 있는데, 아래와 같이 크게 5가지 유형으로 분류하고 있습니다.

구분	주요 시설(GB법 시행령 별표 1)
1. 개발제한구역의 보전 및 관리에 도움이 되는 시설	❖ 공공공지 및 녹지, 하천, 등산로, 실외체육시설, 시장·군수 등이 설치하는 소규모 생활체육시설, 실내체육관, 골프장, 수목원, 수목장림 등
2. 개발제한구역을 통과하는 선형시설과 필수 시설	❖ 철도, 도로 및 광장, 공동구, 전기공급시설, 수도 및 하수도, 송유관, 버스 차고 지 및 그 부대시설, 가스공급시설
3. 개발제한구역에 입지해야만 그 기능과 목적이 달성되는 시설	❖ 공항, 항만, 환승 센터, 주차장, 학교, 지역공공시설, 폐기물처리시설, 자동차 천연가스 공급시설, 유류저장 설비, 장사관련시설, 동물보호센터, 택배화물 분류, 택시 공영·공동 차고 지 및 그 부대시설 등
4. 국방·군사시설 및 교정시설	❖ 대통령 경호훈련자의 이전·신축을 포함
5. 개발제한구역 주민의 주거·생활편익 및 생업을 위한 시설	❖ 동식물 관련 시설, 농수산물 보관 및 관리 관련 시설, 주택, 근린생활시설, 주민공동이용시설, 야영장, 실외체육시설 등

개발제한구역에서 행위 가능 여부를 확인하려면 반드시 「개발제한구역법 시행령」 [별표1] 참조해야 허용 가능 여부를 확인할 수 있습니다. 참고로, 개발제한구역법은 국토계획법의 특별법으로 특별법 우선원칙에 따라 개발제한구역법을 우선 적용하는데, 개발제한구역은 용도지역이 모두 자연녹지지

역인데 국토계획법의 자연녹지지역 허용 행위를 적용하면 안 되고, 개발제한구역법을 적용합니다.

2. 허가 또는 신고의 세부 기준

개발제한구역에서 허가 또는 신고의 세부기준을 동법 시행령 [별표 2]에 정하고 있는데, 개발제한구역법은 국토계획법의 특별법으로 개발제한구역에서 건축허가 등은 국토계획법이나 건축법보다 개발제한구역법을 우선 적용하기 때문에 반드시 「개발제한구역법 시행령」에서 정하는 [별표1, 별표2] 규정을 확인해야 합니다.

구분	주요 시설(GB법 시행령 별표 2)
1. 일반적 기준	❖ 개발제한구역 훼손 최소화, 관리계획이 수립 후 허가, 임야 또는 경지 정리된 농지 제외, 대지면적 60㎡ 미만 건축허가 불허 등
2. 건축물의 건축 또는 공작물의 설치	❖ 건폐율 및 용적률 제시, 공익사업 철거 건축물 예외 인정, 지정 당시 거주자 건축 연면적 우대, 도로·상수도 미설치 지역 건축허가제한 등
3. 토지의 형질변경 및 물건의 적치	❖ 토지의 형질변경 건축물 바닥면적의 2배 원칙, 주택 및 근린생활시설 대지조성 면적은 330㎡ 미만 등
4. 이축 및 이주단지의 조성	❖ 이주단지 규모는 주택 20호 이상, 공익사업으로 이주대책이 수립된 경우 이축 불허가, 철거 등 멸실되어 미존재 건축물 근거 이축불허
5. 공장 및 종교시설의 이축	❖ 기존 공장 또는 종교시설 이축은 해당 지역, 협의 시 인접시군, 우량농지 및 임야가 아닌 지역, 새 진입로, 전기·수도·가스 설치 필요 없는 지역 등

3. GB 구역 내 허가 또는 신고 없이 할 수 있는 행위

개발제한구역에서 불법행위 등이 적발되면 행정청에서 토지 등 소유자에게 문서로 시정명령 처분을 하는데, 시정명령을 무조건 따르지 말고 아래 농림수산업 행위 등 7가지 유형에 대하여 "허가 또는 신고 없이 할 수 있는 행위" 등이 「개발제한구역법 시행규칙」 [별표 4]에 자세하게 명시되어 있어 허용 가능 여부를 꼼꼼히 따져서 대응하면 시정명령도 취소할 수 있습니다.

구분	행위 대상(GB법 시행규칙 별표 4)
1. 농림수산업 행위	❖ 농사를 짓기 위해 논·밭을 갈거나 50cm 이하 절토, 성토 ❖ 경작을 위한 형질변경, 비닐하우스, 철조망, 농업용 관련 이용 행위 ❖ 영농을 위한 지하수 개발·이용시설 설치, 양봉 통 설치 등
2. 주택 관리행위	❖ 주택 내부 개조, 지붕개량, 창문설치, 차양 ❖ 높이 2m 담장·축대 설치, 우물, 장독대, 재래식 변소개량
3. 마을 공동사업	❖ 공동우물 설치, 마을 농로 개보수, 토관매설, 나지 녹화사업
4. 비주택용 건축물	❖ 지붕개량, 벽 수선, 창문설치 ❖ 기존 종교시설 경내 종각·불상·석탑 등 설치, 경내 일주문 설치 등
5. 건축물 용도변경	❖ 축사·잠실 등 농가 부업용 작업장 일시사용, 주택 일부 상가사용 ❖ 주택일부 다용도 시설 및 농작물 건조실, 새마을 회관 경로당 사용
6. 기존 골프장 관리	❖ 골프장·유지보수, 잔디 심고 가꾸는 행위, 벙커 위치모양 변경
7. 재해복구 등	❖ 긴급한 복구를 위한 벌채 면적 500제곱 미만 죽목베기 등 ❖ 기존 건축물의 대지안에 물건 쌓아 놓는 행위

4. 개발제한구역 내 주택 및 근린생활시설 신·증축

개발제한구역 내 토지에 주택 등 신축이 가능한지가 가장 큰 관심사인데, 개발제한구역에서 주택 및 근린생활시설 신축은 「개발제한구역법 시행령」 [별표 1]에서 정하는 요건에 해당해야 합니다. 개발제한구역 지정 당시부터 지목이 대인 토지와 기존주택인 경우는 개발제한구역 지정 당시부터 있던 GB 건축물 관리대장에 등재된 주택이 해당하는데 위 요건에 해당하면 주택이나 근린생활시설을 개발제한구역에 신축할 수 있습니다.

> **주택 신축 (단독주택)**
> ① 대: GB 지정 당시부터 지목이 "대"
> ② 이축된 건축물: 지정 당시부터 토지소유자와 건축 소유자 다른 경우
> ③ 기존 주택: GB 지정 당시부터 있던 〈GB건축물 관리대장에 등재된 주택〉
> ※ 공공사업으로 이축 시 신축 가능

> **근린생활시설 증축·신축**
> ❖ 증축: 주택을 용도 변경한 근린생활 시설 또는 1999.6.24. 이후 신축된 근린생활시설만 증축
> ❖ 위 주택신축: ①, ②, ③에 근린생활시설 신축, 단 지방하천 이상 양안 1km 이내, 한강 수계법 입지 불가시설은 신축 불가
> ※ 공공사업으로 이축 시 신축 가능

참고로 지목이 대인 토지라 하더라도 GB 지정 이후 대인 토지는 건축 허가가 불허될 수 있어서 GB 구역 토지가 지목이 대인 토지를 매입해 주택을 건축하려면 반드시 위 요건에 해당하는지 사전에 확인해야 하며, 특히, 개발제한구역에서의 주택은 「개발제한구역법 시행령」 [별표 1]에 건축법상 단독주택만 가능하고 공동주택은 신축이 불가합니다.

5. GB 구역 내 주택 및 근린생활시설 용도변경

개발제한구역에서 주택 및 근린생활시설을 용도 변경할 때 「개발제한구역법 시행령」 제18조에 정하고 있습니다.

구분	용도 변경(GB법 시행령 제18조)
주택	❖ 제1·2종 근린생활 시설(단란주점, 안마시술소, 노래연습장제외) ❖ 종교시설, 노유자 시설 ❖ 박물관 진흥법: 박물관 및 미술관
근린생활시설	❖ 주택 ❖ 제1·2종 근린생활 시설 ❖ 종교시설, 노유자 시설, 박물관 및 미술관
공장 등 신축 금지 된 건축물	❖ 제1·2종 근린생활 시설 ❖ 종교시설, 노유자 시설, 박물관 및 미술관 ※ 단, 공장은 교육원 및 연구소, 물류창고 가능
폐교시설	❖ 자연학습시설, 청소년수련시설, 연구소, 교육원, 연수원, 도서관, 박물관, 미술관 도는 종교시설로 용도 변경하는 행위

위에서 정하는 용도변경은 주택, 근린생활시설, 공장 등 신축 금지된 건축물, 폐교시설 등을 위에서 정하는 용도로 용도변경이 가능합니다.

6. 개발제한구역 이축

개발제한구역에서 가장 큰 관심 사항은 이축권인데 공익사업으로 기존주택이 철거 시 개발제한구역 내 토지에 지목에 상관없이 일정 요건을 갖추면 이축권을 사용할 수 있습니다.

이축의 목적
❖ 개발제한구역 내에 생활근거를 가지고 있던 사람이 공익사업의 시행 등으로 인하여 기존 주택이 철거됨에 따라 생활 근거를 상실하게 되는 등 일정한 요건이 구비된 경우 해당자에게 그 생활 근거를 계속 마련해 주고자 함에 그 취지가 있는 것 (대법 2006도7187 판결)
➢ 그들에게 기존 주택 철거의 대가로 일정한 재산상 이익을 부여하고자 하는 것은 아님

주요 내용
❖ 기존 주택·근린생활 시설: 건축물의 해체 허가를 받거나 신고를 한 날 당시 소유권 확보 자기소유 토지
❖ 재해주택: 재해 입은 6개월 이내 소유권 확보한 자기소유 토지
❖ 지정이전 주택 or 지정이전 다른 사람 토지에 건축된 주택: 소유자 미동의로 증·개축 불가 시
  ⇒ 취락지구 신축
❖ 이주대책 수립된 경우 공익사업과 관련 이축허가 불허

특히, 이축권의 취지는 공익사업 시행으로 쫓겨난 주민들의 생활권 보장을 위해 도입이 되었는데, 이축권 관련해서는 「개발제한구역법 시행령」 [별표1] 제5호에 명시하고 있으며, 법령에 명시된 이축권 관련 내용을 잘 알아야 이축권에 따른 내 권리를 제대로 행사할 수 있습니다.

7. 개발제한구역 이축권 행사 방법

개발제한구역에서 이축할 수 있는 이축권 행사 방법은 대략 아래 4가지 유형으로 볼 수 있습니다. 개발제한구역에서 이축권 행사를 위해서는 개발제한구역법, 시행령, 시행규칙, 「법률부칙」 제3조, 「시행령 세부기준」 [별표 2] 모두 적용 가능한데 공익사업으로 이축 대상에 해당 이축권 해당 시는 아래 4가지 유형 모두를 함께 검토하면 많은 도움이 됩니다.

구분	법률	시행령	시행규칙	세부기준(별표 2)
취락지구 이축	지정 취락지구 이축 (법 제12조제2호)	-	-	별표 2, 제1, 2호적용 예외규정 적용 (임야 허용)
해제된 지역에 접한 토지	이축 경과조치 (령 부칙 제3조)	-	-	별표 2 제1, 2호 적용 예외규정 적용 (임야 허용)
공익사업 시행 이축권 행사	-	입지기준에 적합한 소유토지 (별표 1, 제5호)	우량농지가 아닐 것 등 (시행규칙 제6조)	별표 2 제2, 3호 적용 (임야 허용)
취락지구 아닌 지역 이축	공장, 종교시설 등 (법 제12조 3의2)	-	-	별표 2 제2, 3, 5호 적용 (임야 불)

취락지구에 이축은 취락지구 지정 지역의 희소성과 취락지구 지정으로 토지가격이 높게 책정되어 있어 사실상 한계가 있으며, 대부분 이축권 행사는 위 3번째 공익사업 시행 이축권 행사로 「개발제한구역법」 [별표 1], 제5호에 근거 우량농지가 아닌 지역에서 이축권을 행사하고 있습니다.

특히, 이축권 행사 시 「개발제한구역법 시행규칙」 제6조에 개발제한구역에 주택 또는 근린생활시설을 신축할 수 있는 토지의 입지 기준이 있는데 주 내용은 아래와 같습니다.

<개발제한구역법 시행규칙 제6조 입지 기준>

2. 우량농지(경지정리·수리시설 등 농업생산기반이 정비되어 있는 농지를 말한다)가 아닐 것
3. 「하천법」 제7조에 따른 국가하천의 경계로부터 500m 이상 떨어져 있을 것. 다만, 다음 각 목의 어느 하나에 해당하는 지역의 경우에는 그러하지 아니하다.
4. 새로운 진입로를 설치할 필요가 없을 것. 다만, 영 별표 2 제3호가목2)에 따른 면적에 포함되어 진입로가 설치되는 경우에는 그러하지 아니하다.
5. 전기·수도·가스 등 새로운 간선공급설비를 설치할 필요가 없을 것

8. 개발제한구역 내 신축 가능 기타 시설

동식물 관련 시설, 휴게음식점, 주민 공동 이용시설 등 개발제한구역 내 신축 가능 시설은 「개발제한구역법 시행령」 [별표 1]에 열거되어 있습니다.

동식물 관련 시설
- ❖ 축사(500㎡), 사육장(300㎡), 작물재배사(500㎡)
  - GB에 주택을 소유 거주, 농림업에 종사하는 1가구당 1개 시설만 설치 가능
- ❖ 온실, 육묘 및 종묘배양장 (각500㎡)
  - 농림업에 종사하는 1가구당 1개 시설만 설치 가능

휴게음식점·제과점 및 일반음식점
- ❖ 건축 가능자: 5년 이상 거주자 또는 지정당시 거주자
- ❖ 부대시설: 인접한 토지이용 300㎡ 이하 주차장 설치
- ✓ 주차장 설치 가능자: 휴게음식점·제과점 또는 일반음식점 소유자

주민 공동이용 시설
- ❖ 휴게소, 주유소, 가스충전소
- ❖ 시장·군수가 수립하는 배치계획에 따라 시장·군수 또는 지정 당시 거주자만 및 10년 이상 거주자 설치 가능
  ⇒ 다만, 시장·군수의 배치계획이 선행

　개발제한구역에서 근린생활시설에 소매점 등은 가능한데, 휴게음식점·제과점 및 일반음식점은 개발제한구역에서 5년 이상 거주자 또는 지정 당시 거주자 외는 바로 휴게음식점·제과점 및 일반음식점 영업이 불가합니다. 특히, 개발제한구역에서의 영업행위 등은 「개발제한구역법 시행령」 [별표 1]에 거주 요건 등을 일일이 명시하고 있어서 법령에 해당 여부를 확인하고 담당 공무원과 상담 후 사업을 추진해야 합니다.

9. 야영장

　개발제한구역에서 활용이 힘든 임야 등에서 영리사업 목적으로 야영장에 대한 관심이 많은데, GB 구역 내 10년 이상 거주자 또는 지정 당시 거주자 설치가 가능하고, 시·도지사가 공고한 배치계획에 따라 공고하고 대상자를 선정하기 때문에 해당 요건 사업부지를 가지고 있으면 해당 지자체에 자꾸 문의해서 공고계획 자격 요건을 미리 파악해야 기회를 잡을 수 있습니다.

> **법적기준**
> - 도내 설치 가능한 총 시설의 수는 관할 시·군·구 수의 3배 이내
> - 시·군 설치 시설 수는 시·도지사가 개발제한구역 면적, 인구 수 등 지역 여건을 고려하여 수립·공고한 배치계획에 따름
> - ✓ 설치 대상: 마을 공동, GB 내 10년 이상 거주자 또는 지정 당시 거주자

> **야영장 설치기준**
> - 시설규모: 관리실, 공동 취사장·공중화장실 및 세면장 등 야영장 운영에 불가피한 시설로 한정
> - 입지조건: 옹벽 및 석축설치를 수반하지 아니한 지역, 생태자연도 1등급지 아닐 것
> - 진입로: 구급소방차 등 긴급 차량이 야영장 입구까지 진입 가능하고, 적치물이나 고정된 진입 금지 펜스 등 방해물이 없을 것

지정 당시 거주자란 「개발제한구역법」 제18조 제2항 제3호에 정하고 있습니다.

> **〈지정 당시 거주자(시행령 제18조 제2항 3호)〉**
>
> 3. 개발제한구역 지정 당시부터 해당 개발제한구역에 거주하고 있는 사람(개발제한구역 지정 당시 해당 개발제한구역에 거주하고 있던 사람으로서 개발제한구역에 주택이나 토지를 소유하고, 생업을 위하여 3년 이하의 기간 동안 개발제한구역 밖에 거주하였던 사람을 포함하되, 세대주 또는 직계비속 등의 취학을 위하여 개발제한구역 밖에 거주한 기간은 개발제한구역에 거주한 기간으로 본다. 이하 "지정당시거주자"라 한다)

제6장
개발제한구역 보전부담금 및 불법행위

1. 개발제한구역 보전부담금

　개발제한구역에서 건축물의 건축 또는 토지형질변경을 위한 행위허가를 받은 자 등은 농지전용부담금 등과 별도로 개발제한구역법에 따른 개발제한구역 보전부담금을 납입하기 때문에, 개발행위 등을 위해 비용 부담에 대한 계획도 미리 세워야 합니다.

목적 및 산정기준
- 목적: 개발제한구역 훼손억제 및 구역관리 재원확보
- 부과대상 및 산정 기준
  ① 구역 해제대상지역 개발사업자 중 훼손지 복구에 따라 복구계획을 제시하지 않거나 복구를 하지 않기로 한자
  ① 행위제한 등(법제12조)에 따라 건축물의 건축 또는 토지형질변경을 위한 행위허가를 받은 자

부담금 미납 시 제재
- 6개월내 미납할 경우 가산금 부과 (3%)
- 부담금과 가산금 미납할 경우 해당 결정이나 허가를 취소하거나 체납처분

2. GB 불법행위 단속 체계

　개발제한구역에서 허가나 신고를 위반하여 GB 내에서 건축물의 건축 및 용도변경, 공작물의 설치, 토지의 형질변경을 불법으로 하는 자는 시정명령 미이행 시 이행강제금 부과 및 원상복구 및 행정대집행을 당할 수 있습니다.

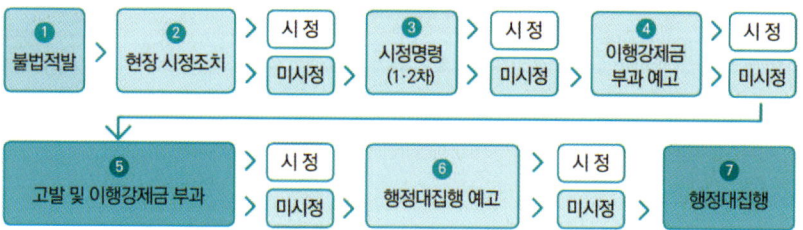

출처: 2019 개발제한구역 안내 (경기도)

3. 이행강제금 부과

개발제한구역에서 불법행위로 시정명령을 받고 시정명령 기간 내에 이행하지 않으면 이행강제금을 부과받으며, 이행강제금은 원상복구 시까지 이행강제금이 연속 부과됩니다. 개발제한구역에서 불법행위자는 경제적 정신적으로 고통을 겪을 수 있기 때문에 GB 구역 불법행위에 대하여 잘 알아야 합니다.

법적근거 및 대상

- 근거: 시장·군수는 시정명령을 받은 자가 이행기간 내에 그 명령을 이행하지 아니한 때에는 「개발제한구역법」 제30조의2 규정에 의하여 연 2회 범위 내 부과
- 대상: 허가(신고)를 받지 아니하거나 허가(신고)내용을 위반한 건축물의 건축 및 용도변경, 공작물의 설치, 토지형질변경 및 분할, 물건 적치, 죽목벌채 등을 행한 자로서 시정명령을 받은 후 기간 내 미이행자

산정기준

- 이행강제금 = 건물시가표준액 또는 개별공시지가×위반면적(㎡)×적용비율(15/100~50/100)
  - ✓ 불법행위에 따라 가감: 영리목적·상습위반자 50% 가중, 단순생계형 50% 감경함

대부분의 불법행위는 인근 주민 또는 이해관계인이 행정청에 신고함으로써 적발되는데, 행정관청에 신고가 들어가면 공무원들이 현장을 방문하고 시정명령을 합니다. 실무에서 민원인 신고가 들어가면 담당 공무원은 회피할 수가 없어 시정명령 등 후속 조치를 하게 됩니다.

그렇다면, 민원인은 시정명령 내용을 법령 등을 검토해서 대응하면 잘못된 시정명령을 의견제시로 바로잡을 수 있으며, 잘못된 시정명령이 시정되지 않으면 행정심판 청구나 행정소송을 통해 다툴 수 있습니다.

제4강. 도시개발사업과 산업단지는 토지수용이 가능하다

제1장. 도시개발사업의 개요
1. 도시개발사업의 정의
2. 도시개발법 주요 용어
3. 도시개발사업 환지의 종류
4. 도시개발사업 시행방식
5. 도시개발사업 대상지 규모
6. 도시개발사업 절차

제2장. 도시개발사업 수용방식
1. 토지 등의 수용 또는 사용
2. 토지보상법 준용
3. 사업인정 협의
4. 토지보상절차
5. 이주대책
6. 주거이전비·이사비
7. 도시개발구역 행위허가 대상
   1) 행위허가의 대상
   2) 기득권 보호의 원칙

제3장. 도시개발사업 환지방식
1. 환지방식의 의의
2. 조합설립인가
3. 환지방식 사업인정 의제 여부
4. 환지방식 수용절차
5. 환지방식 영업권 보상 시점
6. 환지 부(不)지정
7. 환지방식 부(不)지정 토지매수 방법

1) 사업시행 반대 토지의 수용가능 여부
　　　2) 토지소유자 미동의한 집단환지 금전청산의 적법 여부
　8. 도시개발사업 환지처분
　9. 환지처분의 절차
　10. 환지계획 작성 시 가격 산정 기준
　　　1) 정리 전후 가격 산정 기준
　　　2) 정리 전 가격 결정
　　　3) 개별 환지된 토재매매 시 정산 방법

제4장. 산업단지의 지정 및 개요
　1. 산업단지의 개요
　　　1) 산업단지 목적 및 용어의 정의
　　　2) 산업입지법 법령 구성체계
　　　3) 산업단지의 조성 절차
　2. 산업단지의 지정
　　　1) 국가 및 일반 산업단지 지정
　　　2) 도시첨단 및 농공단지 지정
　　　3) 산업단지 행위허가 대상
　　　4) 산업단지 입지 행위 제한
　　　5) 허가를 요하지 않는 행위

제5장. 산업단지의 개발
　1. 사업시행자의 지정
　2. 사업시행자의 변경
　3. 실시계획의 작성 및 승인신청
　4. 실시계획 승인의 고시

제6장. 산업단지 인허가 절차 간소화를 위한 특례법
　1. 산단절차간소화법 이해

2. 산단절차간소화법 적용 범위

3. 산단절차간소화법 절차도

1) 주민 등의 의견청취

2) 관계기관 협의

3) 통합조정회의

4) 산업단지계획 승인 기간의 제한

5) '국토의 계획 및 이용에 관한 법률'의 적용 특례

6) 산업단지계획의 승인 고시

제7장. 산업단지 토지수용

1. 산업단지 토지수용 근거

2. 산업단지 토지수용 재결신청

3. 중앙토지수용위원회 협의

4. 산업단지 보상절차

5. 이주대책 수립

6. 주거이전비 및 이사비

7. 토지소유자에 대한 환지

제1장
도시개발사업의 개요

1. 도시개발사업의 정의

"도시개발사업"이란 도시개발구역에서 주거, 상업, 산업, 유통, 정보통신, 생태, 문화, 보건 및 복지 등의 기능이 있는 단지 또는 시가지를 조성하기 위하여 시행하는 사업을 말합니다. 도시개발사업의 가장 큰 장점은 기존의 도심 주변 지역에 비어 있는 택지에서 사업을 하는 경우가 많아서 인근 지역의 인프라를 그대로 활용할 수 있다는 점입니다. 도시개발사업의 목적과 시행방식은 아래와 같습니다.

목적
- 도시개발에 필요한 사항을 규정하여 계획적이고 체계적인 도시개발을 도모하고 쾌적한 도시환경의 조성과 공공복리의 증진에 이바지함을 목적으로 한다.

시행방식
- 도시개발사업 시행방식은 도시개발계획 수립 시 결정되며, 토지수용 사용이 가능한 수용 또는 사용방식과, 토지는 수용대상이 아닌 지장물만 수용이 가능한 환지방식 및 둘을 병합한 혼용방식이 있다.

2. 도시개발법 주요 용어

도시개발사업을 추진하기 위해 도시개발구역을 지정하는데, 통상적으로 구역지정과 개발계획을 동시에 수립해 도시개발사업을 추진하며, 도시개발법에서 사용하는 용어는 도시개발법에서 정하는 경우 외에 국토계획법을 적용합니다.

구분	주요 내용
도시개발구역	❖ "도시개발구역"이란 도시개발사업을 시행하기 위하여 지정·고시된 구역을 말한다.
도시개발사업	❖ "도시개발사업"이란 도시개발구역에서 주거, 상업, 산업, 유통, 정보통신, 생태, 문화, 보건 및 복지 등의 기능이 있는 단지 또는 시가지를 조성하기 위하여 시행하는 사업을 말한다.
국토계획법 적용	❖ '국토의 계획 및 이용에 관한 법률'에서 사용하는 용어는 이 법으로 특별히 정하는 경우 외에는 이 법에서 이를 적용한다.
시행방식	❖ "시행방식"은 수용 또는 사용방식, 환지방식, 혼용방식을 말한다.

3. 도시개발사업 환지의 종류

도시개발사업 환지의 종류에는 평면환지와 입체환지가 있는데, 평면환지는 환지 전 토지에 대한 권리를 도시개발사업으로 조성되는 토지에 이전하는 방식이고, 입체환지는 환지 전 토지나 건축물에 대한 권리를 도시개발사업으로 건설되는 구분건축물에 이전하는 방식입니다. (시행규칙 제27조 참조)

> 환지의 종류
> ❖ 평면환지: 토지에 대한 일반적인 환지
> ❖ 입체환지: 토지 소유자에게 개발된 토지만을 부여하는 것이 아니라 건축물의 일부와 그 건축물이 있는 토지의 공유지분을 부여하는 것을 말함

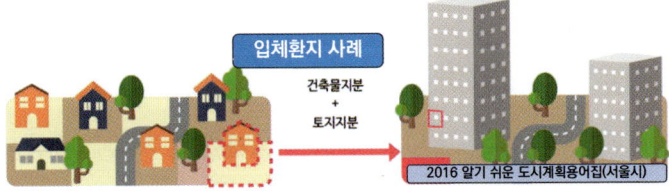

4. 도시개발사업 시행방식

도시개발사업 시행방식에는 환지 방식, 수용 또는 사용방식, 2개를 혼합하는 혼용방식이 있는데, 사업 시행방식 결정은 도시개발계획 수립 시 결정되며, 환지 방식과 수용방식의 큰 차이점은 환지 방식은 토지를 수용할 수 없고, 수용방식은 토지를 수용 도시개발사업을 할 수 있다는 점입니다. (시행령 제43조 참조)

구분	주요 내용
환지방식 (조합)	❖ 대지로서의 효용 증진과 공공시설의 정비를 위하여 토지의 교환·분합, 그 밖의 구획변경, 지목 또는 형질의 변경이나 공공시설의 설치·변경이 필요한 경우 ❖ 도시개발사업을 시행하는 지역의 지가가 인근의 다른 지역에 비하여 현저히 높아 수용 또는 사용방식으로 시행하는 것이 어려운 경우
수용 또는 사용 방식	❖ 계획적이고 체계적인 도시개발 등 집단적인 조성과 공급이 필요한 경우
혼용 방식	❖ 도시개발구역으로 지정하려는 지역이 부분적으로 환지 방식 및 수용 또는 사용 방식에 해당하는 경우

5. 도시개발사업 대상지 규모

도시개발사업 규모는 크게 도시지역과 비도시지역으로 구분하는데, 도시지역에서 사업대상지 규모는 1만㎡~3만㎡ 이상이고, 비도시지역은 아파트 또는 연립주택을 건축할 경우 30만㎡ 이상 토지를 확보하는 것이 원칙입니다. 예외적으로 10만㎡ 이상도 가능합니다. 하지만 도시개발사업 대부분은 토지 확보가 어려워 예외규정을 적용하여 개발사업을 추진하고 있습니다. (시행령 제2조 참조)

구분	주요 내용
도시지역	❖ 주거지역 및 상업지역: 1만㎡ 이상 ❖ 공업지역: 3만㎡ 이상 ❖ 자연녹지지역: 1만㎡ 이상 ❖ 생산녹지지역(생산녹지지역이 도시개발구역 지정면적의 30% 이하인 경우만 해당) 　: 1만㎡ 이상
도시지역 외	❖ 도시지역 외의 지역: 30만㎡ 이상. 다만, 아파트 또는 연립주택의 건설계획이 포함되는 경우로 다음 요건을 모두 갖춘 경우에는 10만㎡ 이상 1) 도시개발구역에 초등학교용지를 확보(도시개발구역 내 또는 도시개발 구역으로부터 통학이 가능한 거리에 학생을 수용할 수 있는 초등학교가 있는 경우 포함)하여 관할 교육청 협의한 경우 2) 도시개발구역에서 「도로법」 제12조부터 제15조까지의 규정에 해당하는 도로 또는 국토교통부령으로 정하는 도로와 연결되거나 4차로 이상 도로를 설치하는 경우
예외 지역	❖ 취락지구 또는 개발진흥지구, 지구단위계획구역 지정, 국토부장관이 필요한 지역

6. 도시개발사업 절차

도시개발사업 절차는 아래 내용과 같이 진행합니다.

단계	내용
시행자	▪ 기초조사, 도시개발구역 지정제안서 작성, 동의서 징구
	• 구역지정 제안
시장·군수·구청장	▪ 제안서 검토, 주민공람 및 의견청취, 시·군·구 도시계획위원회 자문 ▪ 공청회(지정권자 또는 시장) 100만㎡ 이상
	• 구역지정 요청
지정권자	▪ 관계행정기관장 협의, 도시계획위원회 심의 ▪ 도시개발구역지정 및 개발계획고시, 국토교통부 통보
	• 구역지정, 환경·교통·재해 영향평가 등
시행자	▪ 실시계획인가서 작성
	• 실시계획인가 신청
지정권자	▪ 지자체의견 수렴, 관계행정기관장 협의, 실시계획(지구단위계획 포함) 고시
시장·군수·구청장	▪ 주민공람

제2장
도시개발사업 수용방식

1. 토지 등의 수용 또는 사용

도시개발사업 시행자는 사업 대상 토지 면적의 3분의 2 이상에 해당하는 토지를 소유하고 토지소유자 총수의 2분의 1 이상에 해당하는 자의 동의를 받아야 합니다. 이 경우 토지소유자의 동의요건 산정 기준일은 도시개발구역지정 고시일을 기준으로 합니다. (법 제22조 참조)

공공시행자
- ❖ 공공시행자: 동의 요건 별도 규정 없음

민간 시행사
- ❖ 토지면적 ⅔ 이상에 해당하는 토지소유자 및 토지소유자 총수 ½ 이상에 해당하는 자
- ✓ 소유자 동의 요건 산정 기준일: 도시개발구역 지정 고시일
- ➤ 도시개발사업을 위하여 설립한 조합은 수용방식 사업에서 제외

2. 토지보상법 준용

도시개발사업 수용방식은 토지보상법을 준용하는데, 토지수용에 대하여 도시개발법에 별도의 명문 규정이 있으면 도시개발법을 우선 적용하고, 도시개발법에 토지수용 관련 근거 규정이 없으면 토지보상법을 준용합니다. (법 제22조 참조)

구분	법령 근거
수용근거	❖ 「도시개발법」 제22조
사업인정 근거	❖ 개발계획의 수립 (토지세목 포함, 「도시개발법」 제4조) ✓ 개발계획 수립 세목고시를 사업인정으로 의제
고시	❖ 「도시개발법」 제9조 제1항
재결신청 기한특례	❖ 개발계획에서 정한 도시개발사업의 시행 기간 종료일

3. 사업인정 협의

수용 및 사용방식 도시개발사업은 토지수용을 위한 사업인정에 대하여 「공익사업을 위한 토지 등의 취득 및 보상에 관한 법률」 제21조 및 같은 법 시행령 제11조 규정에 따라 미리 사업인정에 이해관계가 있는 자의 의견을 듣고 중앙토지수용위원회에 협의 요청을 해야 합니다.

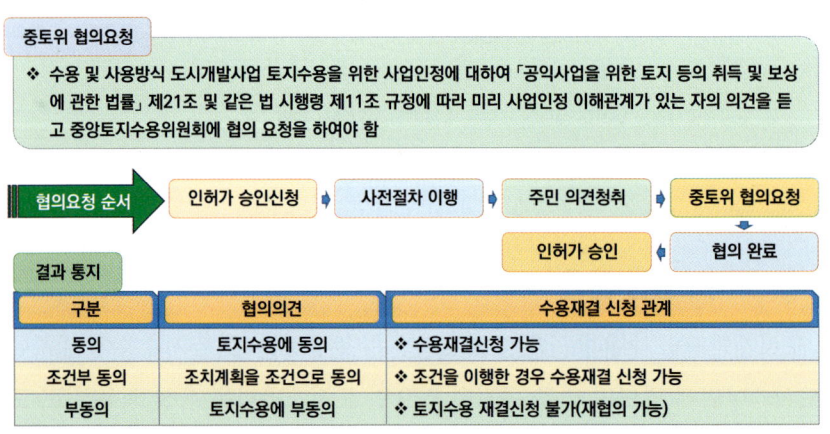

중앙토지수용위원회는 협의 결과를 통지하는데 동의 또는 조건부 동의 시

에는 토지수용이 가능하나 부동의 시는 재협의 절차를 거쳐서 사업인정을 받아야 합니다.

4. 토지보상절차

중앙토지수용위원회 협의 결과 사업인정을 받으면 아래와 같이 토지보상법 절차에 따라 토지보상절차를 진행할 수 있습니다.

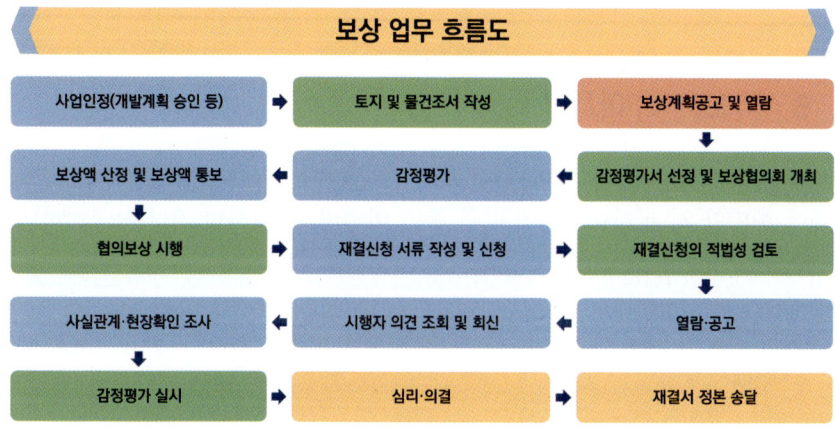

5. 이주대책

「도시개발법」 제24조에 이주대책은 공익사업을 위한 토지 등의 취득 및 보상에 관한 법률을 준용하도록 하고 있어 토지보상법에 근거 이주대책을 수립하며, 이주대책을 수립하지 않는 경우는 이주정착금을 지급하여야 합니다.

이주대책 수립·실시
- 사업시행자는 공익사업의 시행으로 인하여 주거용 건축물을 제공함에 따라 생활의 근거를 상실하게 되는 자를 위하여 이주대책을 수립·실시하거나 이주정착금을 지급
- 이주대책은 이주대책대상자 중 이주정착지에 이주를 희망하는 자 가구수가 10호(戶) 이상
  - 제외자: 해당 건축물에 공익사업을 위한 관계 법령에 따른 고시 등이 있는 날부터 계약체결일 또는 수용재결일까지 계속하여 거주하고 있지 아니한 건축물의 소유자

이주정착금
- 지급요건: ① 사업시행자가 이주대책을 수립·실시하지 아니한 경우
  ② 이주대책대상자가 이주정착지가 아닌 다른 지역으로 이주하려는 경우
- 이주정착금: 주거용 건축물에 대한 평가액의 30퍼센트에 해당하는 금액
  - 금액 한도 1천2백만 원 미만인 경우1천2백만 원, 2천4백만 원을 초과하는 경우 2천4백만 원

6. 주거이전비·이사비

도시개발사업으로 인해 주거를 이전하는 소유자와 세입자에게는 일정 요건에 해당할 시 토지보상법에 따른 주거 이전비 및 이사비 지급을 고려하면서 도시개발사업을 추진하여야 합니다.

주거이전비
- 주거용 건축물의 거주자에 대하여는 주거 이전에 필요한 비용과 가재도구 등 동산의 운반에 필요한 비용을 산정하여 보상
  - 소유자: 보상 당시 해당 공익사업시행지구 내에 거주하기만 하면 보상대상, 보상액은 가구원수에 따라 2개월분의 주거이전비를 보상
  - 세입자: 사업인정 고시일 당시 또는 관계법령에 의한 고시 등이 있는 당시 해당 공익사업시행지구 안에서 3개월 이상 거주한 자에 대하여는 가구원수에 따라 4개월분의 주거이전비를 보상

이사비
- 주거용 건축물의 거주자가 해당 공익사업시행지구 밖으로 이사하는 경우에는 보상
- 이사비는 주거용 건축물의 거주자에 대해 실제 소요되는 비용을 보상하는 것이므로, 거주자가 소유자인지 세입자인지 또는 언제부터 거주하였는지, 무허가 건축물 등인지에 관계없이 보상 당시 주거용 건축물에 거주하기만 하면 보상 대상

7. 도시개발구역 행위허가 대상

1) 행위허가의 대상

도시개발구역으로 지정되면 토지소유자의 행위가 제한되고 도시개발구역에서 일정한 행위를 하려면 시장 등의 허가를 받아야 합니다. (시행령 제16조 참조)

> **행위허가의 대상**
> ❖ 도시개발구역 지정에 관한 주민 등의 의견 청취를 위한 공고가 있는 지역 및 도시개발구역에서 건축물의 건축, 공작물의 설치, 토지의 형질 변경, 토석의 채취, 토지분할, 물건을 쌓아 놓는 행위, 죽목의 벌채 및 식재 등 행위를 하려는 자는 시장 등의 허가를 받아야 한다.

> **기득권 보호**
> ❖ 도시개발구역의 지정 및 고시 당시 이미 관계 법령에 따라 행위허가를 받았거나 허가를 받을 필요가 없는 행위에 관하여 그 공사나 사업에 착수한 자는 대통령령으로 정하는 바에 따라 특별시장·광역시장·특별자치도지사·시장 또는 군수에게 신고한 후 이를 계속 시행할 수 있다.
> ❖ 공사나 사업을 신고하려는 자는 도시개발구역이 지정·고시된 날부터 30일 이내에 신고서 제출

2) 기득권 보호의 원칙

도시개발구역 지정 및 고시 당시 이미 관계 법령에 따라 행위허가를 받았거나 허가를 받을 필요가 없는 행위에 관하여는 신고하고 그 행위를 계속할 수 있습니다. (법 제9조 참조)

질의 요지	〈개발행위허가(구역 내 건축물 건축)〉 도시개발구역 내 건축물의 건축을 허가하는 것이 가능한지 여부
회신 내용	「도시개발법」 제9조 제5항에 따라 도시개발구역에서 건축물의 건축을 하고자 하는 자는 특별시장, 광역시장, 특별자치 도지사, 시장 또는 군수의 허가를 받아야 하며, 이 경우 허가권자는 건축물의 건축으로 인한 해당 도시개발사업의 지장 여부, 같은 법 시행령 제16조 제2항에 따른 시행자의 의견 등을 종합적으로 고려하여 건축허가 여부를 결정할 수 있습니다. (도시재생과-1332, 2012.07.24)

제3장
도시개발사업 환지방식

1. 환지방식의 의의

도시개발사업에서 환지 방식은 기존 토지소유자의 소유권을 유지한 채로 개발사업을 시행하여 개발된 토지를 토지소유자에게 다시 나누어 주는 사업 방식을 말합니다. 건축물 등 지장물은 환지예정지 지정 후 토지보상법을 준용 보상합니다.

❖ 수용방식이 토지의 수용을 전제로 하나, 환지방식은 토지수용을 전제로 하지 않고 환지예정지 지정 후 건축물 등 지장물 수용을 전제로 손실보상 재결

환지예정지 지정 ➡
지장물 보상

2. 조합설립인가

조합을 설립하려면 도시개발구역 토지소유자 7명 이상이 대통령으로 정하는 사항을 포함한 정관을 작성하여 지정권자에게 조합설립의 인가를 받아야 하고, 인가받은 사항을 변경하려면 지정권자로부터 변경인가를 받아야 합니

다. 조합설립의 인가 신청 시 해당 도시개발구역의 토지 면적의 3분의 2 이상에 해당하는 토지소유자와 그 구역의 토지소유자 총수의 2분의 1 이상의 동의를 받아야 합니다. (법 제13조 참조)

3. 환지방식 사업인정 의제 여부

 도시개발사업을 환지 방식으로 추진하려면 중앙토지수용위원회 협의 대상 여부가 문제가 되는데, 환지 방식은 『2023년 중앙토지수용위원회 업무편람』에 공익성 의제 협의 대상 사업 제외 대상입니다. 따라서, 환지 방식은 토지수용 없이 건축물 등 지장물만 손실보상 대상으로 공익성 협의 제외 대상입니다.

> **협의 대상 아님**
> ❖ 도시개발사업에서 환지방식에 대하여 사업인정 협의 대상 여부에 많은 질문을 하는데, 환지방식은 토지수용을 전제로 하지 않는 도시개발사업으로 사업인정의제 대상이 아님

> **제외대상**
> 〈공익성 의제 협의 대상 사업 제외 대상〉
> ❖ 협의대상이 아닌 사업으로는 ① '19.7.1. 전에 사업인정이 의제되는 인허가 등을 받은 사업, ②사업인정이 의제되는 최초 인허가가 2019. 7. 1. 전에 있었고, 그 후 변경 인허가 등을 받은 사업, ③「토지보상법」제21조에 따른 협의절차를 거친 후 사업의 본질적 내용(사업의 종류와 유형)이 변하지 않으면서 이루어지는 변경(면적, 사업기간 등)의 경우, ④ 환지·환권방식으로 시행되는 사업, 토지수용 없이 손실보상만 이루어지는 사업 등이 있음.
> 2023 토지수용 업무편람

4. 환지방식 수용절차

 도시개발사업 환지 방식은 환지예정지가 지정되어야 지장물 등 수용이 가능합니다. 실무 경험상 환지예정지가 지정도 되지 않는 상태에서 지장물 보상을 신청하는 사례도 있었습니다. 환지 방식을 수용방식으로 잘못 이해하고 사업을 추진하면 사업 추진에 어려움을 겪을 수 있습니다.

구분	법령 근거
공익사업명	❖ 도시개발사업 (환지방식)
수용근거	❖ 「도시개발법」 제65조 (손실보상)
손실보상의 전제	❖ 「토지보상법」 제35조 제1항 (환지예정지 지정)
협의	❖ 손실을 보상할 자와 손실을 입은 자가 협의 ❖ 협의가 성립되지 않을 경우 토지수용위원회에 재결신청
토지보상법 준용	❖ 재결: 「토지보상법」 제83조부터 제87조까지 규정 준용 ❖ 보상 기준: 제14조, 제61조, 제63조부터 제65조까지, 제67조, 제68조, 제71조부터 제78조까지, 제75조, 제75조의2, 제76조, 제77조 및 제78조 제5항·제6항·제9항을 준용

아래 표와 같이 환지 방식 보상절차는 토지보상법을 준용하는데, 보상절차는 물건 조서 작성, 보상계획공고 및 열람, 감정평가, 30일 이상 지장물 등 소유자와 협의 등의 과정을 거쳐서 지장물 소유자가 협의를 거절하면 토지수용위원회 재결신청을 통해서 보상을 받습니다.

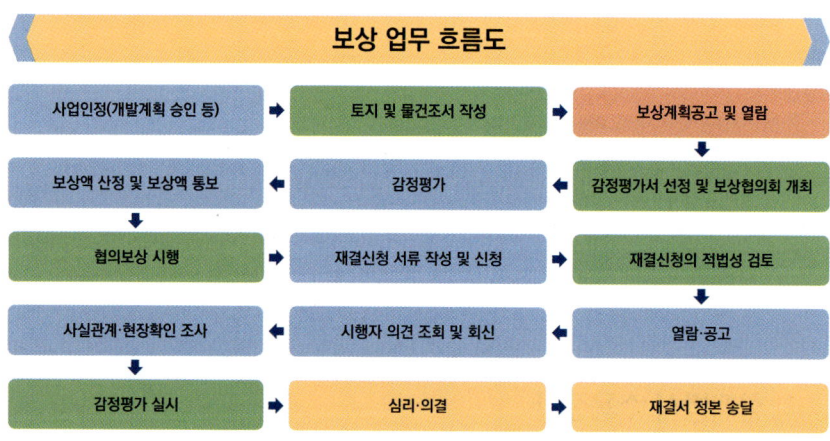

5. 환지방식 영업권 보상 시점

환지 방식 영업권 보상 시점을 언제로 보는지에 대한 질의에, 관계기관 유권해석은 영업권 보상 시점은 도시개발법령에서 특정하고 있지 않으나, 환지예정지 지정에 따른 지장물 등의 이전 제거 시기로 회신하고 있습니다.

질의 요지	환지방식의 도시개발구역에 장애물 등의 이전과 제거 시 영업권 보상 시점은 환지예정지의 지정일을 기준일로 볼 수 있는지 여부?
회신 내용	「도시개발법」 제65조에서는 같은 법 제38조 제1항 및 제64조 제1항에 따른 행위로 손실을 입은 자가 있으면 그 손실을 보상토록 규정하고, 보상기준에 대하여는 '공익사업을 위한 토지등의 취득 및 보상에 관한 법률'을 준용토록 규정하고 있는 바, 환지방식에서 손실보상을 위한 사업인정고시일은 개발계획 고시일로 볼 수 있으며 이건, 영업권 보상 시점은 도시개발법령에서 특정하고 있지 않으나 환지예정지 지정에 따른 지장물 등의 이전 제거 시기로 적용되어져야 할 것으로 판단됨을 알려 드립니다.

(도시경제과-946, 2016.09.08)

6. 환지 부(不)지정

도시개발사업 환지 방식은 토지를 수용할 수 없고 지장물만 수용할 수 있는데, 환지를 지정하지 않는 토지소유자에게는 환지를 지정하지 않을 수 있습니다. 만약, 환지 방식에 동의하지 않는 경우 토지 보상금 산정은 개발이익을 반영하지 않는 감정평가액을 기준으로 토지평가위원회 심의를 받아서 평가액을 산정합니다.

구분	주요 내용
신청·동의	❖ 토지소유자가 신청하거나 동의하면 해당 토지의 전부 또는 일부에 대하여 환지를 정하지 아니할 수 있다. 다만, 해당 토지에 관하여 임차권자 등이 있는 경우에는 그 동의를 받아야 한다.
과소토지	❖ 시행자는 토지면적의 규모를 조정할 특별한 필요가 있으면 면적이 작은 토지는 환지 대상에서 제외할 수 있다.
공공시설 폐지불용토지	❖ 시행자가 도시개발사업의 시행으로 국가 또는 지방자치단체가 소유한 공공시설과 대체되는 공공시설을 설치하는 경우 종전의 공공시설의 전부 또는 일부의 용도가 폐지되거나 변경되어 사용하지 못하게 될 토지는 환지를 정하지 아니하며, 이를 다른 토지에 대한 환지의 대상으로 하여야 한다.

7. 환지방식 부(不)지정 토지매수 방법

1) 사업시행 반대 토지의 수용가능 여부

환지방식에서 사업시행 반대 토지에 대한 수용에 대하여 아래 유권해석은 도시개발구역 내 토지에 대한 손실보상에 적용할 수 없습니다.

질의 요지	도시개발사업 시행 자체를 반대하는 토지소유자의 토지를 건축물 등 장애물의 손실보상 규정인 「도시개발법」 제38조 제5항을 준용하여 수용절차 등의 이행이 가능한지 여부?
회신 내용	「도시개발법」 제38조 제5항은 건축물 등과 장애물 등의 손실보상에 대하여 '공익사업을 위한 토지 등의 취득 및 손실보상에 관한 법률'을 준용하도록 명시한 규정으로 도시개발구역 내 토지에 대한 손실보상에 적용할 수 없으며, 환지방식에 의한 도시개발사업은 개별 토지에 대하여 환지계획을 수립하여야 하고, 도시개발법령 등에서 규정하고 있는 환지계획 관련 절차(환지계획 공람, 인가, 예정지 지정 등)를 이행하면, 같은 법 제36조의 규정에 따라 환지예정지지정의 효과가 발생함을 알려드립니다.

(도시재생과-2104, 2014.09.03)

2) 토지소유자 미동의한 집단환지 금전청산의 적법 여부

조합이 토지소유자 동의 없이 지정한 집단환지 토지를 일방적으로 금전청산이 합법적인지에 대한 유권해석은 집단환지는 토지소유자의 신청 및 동의 여부에 의해서만 가능하며 금전청산이 아니라고 합니다.

질의 요지	조합이 토지소유자의 동의 없이 지정한 집단환지 토지를 일방적으로 금전청산하는 것이 합법적인 것인지 여부?
회신 내용	「도시개발업무지침」 4-3-5에서 시행자(조합)는 집단환지의 사용 및 개발을 촉진하기 위해 집단환지로 지정받은 토지소유자 다수가 요청하면 토지소유자 소집, 시공사 및 매수자 알선 등 지원을 하도록 정하고 있으며, 집단환지는 토지소유자의 신청에 근거하여 시행자가 개발계획(토지이용계획) 및 실시계획 인가내용 등을 종합적으로 고려하여 지정 여부를 결정하는 사항으로, 집단환지는 토지소유자의 신청 및 동의에 의해서만 가능하며 집단환지된 토지는 금전청산 대상이 아님을 알려드립니다.

(도시경제과-1072, 2016.09.27)

8. 도시개발사업 환지처분

"환지처분"이란 사업시행자가 환지계획에 따라 공사를 완료한 후 종전의 토지에 관한 권리에 갈음하여 새로운 토지와 그 토지에 관한 권리를 교부하고 그 과정에서 발생하는 과·부족분에 대하여 금전으로 청산하는 처분으로 환지 부지정 토지 등에 대하여도 도시개발법에 따른 환지처분으로 토지 등을 사업시행자가 매수할 수 있으며, 청산금의 개념은 아래와 같습니다.

청산금의 개념

❖ 청산금이란 환지처분에 의한 적법한 원인으로 인하여 발생한 재산가치의 과부족분을 금전으로 정산한 금액을 말하며, 환지를 정하거나 그 대상에서 제외한 경우 그 과부족분(過不足分)은 종전의 토지 및 환지의 위치·지목·면적·토질·수리·이용상황·환경, 그 밖의 사항을 종합적으로 고려하여 금전으로 청산

환지 부(不)지정 토지청산

❖ 청산금은 환지처분을 하는 때에 결정. 다만, 환지 부지정 및 토지 면적을 고려 환지 대상에서 제외한 토지 등에 대하여는 청산금을 교부하는 때에 청산금을 결정할 수 있다.
✓ 다만, 환지 부지정 및 토지면적을 고려 환지에 따라 환지를 정하지 아니하는 토지에 대하여는 환지처분 전이라도 청산금을 교부할 수 있다.

9. 환지처분의 절차

환지처분의 절차는 공사 완료의 공고 및 열람, 의견서 제출 및 조회, 준공검사 또는 공사 완료, 환지처분의 공고 절차 순서로 진행합니다.

구분	주요 내용
공사완료의 공고 및 공람	❖ 시행자는 환지방식으로 도시개발사업에 관한 공사를 끝낸 경우에는 지체 없이 이를 공고하고 공사 관계 서류를 일반인에게 공람
의견서 제출 및 조치	❖ 도시개발구역의 토지소유자나 이해관계인은 공람 기간에 시행자에게 의견서를 제출할 수 있으며, 의견서를 받은 시행자는 공사 결과와 실시계획 내용에 맞는지를 확인하여 필요한 조치
준공검사 또는 공사완료	❖ 시행자는 공람 기간에 의견서의 제출이 없거나 제출된 의견서에 따라 필요한 조치를 한 경우에는 지정권자에 의한 준공검사를 신청하거나 도시개발사업 공사완료
환지처분의 공고	❖ 시행자는 지정권자에 의한 준공검사를 받은 경우에는 60일 이내에 환지처분을 하여야 한다. 시행자는 환지처분을 하려는 경우에는 환지계획에서 정한 사항을 토지소유자에게 알리고 이를 관보 또는 공보에 공고

10. 환지계획 작성 시 가격 산정 기준

1) 정리 전후 가격 산정 기준

환지계획 작성 시 토지의 정리 전·후 가격 산정 기준은 회신 내용과 같습니다.

질의 요지	비도시지역(계획관리지역, 보전관리지역 등)에 도시개발구역을 지정하고, 도시개발사업 실시계획(용도 미지정) 인가 고시한 경우 환지계획 작성 시 토지의 정리 전·후 가격 산정 기준?
회신 내용	원칙적으로 도시개발구역을 지정하려면 해당 도시개발구역에 대한 개발계획(토지이용계획)을 수립하여야 하고, 도시개발구역이 지정·고시된 경우 도시지역과 지구단위계획구역으로 결정되어 고시된 것으로 보고, 실시계획을 고시한 경우 도시·군 관리계획(지구단위계획 포함)으로 결정되어 고시된 것으로 보며, 환지계획 작성을 위한 환지설계는 「도시개발업무지침」 4-1-4에서 정하고 있는 원칙에 따라야 하는바, 이건, 환지방식 도시개발사업의 환지계획 작성 시 정리 전 가격은 실시계획인가 시점[실시계획인가 고시로 도시·군 관리계획 결정(변경포함)의 효력이 발생되기 전]을 기준으로 산정하며, 정리 후 가격은 환지처분 시점을 기준으로 산정해야 함을 알려드립니다. (도시재생과-3466, 2015.12.16.)

2) 정리 전 가격 결정

도시개발구역 지정 전에 결정된 토지와 주택건설사업계획 승인된 토지의 정리 전 가격 결정 기준은 도시관리계획 결정의 효력이 발생되기 전 가격을 기준으로 도시개발조합의 토지평가협의회 심의를 거쳐서 결정합니다.

질의 요지	도시개발구역 지정 전에 도시·군 관리계획(학교)으로 결정된 토지와 주택건설사업계획 승인된 토지의 정리 전 가격 결정 기준?
회신 내용	환지계획 작성 시 정리 전 토지가격은 실시계획 인가 시점[실시계획인가고시로 도시·군 관리계획 결정(변경포함)의 효력이 발생되기 전]을 기준으로 감정평가업자가 평가한 가격을 근거로 하여, 해당 도시개발조합의 토지평가협의회의 심의를 거쳐 결정하는 사항임을 알려드리니, 구체적인 사항에 대하여는 환지계획인가권자(시장·군수 또는 구청장)에게 문의하시기 바랍니다.

(도시재생과-3466, 2015.12.16)

3) 개별 환지된 토지매매 시 정산 방법

환지 방식 도시개발구역 내 토지를 주택건설사업자와 매매계약을 체결한 상태에서 환지계획에 반영된 개별환지된 토지의 정산 방법 질의에, 유권해석은 환지계획 작성을 위한 토지 가격은 감정평가업자가 평가한 가격을 근거로 해당 도시개발조합의 토지평가 협의회의 심의를 거쳐 결정하는 사항인 바, 이건 매매 계약서상 토지 가격과 환지계획 작성을 위한 토지 가격은 별개의 사항이라고 회신하고 있습니다.

질의 요지	환지방식 도시개발구역 내 토지를 주택건설사업자와 매매계약 체결한 상태에서 환지계획에 반영된 개별 환지된 토지의 정산 방법?
회신 내용	환지방식 도시개발구역 내 환지계획 작성은 '부동산 등기법' 또는 청산금을 징수·교부할 사항이며, 환지계획 작성을 위한 토지 가격(정리 전 실시계획 인가시점, 정리 후 환지처분 시점)은 감정평가업자가 평가한 가격을 근거로 해당 도시개발조합의 토지평가 협의회의 심의를 거쳐 결정하는 사항인바, 이건 매매 계약서상 토지 가격과 환지계획 작성을 위한 토지 가격은 별개의 사항임을 알려드립니다.

(도시재생과-1293, 2016.04.05)

제4장
산업단지의 지정 및 개요

1. 산업단지의 개요

1) 산업단지 목적 및 용어의 정의

'산업입지법'은 '산업입지 및 개발에 관한 법률'의 약칭인데, 주요 목적은 산업단지 공급을 원활하게 하여 국민경제에 기여하는 산업단지 조성이 목적이며, 공장 등 용어의 정의는 아래와 같습니다.

목적
- 이 법은 산업입지의 원활한 공급과 산업의 합리적 배치를 통하여 균형 있는 국토개발과 지속적인 산업발전을 촉진함으로써 국민경제의 건전한 발전에 이바지함을 목적으로 한다.

용어의 정의
- 공장: 건축물 또는 공작물, 물품제조공정을 형성하는 기계·장치 등 제조시설과 그 부대시설을 갖추고 대통령령으로 정하는 제조업을 하기 위한 사업장
- 산업단지: 공장, 지식산업 관련 시설, 문화산업 관련 시설, 정보통신산업 관련 시설, 재활용산업 관련 시설, 자원비축시설, 물류시설, 교육·연구시설 및 그 밖에 대통령령으로 정하는 시설의 용지
- 산업단지의 종류: 국가산업단지, 일반산업단지, 도시첨단산업단지, 농공단지

2) 산업입지법 법령 구성체계

'산업입지법' 구성체계는 제8장 53개 법조문으로 구성되어 있으며, 산업단지 관련 핵심법령의 역할을 하고 있습니다.

구분	구성체계	주요 법령 근거
제1장	총칙	제2조(용어의 정의), 제3조(산업입지정책심의회)
제2장	산업입지 개발지침	제4조(기초조사), 제5조(산업입지개발지침)
제3장	산업단지의 조성	제6조(국가산업단지 지정), 제7조(일반산업단지의 지정), 제8조의2(산업단지 지정의 제한), 제12조(행위 제한 등)
제4장	산업단지의 개발	제16조(산업단지개발사업의 시행자), 제19조의2(실시계획 승인의 고시 등), 제21조(다른 법령 허가 등의 의제), 제22조(토지수용)
제5장	산업단지 등의 재생	제39조2(재생사업지구의 지정), 제39조의14(입주기업 지원대책)
제6장	산업단지 외 지역의 공장입지	제40조(입지지정 및 개발에 관한 기준), 제44조(유치지역 지정에 따른 산업단지개발)
제7장	보칙	제46조의6(임대전용산업단지), 제49조(권한의 위임)
제8장	벌칙	제51조(벌칙), 제52조(양벌 규정), 제53조(과징금)

3) 산업단지의 조성 절차

산업단지 조성 절차는 크게 산업단지 지정 및 개발계획, 실시계획 수립, 공사 시행단계로 나눌 수 있으며, 사업 단지 지정 및 고시가 있으면 사업인정으로 보아 산업단지에 지정된 토지를 수용할 수 있습니다.

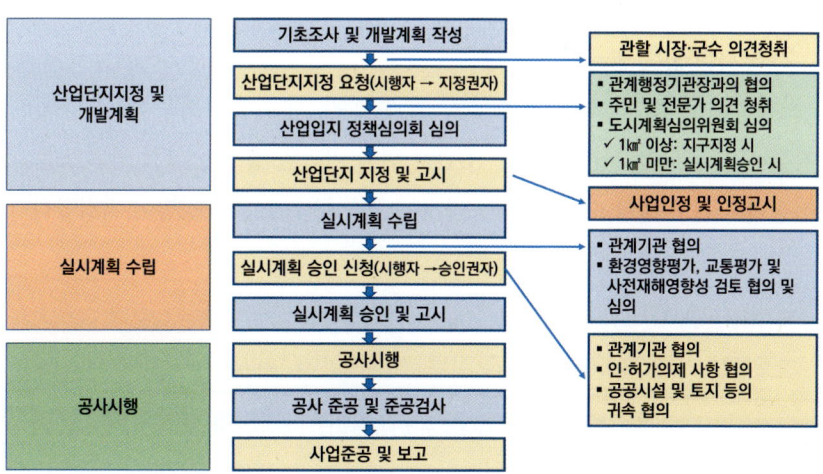

2. 산업단지의 지정

1) 국가 및 일반 산업단지 지정

산업단지는 국토교통부 장관이 지정하는 국가산업단지와 시·도지사, 대도시 시장이 지정하는 일반산업단지가 있습니다. 다만, 30만㎡ 미만의 산업단지의 경우에는 시장·군수 또는 구청장이 지정할 수 있습니다.

> **국가산업단지**
> ❖ 국가산업단지는 국토교통부장관이 지정하며, 중앙행정기관의 장은 국가산업단지의 지정이 필요하다고 인정하면 대상지역을 정하여 국토교통부 장관에게 국가산업단지로의 지정을 요청할 수 있다. (법 제6조)

> **일반산업단지**
> ❖ 일반산업단지는 시·도지사 또는 대도시시장이 지정한다. 다만, 30만㎡ 미만의 산업단지의 경우에는 시장·군수 또는 구청장이 지정할 수 있다. 일반산업단지의 지정권자는 일반산업단지를 지정하려면 산업단지개발계획을 수립하여 관할 시장·군수 또는 구청장의 의견을 듣고 국토교통부장관을 비롯한 관계 행정기관의 장과 협의하여야 한다. (법 제7조)

2) 도시첨단 및 농공단지 지정

도시첨단 및 농공단지 지정은 국토교통부 장관, 시·도지사 또는 대도시 시장이 지정하며, 도시첨단산업단지가 10만㎡ 면적 미만인 경우는 시장·군수 또는 구청장이 직접 지정할 수 있고, 농공단지는 시장·군수 또는 구청장이 지정합니다.

> **도시첨단산업단지**
> ❖ 국토교통부장관, 시·도지사 또는 대도시시장이 지정하며, 시·도지사(특별자치도지사는 제외)가 지정하는 경우에는 시장·군수 또는 구청장의 신청을 받아 지정한다. 다만, 10만㎡ 면적 미만인 경우에는 시장·군수 또는 구청장이 직접 지정할 수 있다. 산업단지개발계획에 관하여는 국가산업단지의 계획을 준용한다. (법 제7조의 2)

> **농공단지**
> ❖ 농공단지는 특별자치도지사 또는 시장·군수·구청장이 지정한다. 농공단지의 지정권자(대도시시장은 제외)는 농공단지를 지정하려면 대통령령으로 정하는 서류와 도면을 첨부한 산업단지개발계획을 작성하여 시·도지사의 승인을 받아야 한다. (법 제8조)

3) 산업단지 행위허가 대상

산업단지가 지정된 이후 지정된 산업단지 내에서 건축물의 건축, 공작물의 설치, 토지의 형질변경 등을 하려면 시장·군수의 허가를 받아야 합니다. 시장·군수 등 허가를 받지 않는 경우는 토지수용 시 보상에서 제외될 수 있으며 원상복구 대상이 될 수 있습니다. (시행령 제14조 참조)

❖ 특별시장·광역시장·특별자치시장·특별자치도지사·시장 또는 군수의 허가를 받아야 하는 행위는 다음 각호와 같다.

구분	주요 내용
건축물의 건축	❖ 「건축법」 제2조 제1항 제2호에 따른 건축물(가설건축물을 포함한다)의 건축, 대수선 또는 용도변경
공작물의 설치	❖ 인공을 가하여 제작한 시설물(「건축법」 제2조 제1항 제2호에 따른 건축물을 제외한다)의 설치
토지의 형질변경	❖ 절토·성토·정지·포장 등의 방법으로 토지의 형상을 변경하는 행위, 토지의 굴착 또는 공유수면의 매립
토석의 채취	❖ 흙·모래·자갈·바위 등의 토석을 채취하는 행위. 다만, 토지의 형질변경을 목적으로 하는 것은 제3호에 따른다.
물건의 적취	❖ 이동이 용이하지 아니한 물건을 1월 이상 쌓아 놓는 행위
죽목의 벌채 및 식재	❖ 죽목의 벌채 및 식재

4) 산업단지 입지 행위 제한

산업단지개발사업의 시행자가 지정되는 경우, 시장·군수가 행위허가를 하려면 그 사업시행자의 의견을 들어야 하며, 산업단지 지정 및 고시 당시 이미 관계 법령에 행위허가를 받았거나 받을 필요가 없는 경우에도 산업단지가 지정·고시된 날부터 30일 이내에 시장 등에게 신고를 하고 공사 등을 하여야 합니다.

> **사업시행자 의견청취**
>
> ❖ 시장 등은 주민 등의 의견청취를 위한 공고가 있는 지역 및 산업단지 안에서 건축물의 건축, 공작물의 설치, 토지의 형질변경, 토석의 채취, 토지분할, 물건을 쌓아 놓는 행위 등에 대한 허가를 하려는 경우 산업단지개발사업의 시행자가 지정되어 있는 경우에는 미리 그 사업시행자 의견 청취 (법 제12조)

> **기득권 보호제도**
>
> ❖ 허가를 받아야 하는 행위로서 주민 등의 의견 청취에 따른 공고, 산업단지의 지정 및 고시 당시 이미 관계 법령에 따라 행위허가를 받았거나 허가를 받을 필요가 없는 행위에 관하여 그 공사 또는 사업에 착수한 자는 주민 등의 의견 청취에 따른 공고일 또는 산업단지가 지정·고시된 날부터 30일 이내에 그 공사 또는 사업의 진행 상황과 시행계획을 첨부하여 관할 시장 등에게 신고하여야 한다. (시행령 제14조)

5) 허가를 요하지 않는 행위

아래 각호의 어느 하나에 해당하는 행위는 시장·군수의 허가를 받지 아니하고 행위를 할 수 있습니다.

> 〈「도시개발법」 제9조 및 시행령 제16조〉
>
> ① 재해복구 또는 재난수습에 필요한 응급조치를 위하여 하는 행위
> ② 농림수산물의 생산에 직접 이용되는 것으로서 국토교통부령이 정하는 간이공작물의 설치
> ③ 경작을 위한 토지의 형질변경
> ④ 산업단지의 개발에 지장을 주지 아니하고 자연경관을 손상하지 아니하는 범위 안에서의 토석의 채취
> ⑤ 산업단지 안에 존치하기로 결정된 대지 안에서 물건을 쌓아놓는 행위
> ⑥ 관상용 죽목의 임시식재(경작지에서의 임시식재를 제외한다)

제5장
산업단지의 개발

1. 사업시행자의 지정

산업단지개발사업은 공공 및 민간 중에서 산업단지지정권자의 지정에 의하여 산업단지개발계획에서 정하는 자가 이를 시행합니다. 산업단지지정권자는 사업시행자를 경쟁입찰 방식으로 선정할 수 있습니다. 다만, 민간기업 등이 산업단지의 지정을 요청하는 경우에는 그러하지 아니합니다. (법 제16조 참조)

2. 사업시행자의 변경

산업단지지정권자는 사업시행자가 실시계획 승인을 받은 후 2년 이내에 산업단지개발사업에 착수하지 아니하거나 실시계획에 정하여진 기간 내에 산업단지개발사업을 완료하지 아니하거나 완료할 가능성이 없는 경우로서 대통령령으로 정하는 경우에는 다른 사업시행자를 지정하여 해당 산업단지 개발사업을 시행하게 할 수 있습니다. (법 제16조 제2항 참조)

3. 실시계획의 작성 및 승인신청

사업시행자는 산업단지개발실시계획을 작성하여 국토교통부 장관 및 시·도지사 등의 승인을 받아야 하고, 산업단지의 사업시행자로 지정된 날부터 2년 이내에 다음 각호의 사항을 제출하여야 합니다. 국토교통부 장관이 국가산업단지실시계획을 승인하려면 관할 시·도지사의 의견을 듣고, 관계 중앙행정기관의 장과 협의하여야 하고, 시·도지사(특별자치 도지사는 제외)가 승인하는 경우에는 관할 시장·군수 또는 구청장의 의견을 들어야 합니다. (시행령 제21조 참조)

4. 실시계획 승인의 고시

산업단지지정권자 또는 해양수산부 장관은 실시계획을 승인하였을 때에는 대통령령으로 정하는 사항을 관보 또는 공보에 고시하여야 하며, 국토교통부 장관, 해양수산부장관 또는 시·도지사(특별자치 도지사는 제외)가 승인한 경우에는 관계 서류의 사본을 관할 시장·군수 또는 구청장에게 보내야 합니다.

실시계획을 승인한 특별자치 도지사 또는 관계 서류의 사본을 받은 시장·군수 또는 구청장은 이를 일반인이 열람할 수 있도록 하여야 하며, 산업단지지정권자 또는 해양수산부 장관은 실시계획의 승인을 고시하였을 때에는 「토지이용규제 기본법」 제8조에 따라 지형도면을 작성·고시하여야 합니다. 이 경우 사업시행자는 지형도면 고시 등에 필요한 서류를 산업단지지정권자 또는 해양수산부 장관에게 제출하여야 합니다. (법 제19조의2 참조)

<산업단지 실시계획 승인 고시 사례>

○○시 고시 제2018-348호

○○ 일반산업단지 지정(개발계획) 및 실시계획 승인 고시

「산업입지 및 개발에 관한 법률」 제7조 및 같은 법 제18조, 「산업단지 인허가 절차 간소화를 위한 특례법」 제15조 규정에 따라 ○○시 ○○일반산업단지 지정(개발계획) 및 실시계획을 승인하고 「산업입지 및 개발에 관한 법률」 제7조의4 및 같은 법 제19조의2, 「토지이용규제 기본법」 제8조, 「국토의 계획 및 이용에 관한 법률」 제32조의 규정에 따라 지형도면 고시합니다.

2018. 11. 23.

○ ○ 시 장

제6장
산업단지 인허가 절차 간소화를 위한 특례법

1. 산단절차간소화법 이해

'산업단지 인허가 절차 간소화를 위한 특례법'의 약칭으로 '산단절차간소화법'으로 불리며, '산업입지법' 적용 시에는 절차이행이 복잡해 산업단지 개발이 장기간 소요되어 기업들이 산업단지에 적기에 입주하지 못하는 어려움을 해소하고자 행정절차 간소화 차원에서 '산단절차간소화법'에 대폭 통합, 현재 대부분 산업단지 개발은 '산단절차간소화법'을 적용하고 있습니다.

> **제정이유**
> ❖ 2008.6.5. 제정된 '산단절차 간소화법'은 복잡한 절차로 인하여 산업단지 개발에 장기간 소요되어 기업들이 산업단지에 적기에 입주하지 못하는 어려움이 발생되고 있음에 따라 산업단지의 개발이 기업 수요에 따라 신속하게 이루어질 수 있도록 개발계획과 실시계획을 통합 적용

> **다른 법률과의 관계**
> ❖ 「산업입지 및 개발에 관한 법률」 제2조 제8호에 따른 산업단지(같은 법 제39조에 따른 특수지역개발사업을 포함하며, 이하 "산업단지"라 한다)에 적용
> ✓ 다만, 대통령령으로 정하는 규모 이상의 산업단지에 대하여는 그러하지 아니하다.

2. 산단절차간소화법 적용 범위

'산단절차간소화법' 적용 대상은 아래 1천만㎡와 500만㎡로 구분하는데

민간 등이 산업단지 조성 시는 500만㎡ 이하인 경우만 해당합니다. (시행령 제2조 참조)

구분	내용
적용개요	❖ '산단절차 간소화법'은 '산업입지 및 개발에 관한 법률' 산업단지에 적용 ✓ 다만, 아래 표에서 정하는 규모 이상의 신규 개발하는 산업단지에 대하여는 그러하지 아니함
1천만 제곱미터	① 국가, 지방자치단체, 공기업, 지방공사 및 지방공단, 그 밖에 다른 법률('산업입지 및 개발에 관한 법률'은 제외)에 따라 산업단지개발사업을 시행할 수 있는 자 ② 중소벤처기업 진흥공단 또는 한국산업단지공단 ③ ① 및 ②에 해당하는 자가 산업단지의 개발을 목적으로 출자(出資)에 참여하여 설립한 법인으로서 그 출자비율의 합이 100분의 20 이상인 법인
500만 제곱미터	❖ 민간기업 등의 사업시행자가 시행하는 산업단지

3. 산단절차간소화법 절차도

'산단절차간소화법' 절차는 산업단지계획 인허가 절차를 대폭 통폐합해서 신속한 조성을 목적으로 '산업입지 및 개발에 관한 법률'에서 정하는 산업단지지정 및 고시 절차를 대폭 간소화하여 '산단절차간소화법' 따라 산업단지계획 승인·고시만 받으면 사업인정 의제로 보와 토지보상법에 따른 수용절차를 진행할 수 있습니다.

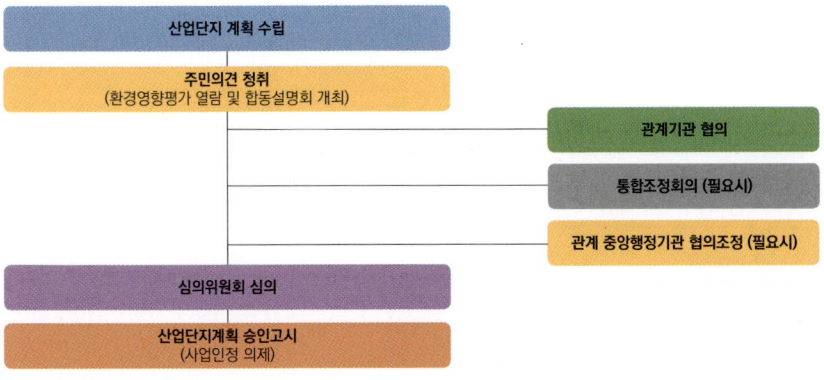

1) 주민 등의 의견청취

지정권자는 산업단지계획을 수립하려고 하거나 산업단지계획의 승인 신청을 받은 경우에는 해당 지역을 주된 보급지역으로 하는 일간신문 및 해당 기관의 인터넷 홈페이지에 공고하고, 공고일로부터 20일 이상 일반이 열람하도록 하여야 합니다. 지정권자는 산업단지계획에 대한 주민 의견수렴 시에 '환경정책기본법'에 따른 사전환경성 검토, '환경·교통·재해 등에 관한 영향평가법'에 따른 환경영향평가서·교통영향평가서·재해영향평가서 및 인구영향평가서 등에 관한 주민 의견수렴 절차를 동시에 진행하여야 합니다. (법 제9조 참조)

2) 관계기관 협의

관계기관의 장은 협의를 요청받은 날로부터 근무일 기준 10일 이내('군사기지 및 군사시설보호법'에 따른 경우에는 근무일 기준 15일)에 의견을 회신하여야 하며, 기한 내에 의견을 회신하지 아니한 경우에는 이견 없이 산업단지계획의 신청 내용을 협의한 것으로 봅니다. (법 제10조 참조)

3) 통합조정회의

지정권자는 관계기관 협의 결과 관계기관 간 이견이 있는 경우 이견조정을 위하여 관계 행정기관이 참여하는 통합조정회의를 개최하고, 필요할 시 국무총리에게 이견조정을 요청할 수 있습니다. (법 제11조 참조)

4) 산업단지계획 승인 기간의 제한

민간기업 등이 산업단지 지정을 신청한 경우 지정권자는 산업단지계획의 승인신청을 접수한 날부터 6개월 이내에 승인 여부를 결정하여야 합니다.

5) '국토의 계획 및 이용에 관한 법률'의 적용 특례

산업단지계획이 수립 또는 승인된 경우에는 '국토의 계획 및 이용에 관한 법률'에 따른 도시기본계획이 수립 또는 변경되어 국토해양부 장관 및 시·도지사의 승인을 받은 것으로 보되, 산업단지 예정부지의 면적이 해당 시 또는 군의 도시기본계획의 시가화 예정용지 총면적의 100분의 30 이하인 산업단지계획을 승인하는 경우에 한정하도록 합니다. (법 제21조 참조)

6) 산업단지계획의 승인 고시

지정권자는 심의위원회의 심의를 거쳐 산업단지계획을 수립 또는 승인하고, 그 결과를 관보 또는 공보에 고시하여야 합니다. 이 경우 필요한 조건을 붙일 수 있습니다. 산업단지계획 승인 고시는 「산업입지 및 개발에 관한 법률」 제7조의4 및 제8조에 따른 산업단지의 지정 고시 및 같은 법 제19조의2에 따른 실시계획 승인의 고시(사업인정)로 봅니다. (법 제15조 참조)

〈산업단지계획 승인 고시 사례〉

○○시 고시 제2018-348호

○○일반산업단지 지정(개발계획) 및 실시계획 승인 고시

「산업입지 및 개발에 관한 법률」 제7조 및 같은 법 제18조, 「산업단지 인·허가 절차 간소화를 위한 특례법」 제15조 규정에 따라 ○○일반산업단지 지정(개발계획) 및 실시계획을 승인하고 「산업입지 및 개발에 관한 법률」 제7조의4 및 같은 법 제19조의2, 「토지이용규제 기본법」 제8조, 「국토의 계획 및 이용에 관한 법률」 제32조의 규정에 따라 지형도면 고시합니다.

2018. 11. 23

○ ○ 시 장

제7장
산업단지 토지수용

1. 산업단지 토지수용 근거

'산업입지법'에 의한 "산업단지의 지정·고시" 및 '산단절차간소화법'에 의한 "산업단지계획 승인 고시"를 사업인정으로 보아 토지를 수용할 수 있습니다.

구분	법령 근거
공익사업명	❖ 산업단지개발사업
수용근거	❖ 「산업입지 및 개발에 관한 법률」 제22조
사업인정 근거	❖ 산업단지의 지정·고시(토지 등의 세목고시 포함) ❖ 「산업단지 인·허가 절차 간소화를 위한 특례법」 제15조
고시	❖ 「산업입지 및 개발에 관한 법률」 제7조의4 제1항 ❖ 「산업단지 인·허가 절차 간소화를 위한 특례법」 제15조
이주대책, 영업보상 기산일	❖ 영업보상: 사업인정고시일 기준 ❖ 이주대책(주거이전비 등): 주민공람 공고일
재결신청 기한특례	❖ 사업기간 내

2. 산업단지 토지수용 재결신청

산업단지 토지수용 재결신청 중 국토교통부 장관이 지정한 산업단지는 중앙토지수용위원회 소관이고, 그 외는 지방토지수용위원회 소관입니다. 따라서, 토지수용 대상자는 보상에 따른 절차 진행문의 및 의견제출 등은 해당 토지수용위원회에 하여야 합니다.

관할권
- ❖ 중앙토지수용위원회: 국토교통부장관이 지정한 산업단지
- ❖ 지방토지수용위원회: 국토교통부장관 외의 자가 지정한 산업단지

토지수용 대상
- ❖ 대상: 사업시행자는 산업단지개발사업에 필요한 토지·건물 또는 토지에 정착한 물건과 이에 관한 소유권 외의 권리, 광업권, 어업권, 양식업권, 물의 사용에 관한 권리를 수용하거나 사용
- ✓ 사업시행자 제외: 산업단지 안의 토지의 소유자, 토지소유자 등이 산업단지개발을 위하여 설립한 조합
- ❖ 재결의 신청 요건: 개발구역 토지 면적의 100분의 50 이상에 해당하는 토지를 확보(토지소유권을 취득하거나 토지소유자로부터 사용 동의를 받은 것을 말함)한 후 재결신청. 다만, 국가 등 공공기관 예외 인정

특히, 민간 등이 토지수용위원회에 재결을 신청할 때에는 토지 면적 100분의 50 이상에 해당하는 토지를 확보해야만 재결을 신청할 수 있으며, 토지수용 대상은 토지 및 지장물 뿐만 아니라 소유권 외의 권리가 해당하며 토지소유자 등이 산업단지 개발을 위한 조합은 허용되지 않습니다.

3. 중앙토지수용위원회 협의

산업단지 토지수용은 통상적으로 '산업단지 인허가 절차 간소화를 위한 특례법'에 따라 진행하며 산업단지계획 승인 고시 전에 중앙토지수용위원회와 사전 협의를 하여야 합니다.

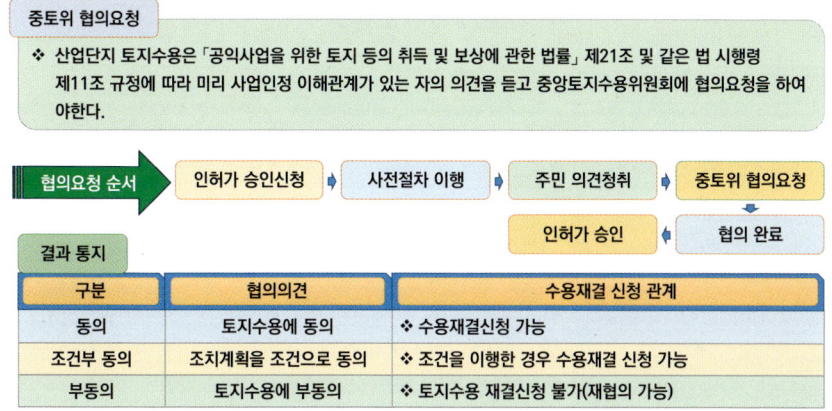

중앙토지수용위원회 협의 결과 동의나 조건부 동의 시 토지를 수용할 수 있으나, 중앙토지수용위원회 부동의 시는 토지수용 재결신청이 불가하며 부동의 시는 자료 등을 보완해서 재협의를 통해서 재결신청 여부를 결정할 수 있습니다.

4. 산업단지 보상절차

산업단지 보상절차는 아래 표와 같은 보상업무 흐름도에 따라 진행이 되는데, 실무 경험상 토지소유자가 수용대상 토지에서 제외를 요구할 경우 반드시 사업인정 전 단계인 중앙토지수용위원회 협의를 위한 주민 공람 시 서면으로 의견을 제시 해결해야 하며, 보상단계에서 토지수용 제외를 요구하면 기각됩니다.

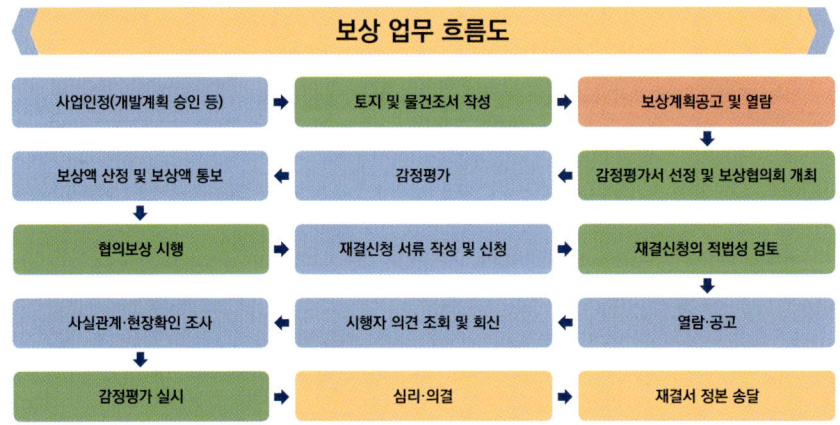

5. 이주대책 수립

산업단지를 조성할 때 사업시행자는 산업단지 개발로 인하여 생활의 근거를 상실하게 되는 자에 대하여 토지보상법에 따라 이주대책을 수립하여야 하고, 산업단지에 입주하는 기업은 특별한 사유가 없으며 이주자 또는 인근 지역의 주민을 우선 고용해야 합니다. 이주대책은 토지보상법을 준용합니다.

의의

❖ 사업시행자는 '공익사업을 위한 토지 등의 취득 및 보상에 관한 법률'에서 정하는 바에 따라 산업단지의 개발로 인하여 생활의 근거를 상실하게 되는 자(이하 "이주자"라 한다)에 대한 이주대책 등을 수립·시행하여야 하며, 산업단지에 입주하는 기업은 특별한 사유가 없으면 이주자 또는 인근 지역의 주민을 우선적으로 고용하여야 한다.

지원대책 수립

❖ 시·도지사, 시장·군수·구청장 또는 사업시행자는 이주자에 대한 직업전환훈련, 소득창출 사업지원, 그 밖에 주민의 재정착에 필요한 지원대책 등을 대통령령으로 정하는 바에 따라 수립·시행할 수 있다.

산업단지 조성 시 이주대책은 크게 2가지 유형으로 보는데, 첫째는 산업단지에 주거단지와 산업단지를 병행하는 산업단지 개발사업, 둘째는 산업단지만 개발하는 유형으로 나눌 수 있는데, 첫째는 주거단지가 포함 이주대책 수립에 문제가 없으나, 두 번째 유형은 필요할 경우 이주대책을 별도로 수립해야 합니다.

6. 주거이전비 및 이사비

산업단지에 편입된 주거용 건축물 거주자에 대하여는 주거 이전에 필요한 비용과 가재도구 등 동산의 운반에 필요한 비용을 산정하여 보상합니다. 주거이전비는 이사비와 달리 소유자와 세입자를 구분하여 보상하며, 토지보상법을 준용합니다.

주거이전비
- ❖ 주거용 건축물의 거주자에 대하여는 주거 이전에 필요한 비용과 가재도구 등 동산의 운반에 필요한 비용을 산정하여 보상
  - ▶ 소유자: 보상당시 해당 공익사업시행지구 내에 거주하기만 하면 보상대상, 보상액은 가구원수에 따라 2개월분의 주거이전비를 보상
  - ▶ 세입자: 사업인정 고시일 당시 또는 관계법령에 의한 고시 등이 있는 당시 해당 공익사업시행지구 안에서 3개월 이상 거주한 자에 대하여는 가구원수에 따라 4개월분의 주거이전비를 보상

이사비
- ❖ 주거용 건축물의 거주자가 해당 공익사업시행지구 밖으로 이사를 하는 경우에는 보상
- ❖ 이사비는 주거용 건축물의 거주자에 대해 실제 소요되는 비용을 보상하는 것이므로, 거주자가 소유자인지 세입자인지 또는 언제부터 거주하였는지, 무허가 건축물 등인지에 관계없이 보상 당시 주거용 건축물에 거주하기만 하면 보상 대상

실무 경험상, 산업단지 편입 민원인 등이 주거용 건축물에 대한 대토 보상을 요구하나 산업단지 내 주거단지를 계획하지 않는 일반산업단지에는 대토 보상은 어렵고 대부분 주거 이전비 및 이주정착금으로 해결합니다.

7. 토지소유자에 대한 환지

사업시행자는 해당 사업이 완료된 후, 아래 각호의 어느 하나에 해당하는 자에게 대통령령으로 정하는 바에 따라 환지(換地)하여 줄 수 있습니다.

① 산업단지 안의 토지를 소유하고 있는 자로서 산업단지개발계획에서 정한 내용에 적합한 공장, 지식산업 관련 시설, 문화산업 관련 시설, 정보통신산업 관련 시설, 재활용산업 관련 시설, 자원비축시설, 물류시설 및 그 밖에 대통령령으로 정하는 시설을 설치하려는 자

② 산업단지 안의 토지를 소유하고 있는 자로서 첨단과학기술산업의 발전을 위한 교육·연구시설을 설치하려는 자

③ 산업단지 안의 토지를 소유하고 있는 자로서 산업단지의 효율 증진을 위한 업무시설·정보처리시설·지원시설·전시시설·유통시설을 설치하려는 자

④ 사업시행자가 개발하는 산업단지 안의 토지를 소유하고 있는 자

환지를 하는 경우에는 대통령령으로 정하는 사항 외에는 「도시개발법」 제28조부터 제49조까지의 규정을 준용하며, 토지소유자에 대한 환지 사항은 「산업입지 및 개발에 관한 법률 시행령」 제24조의3을 참고하시기 바랍니다.

제5강. 재개발과 재건축사업은 현금청산에 큰 차이가 있다

제1장. 재개발사업 의의
1. 재개발사업 개요
2. 도시정비법 용어의 정리
3. 정비사업 절차

제2장. 재개발조합
1. 조합설립 추진위원회 구성
2. 조합설립인가 요건

제3장. 재개발사업 토지수용
1. 재개발사업 토지수용 의의
2. 재개발사업 토지수용 근거
3. 재개발사업 사업인정 협의
4. 재개발사업 토지보상절차
5. 재개발사업 현금청산자

제4장. 재개발사업 토지수용 '구법' 적용
1. 토지보상법 구법 적용 대상
2. 재개발사업 토지수용 근거
3. 토지수용 절차
4. 조속재결 신청
5. 정비구역 행위 제한 등

제5장. 이주대책 수립 및 손실보상
1. 이주대책 수립
2. 영업보상 등 손실보상 기준일
3. 주거이전비 및 이사비

제6장. 재건축사업
1. 재건축사업 의의
2. 조합설립추진위원회
3. 조합설립인가 요건
4. 조합원 자격

제7장. 재건축사업 매도청구
1. 재건축사업 수용·매도청구
2. 매도청구 대상 및 절차
3. 재건축 현금청산자

제1장
재개발사업 의의

1. 재개발사업 개요

"재개발사업"은 기반시설이 열악하고 노후·불량건축물이 밀집한 단독주택, 빌라, 상가 등 주거지역을 재개발해서 조합원 등에게 새 아파트로 주거나 아니면 소유자의 요청에 따라 현금으로 청산하는 것을 재개발사업이라 합니다.

주택재개발사업
- 일반적으로 주택재개발사업은 정비기반시설이 열악하고 노후·불량건축물이 밀집한 단독주택, 빌라, 상가 등 지역을 재개발하여 조합원에게 입주권을 지급

사업시행자
- 조합이 시행하거나 조합이 조합원의 과반수의 동의를 받아 시장·군수 등, 토지주택 공사 등, 건설업자, 등록사업자 또는 대통령령으로 정하는 요건을 갖춘 자와 공동으로 시행하는 방법
- 토지 등 소유자가 20인 미만인 경우에는 토지 등 소유자가 시행하거나 토지 등 소유자가 토지 등 소유자의 과반수의 동의를 받아 시장·군수 등, 토지주택공사 등, 건설업자, 등록사업자 또는 대통령령으로 정하는 요건을 갖춘 자와 공동으로 시행하는 방법

재개발사업은 대부분 조합이 사업시행자가 되는데, 실무에서는 재개발사업에서 가장 큰 쟁점 사항은 아파트 입주권을 받을지, 현금으로 받을지입니다. 재개발 단지가 역세권 등 입지여건 등이 좋은 경우 입주권에 대한 관심이 많고, 반대로 열악한 입지여건에서는 현금청산 문의가 많은 게 현실입니다.

재개발사업에서 보상액 산정은 사업시행자, 토지소유자 시·도지사 추천 감정평가사 3인의 평가를 산술 평균해서 1차 협의 보상액을 산정합니다. 특히, 재개발사업은 감정평가에 개발이익을 반영하지 않는데, 개발이익이란 재개발로 새 아파트 가격으로 보상하는 것을 말하고, 구 주택 가격으로 보상은 개발이익을 반영하지 않는 경우를 말하므로 현금청산 대상자는 개발이익 반영 여부를 고려해 판단해야 합니다.

2. 도시정비법 용어의 정리

'도시정비법'은 '도시 및 주거환경정비법'의 약칭이며 제2조에 '도시정비법' 용어를 정하고 있으며, 재개발사업과 재건축사업 모두에 적용됩니다.

구분	주요 내용
정비구역	❖ 정비사업을 계획적으로 시행하기 위하여 도시정비법에 따라 지정·고시된 구역
정비사업	❖ 도시정비법에서 정한 절차에 따라 도시기능을 회복하기 위하여 정비구역에서 정비기반시설을 정비하거나 주택 등 건축물을 개량 또는 건설하는 사업
주택재개발사업	❖ 도시정비법에서 정한 절차에 따라 도시기능을 회복하기 위하여 정비구역에서 정비기반시설을 정비하거나 주택 등 건축물을 개량 또는 건설하는 사업
재건축사업	❖ 도시정비법에서 정한 절차에 따라 도시기능을 회복하기 위하여 정비구역에서 정비기반시설을 정비하거나 주택 등 건축물을 개량 또는 건설하는 사업
토지소유자	❖ 재개발사업: 토지 또는 건축물의 소유자 또는 그 지상권자 ❖ 재건축사업: 건축물 및 그 부속토지의 소유자

용어의 정의에서 도시개발구역, 지구단위계획구역, 정비구역 등 구역이란 용어를 많이 사용하는데 구역이란 사업에 필요한 부지를 확정해서 고시한 지역이고 고시한 지역 내에서만 사업을 추진할 수 있습니다.

용어의 정의에서 특이사항은 "토지소유자"가 재개발사업과 재건축사업에서 큰 차이가 있다는 것입니다. 재개발사업에서 토지 등 소유자는 토지 또는 건축물의 소유자 또는 지상권자이고, 재건축사업은 건축물 및 그 부속토지의 소유자를 말하는데, 재개발사업은 토지 또는 건축물을 각각 소유해도 조합원이 될 수 있으나, 재건축사업은 건축물과 토지를 모두 소유해야만 조합원이 될 수 있습니다.

3. 정비사업 절차

정비사업 절차는 기본계획 수립, 정비계획, 정비구역 순으로 절차가 진행됩니다. 그러나 토지소유자 등은 재개발사업 등 절차에 대하여 잘 모르기 때문에 조합에서 보내 주는 공문서 등을 가지고 정비사업 진행절차가 현재 어느 단계인지 체크해야 나의 권리를 진행단계별로 검토하며 대응할 수 있습니다. 이때 부동산 공법을 잘 알아야 사업시행자를 상대로 단계별로 내 권리를 주장할 수 있습니다.

〈도시정비사업 절차〉

기본계획 수립	• **수립**: 특별시장, 광역시장, 특별자치도지사, 시장 • **승인**: 도지사(행정기관협의 + 지도위 심의), 대도시는 제외 • **수립단위**: 10년 단위 + 5년마다 타당성 검토
정비계획	• **수립**: 시장·군수 • **절차**: 지방도시계획위원회 심의 • **토지 등 소유자**: 시장·군수에게 입안 제안
정비구역	• **지정**: 시장·군수 등 • **의제**: 지구단위계획구역 + 지구단위계획 • **행위제한**: '국토의 계획 및 이용에 관한 법률'상 개발행위 등 • **기득권보호**: 착수 + 30일 이내에 신고

| 시행자 | • 재개발사업, 재건축사업: 조합 등 |

| 사업시행인가 | • **시행자**: 시장·군수 인가
• **고시의 효과**: 사업인정·고시 (공익사업 의제) |

| 분양신청 | • 분양신청기간: 통지한 날부터 **30일 이상 60일 이내** (연장 가능) |

| 관리처분계획 | • **시행자** ⇨ 시장·군수 (인가)
• **조합총회 의결**(1개월 전 분담금 통지), **관리처분계획 인가 신청** |

| 착공 및 일반분양 | • 조합원 이주완료 (철거 및 착공)
• 일반분양 |

| 준공 및 조합해산 | • 준공인가 및 고시 (시장, 군수 등)
• 정비구역 해제 및 조합해산 및 청산 |

제2장
재개발조합

1. 조합설립 추진위원회 구성

재개발사업을 추진하기 위해서는 토지 등 소유자 과반수의 동의를 받아 조합설립을 위한 조합설립추진위원회를 구성해야 하고, 추진위원회는 아래 추진위원회 기능인 조합설립인가를 받기 위한 준비 작업 등을 할 수 있습니다.

조합설립추진위원회
❖ 조합을 설립하려는 경우 정비구역 지정·고시 후 다음 각호의 사항에 대하여 토지 등 소유자 과반수의 동의를 받아 조합설립을 위한 추진위원회를 구성하여 국토교통부령으로 정하는 방법과 절차에 따라 시장·군수 등의 승인을 받아야 한다.
1. 추진위원회 위원장을 포함한 5명 이상의 추진위원회 위원
2. 제34조 제1항에 따른 운영규정

추진위원회 기능
1. 정비사업전문관리업자의 선정 및 변경
2. 설계자의 선정 및 변경
3. 개략적인 정비사업 시행계획서의 작성
4. 조합설립인가를 받기 위한 준비업무
5. 그 밖에 조합설립을 추진하기 위하여 대통령령으로 정하는 업무

2. 조합설립인가 요건

추진위원회가 조합을 설립하려면 아래 인가요건을 충족해야 해야 하며, 조합은 법인으로 조합명칭에는 반드시 "정비사업조합" 문자를 사용합니다.

조합설립인가 요건

❖ 재개발사업의 추진위원회가 조합을 설립하려면 토지 등 소유자의 4분의 3 이상 및 토지면적의 ½ 이상의 토지소유자의 동의를 받아 다음 각호의 사항을 첨부하여 시장·군수 등의 인가를 받아야 한다.

1. 정관
2. 정비사업비와 관련된 자료 등 국토교통부령으로 정하는 서류
3. 그 밖에 시·도 조례로 정하는 서류

조합의 법인격

❖ 조합은 법인으로 한다.
❖ 조합은 조합설립인가를 받은 날부터 30일 이내에 주된 사무소의 소재지에서 <u>대통령령</u>으로 정하는 사항을 등기하는 때에 성립한다.
❖ 조합은 명칭에 "정비사업조합"이라는 문자를 사용하여야 한다.

제3장
재개발사업 토지수용

1. 재개발사업 토지수용 의의

사업시행자는 정비구역에서 정비사업을 시행하기 위하여 「공익사업을 위한 토지 등의 취득 및 보상에 관한 법률」 제3조에 따른 토지·물건 또는 그 밖의 권리를 취득하거나 사용할 수 있습니다. 이때 특이사항은, 재개발사업이 신법 적용 대상인지, 구법 적용 대상(2013.12.24. 이전 조합설립 신청 시 적용)인지에 따라 토지수용 절차에 큰 차이가 있다는 것입니다. 재개발사업에서 보상업무 추진 및 민원 대응을 위해서는 "조합설립 신청 시기"를 정확히 파악하여야 합니다.

토지수용 의의
❖ 사업시행자는 정비구역에서 정비사업을 시행하기 위하여 「공익사업을 위한 토지 등의 취득 및 보상에 관한 법률」 제3조에 따른 토지·물건 또는 그 밖의 권리를 취득하거나 사용할 수 있다.

토지수용 근거
❖ 주택재개발 사업의 경우 사업 시행인가의 고시 또는 시장 등이 직접정비사업을 시행하는 경우는 사업 시행계획서의 고시가 있으면 주택재개발구역의 토지 등을 사업시행자가 수용할 수 있다.

2. 재개발사업 토지수용 근거

재개발사업 대상지에서 사업 시행인가를 받고 토지 세목을 고시하면 토지 등에 대하여 '토지보상법'에 따른 수용절차를 진행할 수 있습니다.

구분	법령 근거
수용근거	❖ 「도시 및 주거환경 정비법」 제63조
사업인정 근거	❖ 「도시 및 주거환경 정비법」 제50조
고시	❖ 「도시 및 주거환경정비법」 제50조 제7항 ❖ 토지세목 고시: ○
재결신청 기한특례	❖ 「도시 및 주거환경정비법」 제65조 제3항
토지보상법 적용대상	❖ 주택재개발사업에서 토지보상법 적용 대상은 주택재개발사업 현금청산자 등을 말하는데, 사업시행자는 토지보상법을 적용 토지보상 등을 할 때 절차를 제대로 이행하여야 사업을 원활하게 추진할 수 있다.

3. 재개발사업 사업인정 협의

재개발사업 토지수용을 위한 사업인정에 대하여 「공익사업을 위한 토지 등의 취득 및 보상에 관한 법률」 제21조 및 같은 법 시행령 제11조 규정에 따라 미리 사업인정에 이해관계가 있는 자의 의견을 듣고 중앙토지수용위원회에 협의 요청을 하여야 합니다.

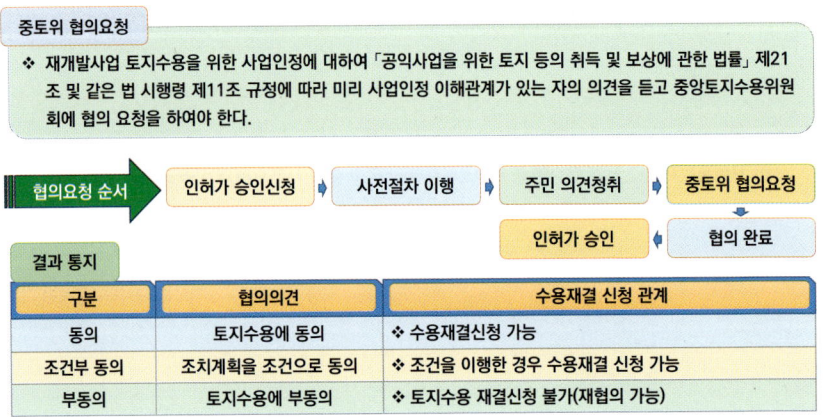

중앙토지수용위원회 사업인정 협의 결과 동의 시에 수용재결신청이 가능하고, 조건부 동의 시에는 조건을 이행한 후 수용재결 신청이 가능합니다. 하지만 부동의 시에는 토지수용 재결신청이 불가능하여 재협의를 받고 동의나 조건부 동의 시 토지보상법을 적용 토지수용이 가능합니다.

4. 재개발사업 토지보상절차

중앙토지수용위원회 협의 결과 동의 또는 조건부 동의 시 주택재개발사업 사업인정이 의제가 되면, 조합은 토지보상법에 따른 수용절차를 진행할 수 있습니다. 재개발사업에서 아파트 입주권을 받는 조합원은 토지수용과 아무 관계가 없는데, 입주권을 받지 않고 현금으로 청산 시 토지보상법에 따라 절차가 진행합니다.

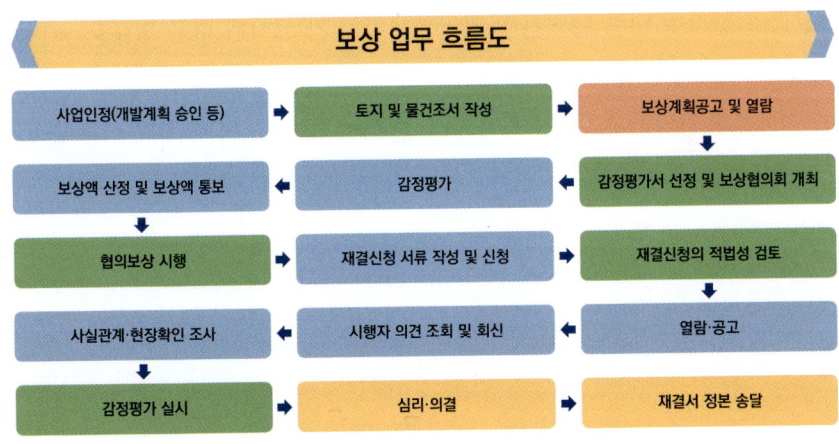

5. 재개발사업 현금청산자

"현금청산 대상자"란 분양신청을 철회한 자, 분양신청을 할 수 없는 자, 관리처분계획에 따라 제외되는 자가 수용대상입니다. 수용대상자에 대하여는 관리처분 인가·고시된 다음 날부터 90일 이내에 협의 기간을 갖는데, 예외적으로 사업시행자는 분양신청 기간 종료일의 다음 날부터 협의할 수 있습니다.

구분	주요 내용
수용대상	❖ 분양신청을 하지 아니한 자 ✓ 분양신청기간 종료 이전에 분양신청을 철회한 자 ✓ 분양 신청을 할 수 없는 자 (투기과열지구 분양 받은 자 5년) ✓ 관리처분계획에 따라 분양대상에서 제외된 자
협의	❖ 관리처분계획 인가·고시된 다음 날부터 90일 이내 (사업시행자는 분양신청기간 종료일의 다음 날부터 협의 가능)
재결신청	❖ 협의기간 만료일 다음 날부터 60일 이내
지연가산금	❖ 사업시행자가 60일 이내에 재결신청을 하지 않을 경우 지연가산금 지급 ✓ 6개월 이내의 지연일수에 따른 이자의 이율: 100분의 5 ✓ 6개월 초과 12개월 이내의 지연일수에 따른 이자의 이율: 100분의 10 ✓ 12개월 초과의 지연일수에 따른 이자의 이율: 100분의 15

현금 청산자에 대한 협의는 관리처분계획 인가·고시된 다음 날부터 90일 이내 협의를 하고 협의 기간 만료일의 다음 날부터 60일 이내에 사업시행자가 토지수용위원회에 재결신청을 하지 않으면 지연가산금을 지급하는데 위와 같이 지연일수에 따라 지연가산금을 차등 지급하게 되어 있습니다.

제4장
재개발사업 토지수용 '구법' 적용

1. 토지보상법 구법 적용 대상

도시정비법 구법 적용 대상은 2013년 12월 24일 이전 조합설립 신청 시에 舊도시정비법을 적용하는데, 현행 법률과 비교할 때 토지보상과 관련 협의 기간 등에 큰 차이가 있습니다. 대부분 재개발사업이 장기간 추진되는 점을 고려하여 도시정비법 적용 대상이 구법 적용 대상인지, 신법 적용 대상인지를 반드시 확인해야 합니다. 실무에서 구법 적용 대상을 신법으로 적용할 경우 도시정비법 위반으로 재결신청 시 토지수용위원회에서 요건불비로 각하될 수 있기에 신·구법 적용 대상 여부를 반드시 확인해야 합니다.

적용대상

- ❖ 「도시정비법」 구법은 2013년 12월 24일 이전 조합설립 신청 시 적용 대상
- ➢ 부칙 〈법률 제12116호, 2013. 12. 24.〉
  - ✓ 제4조(현금청산 시기에 관한 적용례) 제47조 제1항의 개정 규정은 이 법 시행 후 최초로 조합설립인가를 신청하는 분부터 적용한다. (2013.12.24. 이전 조합설립 신청 시는 구법 적용)

현금청산 협의기간

- ❖ 현금청산 대상자에 대하여 150일 이상 협의기간 준수

2. 재개발사업 토지수용 근거

재개발사업에서 토지 등을 수용할 때 舊'도시정비법' 적용 시 현금청산자의 협의 기간에 큰 차이가 나는데, 구법을 적용할 경우 관리처분계획과 관계없이 150일 이상 협의를 해야 하는 반면, 신법은 관리처분계획 인가·고시 후 90일 동안 협의를 하고 협의 기간 만료일 다음 날부터 60일 이내에 사업시행자가 재결신청하는 점에서 큰 차이가 있습니다.

특히, 舊도시정비법 적용 시 협의 기간 150일이 지나기 전에 사업시행자가 토지수용위원회에 재결신청을 하는 사례가 있는데, 이는 舊도시정비법을 위반한 사항으로 舊도시정비법에 150일 협의 기간은 반드시 지켜야 합니다.

3. 토지수용 절차

舊도시정비법에 따른 현금청산 대상자에 대하여는 150일 이상 협의 기간을 준수하여야 합니다.

구분	법령 근거
법령 근거	❖ 구 「도시정비법」 제47조, 시행령 제48조
수용대상	① 분양신청을 하지 아니한 자, 분양신청을 철회한 자 ② 제48조의 규정에 의하여 인가된 관리처분계획에 의하여 분양대상에서 제외된 자
협의	❖ 현금으로 청산하는 경우 청산금액은 사업시행자와 토지 등 소유자가 협의하여 산정 ❖ 위 ①은 분양신청 만료일 다음 날부터 150일 이내 ❖ 위 ②은 관리처분계획의 인가를 받은 날의 다음 날부터 150일 이내 ✓ 평가금액은 시장·군수가 추천하는 2인 감정평가업자 선정 평가 가능 (산술평균, 임의규정임)
재결신청	❖ 협의기간 150일 만료일 다음날부터 재결신청 절차 이행가능 ❖ 소유자가 조속재결 신청을 할 경우 지연가산금 산정은 150일 만료일부터 60일 이후 재결신청 시 지연가산금 부과

舊「도시정비법」 제47조를 적용해 토지보상을 할 경우, 가장 많은 민원이 제기되는 경우가 토지소유자와 협의 기간 150일 동안 전혀 협의가 없는데도 불구하고 사업시행자의 재결신청은 부당하다고 주장하면서 재협의를 다시 할 수 있도록 토지수용위원회에 요청하는 경우에 수용 여부입니다.

실무 경험상 토지소유자가 150일 동안 협의가 전혀 없어서 재협의를 해야 한다는 주장은 舊도시정비법에 근거가 없기 때문에 토지수용위원회는 토지보상법 절차에 따라 진행하면 문제없습니다.

4. 조속재결 신청

"조속재결 신청"이란, 사업시행자는 사업 기간 이내에 언제든지 토지수용 재결신청을 할 수 있는 반면에 토지소유자 등은 재결신청권이 없으므로, 수용을 둘러싼 법률관계의 조속한 확정을 바라는 토지소유자 등의 이익을 보호하고 수용 당사자 간의 공평을 기하기 위해 만들어진 제도입니다.

「토지보상법」 제30조에 토지소유자도 사업시행자에게 재결신청을 한 뒤, 사업시행자가 60일 이내에 토지수용위원회에 재결신청을 하지 않는 경우에 지연가산금을 지급하게 되어 있습니다. 新도시정비법에서는 협의 기간, 지연가산금 신청에 대하여 명시적으로 규정하고 있는 반면, 舊도시정비법은 지연가산금 규정이 없어 토지보상법을 준용하여 아래와 같이 신청하면 됩니다.

```
토지 소유자 등  →재결신청의 청구→  사업시행자  →재결 신청 60일 이내→  - 관할 -
토지수용위원회
```

❖ 기한을 넘겨 재결신청 한 경우 지연된 기간에 대하여, 보상금에 연12% 가산하여 지급하여야 함 (「소송촉진에 등에 관한 특례법」 제3조)

재결신청 기간 산정

❖ 재결 신청의 청구는 협의기간이 경과한 후 신청. 대법원 판례(93누 2902 판결)는 협의기간이 종료 전이라도 협의의 가능성 없음이 명백해졌을 때는 재결신청의 청구를 할 수 있다고 봄
❖ 재결신청 청구 관련 기산일 산정 기준일: 아래 가장 마지막 날짜가 기산일
① 재결 신청의 청구일(토지소유자와 관계인)
② 사업인정 고시일
③ 협의기간 만료일 (150일 이상)

지연가산금 기간 산정기준은 위에서 정하는 ①호~③호 요건 중 가장 마지막 날짜를 기산일로 정해서 60일이 넘으면 지연가산금 대상에 해당합니다. 토지소유자가 지연가산금을 요청하면 사업시행자는 지연가산금을 지급해야 합니다. 참고로 ③번 협의 기간은 舊도시정비법 150일, 新도시정비법 90일, 토지보상법은 30일로 新·舊 도시정비법과 토지보상법의 협의 기간에 대한 차이점을 알아야 지연가산금 신청을 제대로 할 수 있습니다.

5. 정비구역 행위 제한 등

정비구역에서 다음 각호의 어느 하나에 해당하는 행위를 하려는 자는 시장·군수 등의 허가를 받아야 하며, 허가받은 사항을 변경하려는 때에도 또한 같고, 구역지정 및 고시 당시 행위허가를 받아 착수한 자는 정비구역이 지정·고시된 날부터 30일 이내에 그 공사 또는 사업의 진행 상황과 시행계획을 첨부하여 관할 시장·군수 등에게 신고하여야 수용재결 시 불이익을 받지 않습니다.

> **행위 제한**
>
> ❖ 정비구역에서 다음 각호의 어느 하나에 해당하는 행위를 하려는 자는 시장·군수등의 허가를 받아야 한다. 허가받은 사항을 변경하려는 때에도 또한 같다.
>   ① 건축물의 건축 ② 공작물의 설치 ③ 토지의 형질변경 ④ 토석의 채취 ⑤ 토지분할
>   ⑥ 물건을 쌓아 놓는 행위 ⑦ 그 밖에 대통령령으로 정하는 행위

> **제외 대상**
>
> ❖ 재해복구 또는 재난수습에 필요한 응급조치를 위한 행위
> ❖ 기존 건축물의 붕괴 등 안전사고의 우려가 있는 경우 해당 건축물에 대한 안전조치를 위한 행위
> ❖ 그 밖에 대통령령으로 정하는 행위
> ✓ 경작, 정비구역 개발에 지장을 주지 않는 것

〈정비구역 지정 고시 전 건축허가 행위제한 여부〉

질의 요지	정비구역 지정 고시 전에 건축허가 신청이 접수된 경우 「도시정비법」 제5조에 따른 행위제한 대상인지 여부 (2014.4.23.)
회신 내용	「도시정비법」 제5조 제3항 및 같은 법 시행령 제13조의4 제4항에 의하면 법 제5조 제1항의 규정에 따라 허가를 받아야 하는 행위로서 정비구역의 지정 및 고시 당시 이미 관계 법령에 따라 행위허가를 받았거나 허가를 받을 필요가 없는 행위에 관하여 그 공사 또는 사업에 착수한 자는 정비구역이 지정·고시된 날부터 30일 이내에 그 공사 또는 사업의 진행 상황과 시행계획을 첨부하여 관할 시장·군수에게 신고한 후 이를 계속 시행할 수 있으나, 그 공사 또는 사업에 착수하지 않은 경우에 대하여는 「도시정비법」 제5조 제1항의 적용을 받아야 할 것임. [도시 및 주거환경정비법 질의회신사례집(2017.10.) 국토교통부]

제5장
이주대책 수립 및 손실보상

1. 이주대책 수립

재개발사업을 추진할 때 이주대책을 수립해야 하는데 이주대책은 사업시행자가 수립하게 되어 있습니다. 실무 경험상 재개발사업에서 입주권을 받으며, 입주권 자체가 이주대책에 해당하기 때문에 재개발사업에서 별도의 이주대책 수립은 흔하지 않습니다.

이주대책 수립·실시
- ❖ 사업시행자는 공익사업의 시행으로 인하여 주거용 건축물을 제공함에 따라 생활의 근거를 상실하게 되는 자를 위하여 이주대책을 수립·실시하거나 이주정착금을 지급
- ❖ 이주대책은 이주대책대상자 중 이주정착지에 이주를 희망하는 자 가구 수가 10호(戶)이상
  - ✓ 제외자: 해당 건축물에 공익사업을 위한 관계 법령에 따른 고시 등이 있는 날부터 계약체결일 또는 수용재결일까지 계속하여 거주하고 있지 아니한 건축물의 소유자

이주정착금
- ❖ 지급요건: ① 사업시행자가 이주대책을 수립·실시하지 아니한 경우
  ② 이주대책대상자가 이주정착지가 아닌 다른 지역으로 이주하려는 경우
- ❖ 이주정착금: 주거용 건축물에 대한 평가액의 30퍼센트에 해당하는 금액
  - ✓ 금액한도 1천2백만 원 미만인 경우1천2백만 원, 2천4백만 원을 초과하는 경우 2천4백만 원

참고로 이주정착금 지급대상자도 이주대책대상자의 요건을 구비해야 이주정착금을 받을 수 있습니다.

2. 영업보상 등 손실보상 기준일

재개발사업에서 가장 큰 쟁점은 영업 보상 등 보상인정 기준을 토지보상법에 적용하는지, 도시정비법에 적용하는지입니다. 법령 체계상 도시정비법에서 별도로 정하고 있기 때문에, 재개발사업에서 영업 보상 및 폐업보상과 주거 이전비 보상인정 시점을 정비구역의 지정을 위한 주민공람일로 정하고 있어 도시정비법을 적용합니다. 따라서, 영업보상 및 주거이전비 대상 여부 확인은 정비구역 지정 주민 공람공고일인자를 확인하셔야 영업 등 보상대상 여부를 확인할 수 있습니다.

도시 정비법 규정

❖ 정비사업으로 인한 영업의 폐지 또는 휴업에 대하여 손실을 평가하는 경우 영업의 휴업기간은 4개월 이내로 한다. 다만, 다음 각호의 어느 하나에 해당하는 경우에는 실제 휴업기간으로 하되, 그 휴업기간은 2년을 초과할 수 없다.
① 해당 정비사업을 위한 영업의 금지 또는 제한으로 인하여 4개월 이상 기간 동안 영업을 할 수 없는 경우
② 영업시설의 규모가 크거나 이전에 고도의 정밀성을 요구하는 등 해당 영업의 고유한 특수성으로 인하여 4개월 이내에 다른 장소로 이전하는 것이 어렵다고 객관적으로 인정되는 경우

보상 인정 시점

❖ 영업보상: 정비구역의 지정을 위한 주민공람 등
❖ 주거이전비 보상: 정비구역의 지정을 위한 주민공람 등

3. 주거이전비 및 이사비

재개발사업 시, 주거용 건축물의 거주자에게 주거 이전에 필요한 비용과 가재도구 등 동산의 운반에 필요한 비용을 산정하여 보상하여야 합니다. 특히, 실무 경험상 세입자 주거 이전비에 대한 다툼이 많은데, 세입자 주거 이전비 문제에서 세입자가 이사 가지 않고 계속 거주하면서 세입자 주거 이전비 지급을 요구하면 전혀 문제가 없습니다. 문제는 세입자가 주거 이전비 대상인 줄 모르고 보상을 받지 않고 먼저 이사를 가 버린 경우인데, 만약 세입자 주거 이전비 대상에 해당하는데도 불구하고 조합이 계속 주거 이전비를

안 주는 경우가 있습니다. 이때 「토지보상법」 제30조에 근거 재결신청의 청구 등을 통해 적극적인 대응을 통해서 세입자 주거 이전비 문제를 해결할 수 있습니다.

주거이전비

- ❖ 주거용 건축물의 거주자에 대하여는 주거 이전에 필요한 비용과 가재도구 등 동산의 운반에 필요한 비용을 산정하여 보상
  - ➢ 소유자: 보상당시 해당 공익사업시행지구 내에 거주하기만 하면 보상대상, 보상액은 가구원수에 따라 2개월분의 주거이전비를 보상
  - ➢ 세입자: 사업인정 고시일 당시 또는 관계법령에 의한 고시 등이 있는 당시 해당 공익사업시행지구 안에서 3개월 이상 거주한 자에 대하여는 가구원수에 따라 4개월분의 주거이전비를 보상

이사비

- ❖ 주거용 건축물의 거주자가 해당 공익사업시행지구 밖으로 이사를 하는 경우에는 보상
- ❖ 이사비는 주거용 건축물의 거주자에 대해 실제 소요되는 비용을 보상하는 것이므로, 거주자가 소유자인지 세입자인지 또는 언제부터 거주하였는지, 무허가 건축물 등인지에 관계없이 보상 당시 주거용 건축물에 거주하기만 하면 보상 대상

제6장
재건축사업

1. 재건축사업 의의

재건축사업은 기반시설은 양호하나 30년 이상 노후 아파트 단지를 재건축해서 조합원에게 새 아파트 입주권을 돌려주는 사업을 말하는데, 재건축사업에 동의하지 않는 비조합원과 현금 청산자는 매도청구 대상이 되어 시가 보상을 받습니다.

> **재건축사업**
> ❖ 정비기반시설이 양호하나 노후·불량건축물이 밀집한 지역인 오래된 아파트 단지를 철거하고 조합원에게 신규 아파트를 공급하는 사업

2. 조합설립추진위원회

재건축사업을 추진하려면 조합설립추진위를 구성해야 합니다. 조합설립을 준비하는 추진위원회 기능은 아래 내용과 같습니다. (법 제31조 참조)

> **조합설립추진위원회**
> ❖ 조합을 설립하려는 경우 정비구역 지정·고시 후 다음 각호의 사항에 대하여 토지 등 소유자 과반수의 동의를 받아 조합설립을 위한 추진위원회를 구성하여 국토교통부령으로 정하는 방법과 절차에 따라 시장·군수 등의 승인을 받아야 한다.
> 1. 추진위원회 위원장을 포함한 5명 이상의 추진위원회 위원
> 2. 추진위원회 운영규정 (「도시정비법」 제34조)

> **추진위원회 기능**
> 1. 정비사업전문관리업자의 선정 및 변경
> 2. 설계자의 선정 및 변경
> 3. 개략적인 정비사업 시행계획서의 작성
> 4. 조합설립인가를 받기 위한 준비 업무
> 5. 그 밖에 조합설립을 추진하기 위하여 <u>대통령령</u>으로 정하는 업무

최근 재건축사업은 중·고층아파트가 주요 재건축 대상인데, 고층의 경우 사업성이 부족 조합원 분담금 때문에 어려움을 겪고 있습니다. 이때 소유자는 재건축사업에 동의 조합원이 될지, 아니면 재건축 사업에 반대 매도청구 대상이 될지를 결정해야 하는데 은퇴자의 경우 분담금, 입주 시기, 노후자금 등을 종합적으로 고려해 판단해야 후회하지 않습니다.

3. 조합설립인가 요건

재건축사업에서 조합설립인가 요건은 동별 구분소유자 과반수 등 아래 요건을 충족해야 합니다.

> **조합설립인가 요건**
> ❖ 동별: 구분소유자 과반수
> ❖ 주택단지의 전체: 구분소유자의 4분의 3 이상 및 토지면적의 4분의 3 이상 동의
> ❖ 주택단지가 아닌 지역
>   ✓ 토지 또는 건축물 소유자의 4분의 3 이상 및 토지면적의 3분의 2 이상의 토지소유자의 동의

> **조합의 법인격**
> ❖ 조합은 법인으로 한다.
> ❖ 조합은 조합설립인가를 받은 날부터 30일 이내에 주된 사무소의 소재지에서 <u>대통령령</u>으로 정하는 사항을 등기하는 때에 성립한다.
> ❖ 조합은 명칭에 "정비사업조합"이라는 문자를 사용하여야 한다.

4. 조합원 자격

재건축사업의 조합원 자격은 '정비구역'에 위치한 건축물 및 그 부속토지의 소유자이며, 재건축사업에 동의한 자만 조합원에 해당하는데 조합원은 재건축 완료 시 아파트 입주권을 받을 수 있는 자격을 갖습니다. (법 제39조 참조)

조합원의 자격
- ❖ 재건축사업의 경우에는 재건축사업에 동의한 자만 해당한다. 다음 각호의 어느 하나에 해당하는 때에는 그 여러 명을 대표하는 1명을 조합원으로 본다.
  - ✓ 토지 또는 건축물의 소유권과 지상권이 여러 명의 공유
  - ✓ 여러 명의 토지 등 소유자가 1세대에 속하는 때
  - ✓ 조합설립인가 후 1명의 토지 등 소유자로부터 토지 또는 건축물의 소유권을 여러 명이 소유

투기과열지구
- ❖ 원칙: 조합설립 인가 후 해당정비사업의 건축물 또는 토지를 양수(매매·증여, 그 밖의 권리의 변동을 수반하는 모든 행위를 포함, 다만 상속·이혼은 제외)한 자는 조합원이 될 수 없다.
- ❖ 예외: ① 세대원의 근무상 또는 생업상의 사정이나 질병치료 등 ② 상속으로 취득한 주택으로 세대원 모두 이전 ③ 세대원 모두 해외 이전 및 2년 이상 해외 체류 ④ 1세대 1주택자로서 양도하는 주택 소유거주기간이 일정기간 이상 등(「도시정비법」 제39조 및 동법시행령 제37조 참조)

특히, 투기과열지구로 지정된 지역에서 재건축사업을 시행하는 경우에는 조합설립 인가 후, 재개발사업을 시행하는 경우에는 관리처분계획의 인가 후 해당 정비사업의 건축물 또는 토지를 양수(매매·증여, 그 밖의 권리의 변동을 수반하는 모든 행위를 포함하되, 상속·이혼으로 인한 양도·양수의 경우는 제외)한 자는 조합원이 될 수 없는데, 법령에서 정하는 자격 요건을 반드시 확인해서 조합원 자격 대상이 되는지를 별도로 확인해야 합니다. (법 제39조 참조)

제7장
재건축사업 매도청구

1. 재건축사업 수용·매도청구

도시정비법에서 재건축사업은 조합원이 재건축사업에 동의하지 않으면 매도청구 대상이 되는데 재건축에서 매도청구는 시가보상이 원칙입니다. 다만, 재건축사업은 천재지변 등 외에는 토지보상법상 수용대상이 아닙니다.

수용대상 여부
- ❖ 재건축사업의 경우에는 원칙상 토지 등의 수용 또는 사용대상이 아니며, 다만 아래에 해당하는 사업만 수용대상임
  - ✓ 천재지변 시 또는 사업시행자가 아래 각 호에 해당하는 토지·물건 및 권리를 취득하거나 사용
    ① 토지 및 이에 관한 소유권 외 권리 ② 토지와 함께 필요한 입목, 건물 그 밖에 정착된 물건 등
    ③ 광업권·어업권·양식업권 또는 물의 사용권리 ④ 토지에 속한 흙·돌·모래 또는 자갈 관련 권리

매도청구 대상
- ❖ 재건축 조합 설립에 동의하지 않은 주택 소유자에게 조합이 강제로 주택을 팔게 하는 제도로, 조합에서 매도청구를 소송으로 진행하게 되고 보상가격은 법원에서 감정평가

2. 매도청구 대상 및 절차

매도청구 대상은 조합설립에 동의하지 아니한 자를 말하는데, 매도청구절차는 토지소유자가 아래 일정 기간 절차이행을 거쳐서 조합설립 등에 동의하지 않는 경우 매도청구를 할 수 있습니다. (법 제64조 참조)

구분	내용
대상	❖ 조합설립에 동의하지 아니한 자 ❖ 시장·군수 등, 토지주택공사 등 또는 신탁업자의 사업시행자 지정에 비동의자
절차	① 재건축사업의 사업시행자는 사업시행계획인가의 고시가 있은 날부터 30일 이내에 위 대상자에게 조합설립 또는 사업시행자의 지정에 관한 동의 여부를 회답할 것을 서면으로 촉구 ② 촉구를 받은 토지 등 소유자는 촉구를 받은 날부터 2개월 이내에 회답하여야 한다. ③ 기간 내에 회답하지 아니한 경우 그 토지 등 소유자는 조합설립 또는 사업시행자의 지정에 동의하지 아니하겠다는 뜻을 회답한 것으로 본다. ④ 2개월 회답 기간이 지나면 사업시행자는 그 기간이 만료된 때부터 2개월 이내에 조합설립 또는 사업시행자 지정에 동의하지 아니하겠다는 뜻을 회답한 토지 등 소유자와 건축물 또는 토지만 소유한 자에게 건축물 또는 토지의 소유권과 그 밖의 권리를 매도할 것을 청구할 수 있다.

3. 재건축 현금청산자

재건축사업에서 매도청구 외 현금청산이 있는데 현금청산은 재건축 조합에서 분양공고를 냈는데 아래 분양신청 기간에 분양신청을 하지 않았거나, 철회한 자 등이 대상입니다. 90일 협의 기간을 정해서 협의에 응하지 않으면 협의 만료일부터 60일 이내에 매도청구를 할 수 있으며, 매도청구 보상은 시가보상입니다.

구분	내용
법령 근거	❖ 「도시 및 주거환경 정비법」 제73조
대상	❖ 분양신청을 하지 아니한 자 ❖ 분양신청기간 종료 이전에 분양신청을 철회한 자 ❖ 제72조 제6항 본문에 따라 분양신청을 할 수 없는 자 ❖ 관리처분계획에 따라 분양대상에서 제외된 자
협의	❖ 관리처분계획 인가·고시된 다음 날부터 90일 이내 (사업시행자는 분양신청기간 종료일의 다음 날부터 협의 가능)
매도청구	❖ 협의기간 만료일 다음 날부터 60일 이내

참고로, 아파트가 30년 이상 되는 경우 재건축 조합을 구성 재건축사업을

추진할 때, 대부분 현재 가지고 있는 아파트 평형을 넓혀서 분양권을 받는데, 조합원으로 아파트를 분양권을 받아야 하는지, 매도청구로 현금청산을 받고 떠나야 하는지 잘 따져서 현명한 선택을 하여야 합니다.

　유의 사항은, 재건축사업은 소유자 간 이해충돌이 첨예하여 기간이 최소한 수년 또는 10년 이상도 걸릴 수 있고, 은퇴자의 경우에는 노후자금 등을 고려해서 분양권을 받을지, 현금청산으로 갈지를 결정해야 하는데 부동산 공법 지식을 가지고 주요 쟁점 사항인 아파트 입주 시기, 개인 분담금 부담 능력, 향후 부동산 동향 등을 종합적으로 고려해서 입주권을 받을지 현금청산을 할지를 판단하면 노후에 재건축 문제로 걱정하지 않습니다.

제6강. 지역주택조합과 리모델링은 주택법을 적용한다

제1장. 주택법 사업 개요
  1. 주택법 의의
  2. 주택법의 용어 정의
  3. 주택건설업자 등록 대상
  4. 등록기준

제2장. 지역주택조합
  1. 지역주택조합 제도 및 인가
  2. 지역주택조합의 인가요건
     1) 인가요건
     2) 조합원의 수
     3) 조합원 모집 신고 및 공개모집
  3. 지역주택조합원 자격
  4. 조합원 교체 및 신규 가입
  5. 조합 가입 철회 및 가입비 반환
     1) 가입비 예치기관에 예치
     2) 조합가입 철회 및 가입비 반환

제3장. 사업계획의 승인
  1. 사업계획 승인대상 및 승인권자
     1) 사업계획 승인대상
     2) 사업계획 승인권자
  2. 주택건설대지의 소유권 확보
     1) 대지의 소유권 확보
     2) 매도청구
        (1) 지구단위계획구역 매도청구
        (2) 매도청구 관련 대법원 판례 사례

3. 주택법에서 토지수용

4. 주택법에서의 토지수용 절차

제4장. 리모델링
1. 리모델링의 의의
2. 리모델링 조합원 자격
3. 매도청구
4. 소유자 확인이 곤란한 대지 등 처분

제1장
주택법 사업 개요

1. 주택법 의의

주택법은 쾌적하고 살기 좋은 주거환경 조성에 필요한 주택의 건설·공급 및 주택시장의 관리 등에 관한 사항을 정함으로써 국민의 주거안정과 주거수준의 향상에 이바지함을 목적으로 합니다. 주택법에 대해서는 다양한 사항들이 있지만, 이 교재에서는 지역주택조합과 주택단지 조성 지구단위계획에 대하여 살펴보겠습니다.

목적
- ❖ 주택법의 목적은 쾌적하고 살기 좋은 주거환경 조성에 필요한 주택의 건설·공급 및 주택시장의 관리 등에 관한 사항을 정함으로써 국민의 주거안정과 주거수준의 향상에 이바지함을 목적

사업주체
- ❖ 주택건설사업계획 또는 대지 조성 사업계획의 승인을 받아 그 사업을 시행하는 다음 각 목의 자를 말한다.
  ① 국가·지방자치단체 ② 한국토지주택공사 또는 지방공사
  ③ 주택건설사업자 또는 대지 조성사업자
  ④ 그 밖에 이 법에 따라 주택건설사업 또는 대지 조성사업을 시행하는 자

2. 주택법의 용어 정의

「주택법」 제2조에서 주요 용어의 정의를 정하고 있는데, 주택조합의 종류,

국민주택 규모, 입주자 등 아래 내용을 참조 바랍니다.

구분	내용
주택조합	❖ 많은 수의 구성원이 사업계획의 승인을 받아 주택을 마련하거나 리모델링하기 위하여 결성하는 단음 각 목의 조합을 말한다. ① 지역주택조합: 시·도 단위 지역에 거주하는 주민이 주택 마련을 위하여 설립한 조합 ② 직장주택조합: 같은 직장의 근로자가 주택을 마련하기 위하여 설립한 조합 ③ 리모델링주택조합: 공동주택 소유자가 그 주택을 리모델링하기 위하여 설립한 조합
국민 주택규모	❖ 주거의 용도로만 쓰이는 면적이 1호(戶) 또는 1세대당 85㎡ 이하인 주택, 수도권을 제외한 도시 지역이 아닌 읍 또는 면지역은 1호 또는 1세대당 주거전용면적이 100㎡ 이하인 주택을 말함
입주자	❖ 주택을 공급받는 자 ❖ 주택의 소유자 또는 그 소유자를 대리하는 배우자 및 직계 존비속

3. 주택건설업자 등록 대상

주택건설업자란 주택을 지어서 주택 수요자에게 공급할 수 있는 자격을 말하는데, 원칙은 단독주택은 연간 20호 이상 공급, 공동주택은 연간 20세대 이상 공급자는 반드시 주택건설업자 등록을 하여야 합니다. (시행령 제14조 참조)

구분	내용
단독주택	❖ 연간 20호 이상
공동주택	❖ 원칙: 연간 20세대 이상 ❖ 예외: 도시형 생활주택의 경우(소형 주택과 주거전용면적이 85㎡를 초과하는 주택 1세대를 함께 건축하는 경우를 포함)은 30세대 이상
등록 예외 대상	① 국가·지방자치단체 ② 한국토지주택공사 ③ 지방공사 ④ 「공익법인의 설립·운영에 관한 법률」 제4조에 따라 주택건설사업을 목적으로 설립된 공익법인 ⑤ 등록사업자와 공동으로 주택건설사업을 하는 주택조합 ⑥ 등록사업자와 공동으로 주택건설사업을 시행하는 고용자

주택건설 사업 등록 예외 대상은 공공 및 등록사업자와 공동으로 하는 주택조합 및 시행하는 고용자 등이 해당합니다.

4. 등록기준

주택건설사업 또는 대지조성 사업의 등록을 하려는 자는, 다음 각호의 요건을 모두 갖추어야 합니다. 이 경우 하나의 사업자가 주택건설사업과 대지조성 사업을 함께하는 때에는 제①호 및 제③호의 기준은 중복하여 적용하지 아니합니다. (시행령 제14조 참조)

구분	등록기준
① 자금	◦ **법인**: 자본금 3억 원 이상 ◦ **개인**: 자산평가액 6억 원 이상
② 기술인력	◦ **주택건설사업**: 건축분야 기술인 1명 이상 ◦ **대지조성사업**: 토목분야 기술인 1명 이상
③ 사무실 면적	◦ 사업의 수행에 필요한 사무장비를 갖출 수 있는 면적

제2장
지역주택조합

1. 지역주택조합 제도 및 인가

국민주택 규모(주거전용면적 85㎡) 이하 주택 소유자 및 무주택자의 내 집 마련을 위해 일정한 자격 요건을 갖춘 조합원에게 청약통장 가입 여부와 관계없이 주택을 공급하는 제도로, 많은 수의 구성원이 주택을 마련하거나 리모델링사업을 하기 위하여 주택조합을 설립하려는 경우에는 관할 특별자치시장, 특별자치 도지사, 시장, 군수 또는 구청장의 인가를 받아야 하며, 인가 받은 내용을 변경하거나 주택조합을 해산하려는 경우에도 또한 같습니다.

주택 조합제도
❖ 국민주택 규모(주거전용면적 85㎡) 이하 주택 소유자 및 무주택자의 내 집 마련을 위해 일정한 자격 요건을 갖춘 조합원에게 청약통장 가입 여부와 관계없이 주택을 공급하는 제도

시장 인가
❖ 많은 수의 구성원이 주택을 마련하거나 리모델링하기 위하여 주택조합을 설립하려는 경우에는 관할 특별자치시장, 특별자치도지사, 시장, 군수 또는 구청장의 인가를 받아야 한다. 인가 받은 내용을 변경하거나 주택조합을 해산하려는 경우에도 또한 같다.

2. 지역주택조합의 인가요건

주택조합설립 인가요건은 아래와 같이 주택건설 대지 확보, 조합원 수 확

보 등 요건을 갖추어야 하며, 조합원은 공개 모집하여야 합니다.

> **주택조합설립 인가요건**
> ❖ 각호 요건을 모두 갖추어야 한다.
> ✓ 해당 주택건설대지의 80퍼센트 이상에 해당하는 토지의 사용권원을 확보할 것
> ✓ 해당 주택건설대지의 15퍼센트 이상에 해당하는 토지의 소유권을 확보할 것
>
> **조합원 수**
> ❖ 주택건설 예정 세대수(리모델링 주택조합 제외)의 50퍼센트 이상의 조합원으로 구성하되, 조합원은 20명 이상일 것, 다만, 사업계획승인 과정에서 세대수가 변경된 경우 변경된 세대수 기준
>
> **조합원 공개모집**
> ❖ 지역주택조합 또는 직장주택조합의 설립인가를 받기 위하여 조합원을 모집하려는 자는 해당 주택건설대지의 50퍼센트 이상에 해당하는 토지의 사용권원을 확보하여 관할 시장·군수·구청장에게 신고하고 공개모집의 방법으로 조합원을 모집하여야 함

1) 인가요건

주택조합설립 인가요건은 해당 주택건설 대지의 80% 이상 토지 사용권 확보와 15% 이상 토지소유권 모두를 갖추어야 합니다. (법 제11조 참조)

2) 조합원의 수

주택건설 예정 세대수(리모델링 주택조합 제외)의 50% 이상의 조합원으로 구성하되, 조합원은 20명 이상이어야 합니다. (시행령 제20조 참조)

3) 조합원 모집 신고 및 공개모집

지역주택조합 또는 직장주택조합의 설립인가를 받기 위하여 조합원을 모집하려는 자는 해당 주택건설 대지의 50% 이상에 해당하는 토지의 사용권원을 확보하여 관할 시장·군수·구청장에게 신고하고, 공개모집의 방법으로 조합원을 모집하여야 하며, 조합설립인가를 받기 전에 신고한 내용을 변경하는 경우에도 또한 같습니다. (법 제11조의3 참조)

3. 지역주택조합원 자격

지역주택조합원 자격은 「주택법 시행령」 제21조에서 정하고 있습니다.

구분	내용(「주택법」 시행령 제21조)
지역주택 조합	❖ 조합설립인가 신청일(해당 주택건설대지가 투기과열지구 안에 있는 경우에는 조합설립인가 신청일 1년 전의 날을 말함)부터 해당 조합주택의 입주 가능일까지 주택을 소유하는지에 대하여 다음의 어느 하나에 해당할 것 (1) 세대주를 포함한 세대원[세대주와 동일한 세대별 주민등록표에 등재되어 있지 아니한 세대주의 배우자 및 그 배우자와 동일한 세대를 이루고 있는 사람을 포함한다. 이하 (2)에서 같다] 전원이 주택을 소유하고 있지 아니한 세대의 세대주일 것 (2) 세대주를 포함한 세대 원 중 1명에 한정하여 주거전용면적 85㎡ 이하의 주택 1채를 소유한 세대의 세대주일 것 ❖ 조합설립인가 신청일 현재 권역별 구분에 따른 지역에 6개월 이상 계속하여 거주하여 온 사람일 것 ❖ 본인 또는 본인과 같은 세대별 주민등록표에 등재되어 있지 않은 배우자가 같은 또는 다른 지역주택조합의 조합원이거나 직장주택조합의 조합원이 아닐 것

지역주택조합원 자격은 주택법에서 정하고 있으며, 조합설립인가 신청일 현재 구역별 지역에서 6개월 이상 계속하여 거주하여야 하며, 세대주 포함 세대원이 무주택자나 세대원 중 1명에 한정 주거전용면적 85㎡ 이하의 주택 1채를 소유하고 있어도 지역주택조합원이 될 수 있습니다. 지역주택조합 설립 신청 서류에는 ①창립총회 회의록, ②조합장선출 동의서, ③ 합원 전원이 자필로 연명(連名)한 조합규약, ④조합원 명부, ⑤사업계획서, ⑥해당 주택건설 대지의 80% 이상에 해당하는 토지의 사용권원을 확보하였음을 증명하는 서류, ⑦해당 주택건설 대지의 15% 이상에 해당하는 토지의 소유권을 확보하였음을 증명하는 서류, ⑧조합원 자격이 있는 자임을 확인하는 서류입니다.

4. 조합원 교체 및 신규 가입

지역주택조합은 설립인가를 받은 후에는 해당 조합원을 교체하거나 신규로 가입하게 할 수 없습니다. 다만, 다음 각호의 어느 하나에 해당하는 경우에는 예외로 하며, 조합원 자격 요건을 갖추었는지를 판단할 때에는 해당 조합설립인가 신청일을 기준으로 하고, 조합원 추가 모집의 승인과 조합원 추가 모집에 따른 주택조합의 변경인가 신청은 사업계획승인신청일까지 하여야 합니다. (시행령 제22조 참조)

① 조합원 수가 주택건설 예정 세대수를 초과하지 아니하는 범위에서 시장·군수·구청장으로부터 조합원 추가 모집의 승인을 받은 경우

② 다음 각 목의 어느 하나에 해당하는 사유로 결원이 발생한 범위에서 충원하는 경우

가. 조합원의 사망
나. 사업계획승인 이후 [지역주택조합주택건설대지 전부의 소유권을 확보하지 아니하고 사업계획승인을 받은 경우에는 해당 주택건설대지 전부의 소유권(해당 주택건설대지가 저당권등의 목적으로 되어 있는 경우에는 그 저당권등의 말소를 포함한다)을 확보한 이후를 말한다]에 입주자로 선정된 지위(해당 주택에 입주할 수 있는 권리·자격 또는 지위 등을 말한다)가 양도·증여 또는 판결 등으로 변경된 경우. 다만, 전매가 금지되는 경우는 제외
다. 조합원의 탈퇴 등으로 조합원 수가 주택건설 예정 세대수의 50% 미만이 되는 경우
라. 조합원이 무자격자로 판명되어 자격을 상실하는 경우
마. 사업계획승인 등의 과정에서 주택건설 예정 세대수가 변경되어 조합원 수가 변경된 세대수의 50% 미만이 되는 경우

5. 조합 가입 철회 및 가입비 반환

1) 가입비 예치기관에 예치

모집 주체는 주택조합의 가입을 신청한 자가 주택조합 가입을 신청하는 때에 납부하여야 하는 일체의 금전을 "예치기관"에 예치하도록 하여야 합니다. 예치기관은 은행법에 따른 은행, 체신 관서, 보험회사, 자본시장과 금융투자에 관한 법률에 따른 신탁업자를 말합니다. (법 제1조의6 참조)

2) 조합가입 철회 및 가입비 반환

지역주택조합에 가입했는데 가입이 부당하다고 판단하거나, 잘 모르고 신청한 자는 가입비 등을 예치한 날부터 30일 이내에 주택조합 가입에 관한

청약을 철회할 수 있습니다. 또한, 조합은 주택조합의 가입을 신청한 자에게 청약 철회를 이유로 위약금 또는 손해배상을 청구할 수 없다고 명시하고 있어 지역주택조합 가입에 따른 조합원 리스크를 법령으로 보장하고 있습니다. (법 제11조의6 참조)

청약 철회 요건
- 주택조합의 가입을 신청한 자는 가입비 등을 예치한 날부터 30일 이내에 주택조합 가입에 관한 청약을 철회할 수 있다.
- 청약 철회를 서면으로 하는 경우에는 청약 철회의 의사를 표시한 서면을 발송한 날에 그 효력이 발생한다.

가입비 반환 요청
- 모집 주체는 주택조합의 가입을 신청한 자가 청약 철회를 한 경우 청약 철회의사가 도달한 날부터 7일 이내에 예치기관의 장에게 가입비 등의 반환을 요청하여야 한다.
- 예치기관의 장은 가입비 등의 반환 요청을 받은 경우 요청일부터 10일 이내에 그 가입비 등을 예치한 자에게 반환하여야 한다.

제3장
사업계획의 승인

1. 사업계획 승인대상 및 승인권자

1) 사업계획 승인대상

아래 표에서 정하는 호수 이상의 주택건설사업을 시행하려는 자 또는 면적 1만㎡ 이상의 대지조성 사업을 시행하려는 자는 다음 각호의 사업계획승인권자에게 사업계획승인을 받아야 합니다. 다만, 주택 외의 시설과 주택을 동일 건축물로 건축하는 경우 등 대통령령으로 정하는 경우에는 그러하지 아니합니다. (시행령 제27조 참조)

구분	주요 내용
단독주택	◦ 30호. 다만, 아래 각 목의 어느 하나에 해당하는 단독주택의 경우에는 50호로 한다. ① 공공사업에 따라 조성된 용지를 개별 필지로 구분하지 아니하고 일단(一團)의 토지로 공급받아 해당 토지에 건설하는 단독주택 ② 「건축법 시행령」 제2조 제16호에 따른 한옥
공동주택	◦ 30세대(리모델링의 경우에는 증가하는 세대수를 기준). 다만, 다음 각 목의 어느 하나에 해당하는 공동주택을 건설(리모델링의 경우는 제외)하는 경우에는 50세대로 한다. 다음의 요건을 모두 갖춘 단지형 연립주택 또는 단지형 다세대주택 ① 세대별 주거전용면적이 30㎡ 이상일 것

공동주택	② 해당 주택단지 진입도로의 폭이 6m 이상일 것. 다만, 해당 주택단지의 진입도로가 두 개 이상인 경우에는 다음의 요건을 모두 갖추면 진입도로의 폭을 4m 이상 6m 미만으로 할 수 있다. 가) 두 개의 진입도로 폭의 합계가 10m 이상일 것 나) 폭 4m 이상 6m 미만인 진입도로는 도로와 통행거리가 200m 이내일 것 ◦ '도시 및 주거환경정비법' 주거환경개선사업을 시행하기 위하여 건설하는 공동주택. 다만, 정비기반시설의 설치계획에 따른 정비기반시설의 설치계획대로 정비기반시설 설치가 이루어지지 아니한 지역으로서 시장·군수·구청장이 지정·고시하는 지역에서 건설하는 공동주택은 제외한다.
면적	◦ 1만㎡

2) 사업계획 승인권자

아래 대지면적 규모 등에 따라 사업계획 승인권자는 시·도지사, 대도시 시장, 시장·군수, 국토교통부 장관이 사업계획 승인권자입니다.

구분	주요 내용
시·도지사, 대도시 시장	◦ 주택건설사업 또는 대지조성 사업으로서 해당 대지면적이 10만㎡ 이상인 경우
특별시장· 광역시장· 특별자치시장· 자치도지사 또는 시장·군수	◦ 주택건설사업 또는 대지조성 사업으로서 해당 대지면적이 10만㎡ 미만인 경우
국토교통부 장관	① 330만㎡ 이상의 규모로 '택지개발촉진법'에 따른 택지개발사업 또는 '도시개발법'에 따른 도시개발사업을 추진하는 지역 중 국토교통부 장관이 지정·고시하는 지역에서 주택건설사업을 시행하는 경우 ② 수도권 또는 광역시 지역의 긴급한 주택난 해소가 필요하거나 지역균형 개발 또는 광역적 차원의 조정이 필요하여 국토교통부 장관이 지정·고시하는 지역에서 주택건설사업을 시행하는 경우

국토교통부 장관	③ 아래 각 목의 자가 단독 또는 공동으로 총지분의 50%를 초과하여 출자한 위탁관리 부동산투자회사(해당 부동산투자회사의 자산관리회사가 한국토지주택공사인 경우만 해당)가 「공공주택 특별법」 제2조 제3호 나목에 따른 공공주택건설사업(이하 "공공주택건설사업"이라 한다)을 시행하는 경우 가. 국가 나. 지방자치단체 다. 한국토지주택공사 라. 지방공사

2. 주택건설대지의 소유권 확보

1) 대지의 소유권 확보

주택건설사업계획의 승인을 받으려는 자는 해당 주택건설 대지의 소유권을 확보하여야 합니다. 다만, 다음 각호의 어느 하나에 해당하는 경우에는 그러하지 않습니다. (법 제21조 참조)

〈소유권 확보 예외 사항〉

구분	주요 내용
지구단위 계획구역	◦ 지구단위계획의 결정이 필요한 주택건설사업의 해당 대지면적의 80% 이상을 사용할 수 있는 권원(權原)[등록사업자와 공동으로 사업을 시행하는 주택조합(리모델링주택 조합은 제외)의 경우에는 95% 이상의 소유권을 말한다.]을 확보하고(국공유지가 포함된 경우에는 해당 토지의 관리청이 해당 토지를 사업주체에게 매각하거나 양여할 것을 확인한 서류를 사업계획승인권자에게 제출하는 경우에는 확보한 것으로 본다), 확보하지 못한 대지가 매도청구 대상이 되는 대지에 해당하는 경우
사용권원 확보	◦ 사업주체가 주택건설대지의 소유권을 확보하지 못하였으나 그 대지를 사용할 수 있는 권원을 확보한 경우
공공사업	◦ 국가·지방자치단체·한국토지주택공사 또는 지방공사가 주택건설사업을 하는 경우
리모델링조합	◦ 리모델링 결의를 한 리모델링 주택조합이 매도청구를 하는 경우

공사 개시 조건	○ 사업계획승인을 받은 해당 주택건설 대지에 따른 매도청구 대상이 되는 대지가 포함되어 있으면 해당 매도청구 대상 대지에 대하여는 그 대지의 소유자가 매도에 대하여 합의를 하거나 매도청구에 관한 법원의 승소 판결(확정되지 아니한 판결을 포함)을 받은 경우에만 공사를 시작할 수 있다.

2) 매도청구

(1) 지구단위계획구역 매도청구

지구단위계획구역에서 사업계획승인을 받은 사업 주체는 다음 각호에 따라 해당 주택건설 대지 중 사용할 수 있는 권원을 확보하지 못한 대지(건축물을 포함)의 소유자에게 그 대지를 시가(市價)로 매도할 것을 청구할 수 있습니다. 이 경우 매도청구 대상이 되는 대지의 소유자와 매도청구를 하기 전에 3개월 이상 협의를 하여야 합니다. (법 제22조 참조)

① 주택건설대지 면적의 95% 이상의 사용권원을 확보한 경우
  ○ 사용권원을 확보하지 못한 대지의 모든 소유자에게 매도청구 가능

② 주택건설대지 면적의 95% 미만의 사용권원을 확보한 경우
  ○ 사용권원을 확보하지 못한 대지의 소유자 중 지구단위계획구역 결정 고시일 10년 이전에 해당 대지의 소유권을 취득하여 계속 보유하고 있는 자(대지의 소유 기간을 산정할 때 대지 소유자가 직계존속·직계비속 및 배우자로부터 상속받아 소유권을 취득한 경우에는 피상속인의 소유기간을 합산)를 제외한 소유자에게 매도청구 가능

(2) 매도청구 관련 대법원 판례 사례

① 매도청구권 시가 산정의 적법 여부

대법원 판례는 시가보상에 대하여 그 부동산에 관하여 주택건설사업계획

승인 처분이 있음을 전제로 개발이익을 반영한 것을 시가보상이라 판시하고 있습니다.

> **【대법원 2012. 1. 12. 선고 2009다84068, 84615, 84622, 84639 판결】**
>
> 매도청구권의 행사로 인하여 시가에 의한 매매계약이 성립하게 되는 경우에 '시가'라 함은 매도청구권이 행사된 당시의 매도청구 대상이 되는 부동산의 객관적 거래가격으로서 **그 부동산에 관하여 주택건설사업계획승인처분이 있었다는 것을 전제로 하여 주택건설사업으로 인하여 발생할 것으로 예상되는 개발이익이 포함된 가격**을 말하고(대법원 2009. 3. 26. 선고 2008다21549, 21556, 21563 판결 참조), 감정인의 감정결과는 그 감정방법 등이 경험칙에 반하거나 합리성이 없는 등의 현저한 잘못이 없는 한 이를 존중하여야 한다.

② 지구단위계획구역 토지 95% 이상 미확보 시 매도청구 가능 여부

비도시지역에서 아파트·연립주택 건설을 위해 지구단위계획으로 주택개발사업을 하려면 관리지역에 최소한 30만㎡ 이상 토지를 확보해야 하고, 예외적으로 초등학교 용지확보 교육청 협의 등이 있는 경우 10만㎡ 이상 토지를 확보하면 되는데, 통상적으로 토지확보가 어려워 예외규정인 10만㎡ 이상의 토지를 확보해서 사업을 진행합니다. 만약, 지구단위계획구역 토지 면적의 95% 이상 사용권원을 확보하지 못한 경우에 대지의 소유자 중 지구단위계획구역 결정 고시일 10년 이전에 해당 대지의 소유권을 취득하여 계속 보유하고 있는 자의 토지는 매도청구 대상이 안 되기 때문에 토지를 확보할 수 없으므로 95% 이상 미확보 시 지구단위계획으로 개발사업이 불가능해 '도시개발법' 등에 의한 개발사업 등을 모색해야 합니다.

3. 주택법에서 토지수용

주택법에서 토지를 수용할 수 있는 대상은 국가 등 공공이 주택사업을 할 경우 토지보상법을 적용 토지 등을 수용할 수 있습니다. 그러나, 민간이 주택법에 따른 주택개발사업은 토지수용은 대상이 아니어서 매도청구로 토지를 매입해야 하는데, 토지소유자는 주택개발사업이 공공사업인지 민간사업인지에 따라 보상방법에 큰 차이가 있어 반드시 확인하고 대응해야 합니다. (법 제27조 참조)

❖ 사업주체가 국민주택을 건설하거나 국민주택을 건설하기 위한 대지를 조성하는 경우에는 토지나 토지에 정착한 물건 및 그 토지나 물건에 관한 소유권 외의 권리를 수용하거나 사용할 수 있다. 유의 사항은 주택법에서 토지수용은 국가 등 공공부문만 해당하고 민간 부분은 매도청구로 해결해야 한다.

구분	내용
공익사업 대상	❖ 국가·지방자치단체·한국토지주택공사 및 지방공사인 사업주체가 국민주택을 건설·대지 조성
수용근거	❖ 「주택법」 제27조
사업인정 근거	❖ 「주택법」 제15조 사업계획의 승인
고시	❖ 「주택법」 제15조 사업계획의 승인
재결신청 기한특례	❖ 주택건설사업 기간 내

4. 주택법에서의 토지수용 절차

주택법에서는 공공이 주택사업을 하는 경우에만 토지보상법을 준용 토지보상절차에 따라 보상업무를 진행합니다.

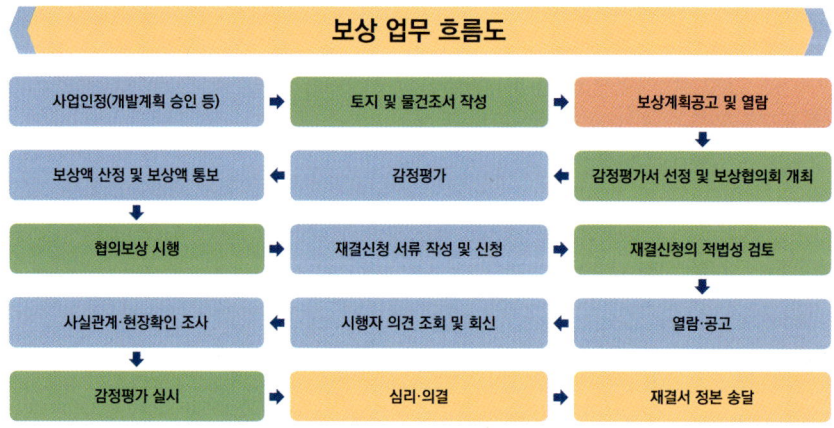

제4장
리모델링

1. 리모델링의 의의

리모델링 제도는 기존건축물이 노후와 억제 및 기능개선을 촉진하기 위해 2001년 '건축법' 개정으로 도입된 제도이며, 15년 이상 경과된 건축물에 대하여 증·개축 등의 리모델링을 실시하는 경우에는 건폐율·높이제한 등의 건축 기준을 완화하여 적용할 수 있는데, 리모델링 조합설립 요건은 아래와 같습니다.

> **리모델링이란**
> ❖ 건축물의 노후화 억제 또는 기능 향상 등을 위하여 대수선 또는 일부 증축하는 행위
>
> **주택조합 설립요건**
> ❖ 주택단지 전체를 리모델링하고자 하는 경우에는 주택단지 전체의 구분소유자와 의결권의 각 3분의 2 이상의 결의 및 각 동의 구분소유자와 의결권의 각 과반수의 결의
> ❖ 동을 리모델링하고자 하는 경우에는 그 동의 구분소유자 및 의결권의 각 3분의 2 이상의 결의

2. 리모델링 조합원 자격

리모델링 조합원 자격은 당해 공동주택 또는 복리시설의 소유권을 가진 자로 조합설립에 동의한 자를 말하며, 예외적으로 조합설립에 동의한 자로부

터 건축물을 취득한 자는 리모델링 주택조합 설립에 동의한 것으로 보기 때문에 조합원 자격이 있는데, 리모델링이 추진 중인 주택 매입 시 기존 소유자의 동의 여부를 따져서 조합원 자격 여부를 판단해야 합니다. (시행령 제20조 제8항 참조)

> **조합원 자격**
>
> ❖ 아래 각 목의 어느 하나에 해당하는 사람. 이 경우 해당 공동주택, 복리시설 또는 아래 ③호에 따른 공동주택 외의 시설의 소유권이 여러 명의 공유(共有)에 속할 때에는 그 여러 명을 대표하는 1명을 조합원으로 본다.
> ① 사업계획승인을 받아 건설한 공동주택의 소유자
> ② 복리시설을 함께 리모델링하는 경우에는 해당 복리시설의 소유자
> ③ 「건축법」 제11조에 따른 건축허가를 받아 분양을 목적으로 건설한 공동주택의 소유자(해당 건축물에 공동주택 외의 시설이 있는 경우 해당 시설 소유자를 포함)
>
> 리모델링주택조합 설립에 동의한 자로부터 건축물을 취득한 자는 리모델링주택조합설립에 동의한 것으로 봄

3. 매도청구

리모델링 허가를 신청하기 위해서는 전체 구분소유자 의결권의 3분의 2 이상, 각 동의 과반수 동의를 받아야 하는데, 리모델링에 결의에 찬성하지 않는 주택 소유자는 매도청구를 할 수 있습니다. 매도청구 시 통상 시가로 보상하는데 "재건축"에 준하여 보상합니다. (법 제22조 제3항 참조)

> **리모델링**
>
> ❖ 리모델링의 허가를 신청하기 위한 동의율을 확보한 경우 리모델링 결의를 한 리모델링주택 조합은 그 리모델링 결의에 찬성하지 아니하는 자의 주택 및 토지에 대하여 매도청구를 할 수 있다.
>
> **준용**
>
> ❖ 매도청구에 관하여는 「집합건물의 소유 및 관리에 관한 법률」 제48조를 준용한다.
> ✓ 이 경우 구분소유권 및 대지사용권은 주택건설사업 또는 리모델링 사업의 매도청구의 대상이 되는 건축물 또는 토지의 소유권과 그 밖의 권리로 본다.

4. 소유자 확인이 곤란한 대지 등 처분

사업계획승인을 받은 사업주체는 해당 주택건설 대지 중 사용할 수 있는 권원을 확보하지 못한 대지의 소유자가 있는 곳을 확인하기가 현저히 곤란한 경우에는 전국적으로 배포되는 둘 이상의 일간신문에 두 차례 이상 공고하고, 공고한 날부터 30일 이상이 지났을 때에는 매도청구 대상의 대지로 봅니다.

매도청구 대상 대지의 감정평가액에 해당하는 금액을 법원에 공탁(供託)하고 주택건설사업을 시행할 수 있으며, 대지의 감정평가액은 사업계획승인권자가 추천하는 '감정평가 및 감정평가사에 관한 법률'에 따른 감정평가법인 등 2인 이상이 평가한 금액을 산술평균하여 산정합니다. (법 제23조 참조)

제7강. 농지와 임야는 부동산의 핵심 구성 요소다

제1장. 농지법 개요
  1. 농지법의 목적
  2. 농지의 정의
  3. 농축산물 생산 시설이란
  4. 영농여건 불리농지
  5. 농업인이란?
  6. 농업법인 등 용어의 정의

제2장. 농지의 소유
  1. 농지소유의 원칙
  2. 농지소유 상한제
  3. 농지취득자격증명 발급
  4. 농지의 위탁경영 금지
  5. 농지의 처분 의무
  6. 농지처분의 면제 사유
  7. 처분명령과 매수청구
  8. 처분명령의 유예 및 처분명령
  9. 농지의 임대차 또는 사용대차
  10. 임대차·사용대차 종료 명령

제3장. 농지의 보전 및 해제
  1. 농업진흥지역이란?
  2. 농업진흥지역 해제
  3. 3만㎡ 이하 진흥지역 해제
  4. 농업진흥구역 허용 행위
  5. 농업보호구역 허용 행위
  6. 농지의 전용허가

7. 농지전용협의
8. 농지전용신고
9. 농지전용부담금
10. 이행강제금 부과절차

제4장. 산지관리법 개요
1. 산지관리법 목적
2. 산지관리법 산지란?
3. 산지관리법 산지전용 등
4. 산지에서 제외되는 토지

제5장. 산지의 보전
1. 산지의 구분
2. 임업용 산지
3. 공익용 산지
4. 보전산지의 지정해제

제6장. 보전산지에서 행위제한
1. 임업용 산지
2. 공익용 산지
3. 산지전용허가·전용신고
   1) 산지전용허가 의의
   2) 산지전용신고
   3) 산지전용허가의 기준
4. 대체산림자원 조성비
5. 산지복구 설계서 승인 등
6. 공동소유 임야에 주택신축이 가능한지?

제1장
농지법 개요

1. 농지법의 목적

 농지는 원칙적으로 농업인 또는 농업법인만이 소유하도록 하고 자기의 농업경영에 이용하지 않는 농지는 소유할 수 없으며, 농지법의 목적은 농지의 소유·이용 및 보전 등에 필요한 사항을 정하고 있습니다.

> **농지법의 목적**
> ❖ 농지법은 농지의 소유·이용 및 보전 등에 필요한 사항을 정함으로써 농지를 효율적으로 이용하고 관리하여 농업인의 경영 안정과 농업 생산성 향상을 바탕으로 농업 경쟁력 강화와 국민경제의 균형 있는 발전 및 국토 환경 보전에 이바지하는 것을 목적으로 한다.

> **농지법 비적용대상**
> ❖ 종전의 "농지의 보전 및 이용에 관한 법률" 시행일('73.1.1.) 이전부터 농지 이외의 용도로 이용되고 있는 농지는 농지법상 농지가 아님

2. 농지의 정의

 농지법 용어에서 농지란 지목상 전·답·과수원이 원칙인데, 지목이 농지가 아니더라도 다년생 식물을 재배하는 토지도 농지로 봅니다. 또한, 다년생 식물인 과수, 유실수, 조경 또는 관상용 수목도 농지에서 식재가 가능합니다.

구분	주요 내용
농지 (법 제2조)	❖ "농지"란 다음 각 목의 어느 하나에 해당하는 토지를 말한다. ㉠ 전·답, 과수원, 그 밖에 법적 지목(地目)을 불문하고 실제로 농작물 경작지 또는 다년생 식물 재배지로 이용되는 토지. 다만, '초지법'에 따라 조성된 초지 등 대통령령으로 정하는 토지는 제외 ㉡ ㉠의 토지의 개량시설과 ㉠의 토지에 설치하는 농축산물 생산시설로서 대통령령으로 정하는 시설의 부지
다년생 식물 재배지 (시행령 제2조)	❖ "다년생식물 재배지"란 아래 어느 하나에 해당하는 식물의 재배지를 말한다. ① 목초·종묘·인삼·약초·잔디 및 조림용 묘목 ② 과수·뽕나무·유실수 그 밖의 생육 기간이 2년 이상인 식물 ③ 조경 또는 관상용 수목과 그 묘목 (조경목적으로 식재한 것을 제외)

3. 농축산물 생산 시설이란

농지는 지목상 전·답·과수원뿐만 아니라 고정 온실, 유지, 간이 퇴비장, 농막 등 농축산물 생산 시설부지도 농지로 봅니다.

구분	주요 내용
농축산물 생산 시설은 농지 (시행령 제2조)	❖ "대통령령으로 정하는 시설"이란 다음 각호의 구분에 따른 시설을 말한다. ① 토지의 개량시설로서 다음 각 목의 어느 하나에 해당하는 시설 (1) 유지(溜池: 웅덩이), 양·배수시설, 수로, 농로, 제방 (2) 그 밖에 농지의 보전이나 이용에 필요한 시설로서 농식품부령으로 정하는 시설 ② 토지에 설치하는 농축산물 생산시설로서 농작물 경작지 또는 다년생식물의 재배지에 설치한 다음 각 목의 어느 하나에 해당하는 시설 (1) 고정식온실·버섯재배사 및 비닐하우스와 농식품부령으로 정하는 그 부속시설 (2) 축사·곤충사육사와 농림축산식품부령으로 정하는 그 부속시설 (3) 간이 퇴비장 (4) 농막·간이 저온저장고 및 간이 액비저장조 중 농림축산식품부령으로 정하는 시설

4. 영농여건 불리농지

지목이 전·답·과수원이면서 농지법을 적용하지 않는 농지가 있는데 이를 영농여건불리 농지라 합니다. 영농여건 불리 농지를 판별할 때 평균 경사율이 15% 이상인 농지로 시장·군수가 조사해서 고시한 농지를 말하고, 토지이음에 해당 지번을 입력하면 영농여건 불리 농지로 표기되어 있어 해당 토지는 비농업인도 소유할 수 있으며, 농지전용허가 대상이 아닌 전용신고 대상입니다.

구분	주요 내용
영농여건 불리농지 (시행령 제5조의2)	❖ 평균 경사율이 15퍼센트 이상인 "영농 여건이 불리한 농지"의 범위 농지란 다음 각호의 요건을 모두 갖춘 농지로서 시장·군수가 조사하여 고시한 농지 ① '지방자치법'에 따른 시·군의 읍·면 지역의 농지일 것 ② 집단화된 농지의 규모가 2만㎡ 미만인 농지일 것 ③ 시장·군수가 다음 각 목의 사항을 고려하여 영농 여건이 불리하고 생산성이 낮다고 인정하는 농지일 것 　(1) 농업용수·농로 등 농업생산기반의 정비 정도 　(2) 농기계의 이용 및 접근 가능성 　(3) 통상적인 영농 관행 ➤ 영농여건불리농지는 전용허가의 특례에 따라 비농업인도 소유할 수 있고, 타 용도 전용 시 전용허가가 아닌 전용 신고 대상

5. 농업인이란?

농지를 소유하고 있다고 모두가 농업인이 아니고 아래 일정한 요건을 갖추어야 농업인에 해당하는데 농업인에 해당하면 농업인으로 각종 혜택을 받을 수 있습니다. (시행령 제3조 참조)

구분	주요 내용
농업인	❖ 농업에 종사하는 개인으로서 각호의 어느 하나에 해당하는 자를 말한다. ① 1천㎡ 이상의 농지에서 농작물 또는 다년생식물을 경작 또는 재배하거나 1년 중 90일 이상 농업에 종사하는 자 ② 농지에 330㎡ 이상의 고정식온실·버섯재배사·비닐하우스, 그 밖의 농림축산식품부령으로 정하는 농업생산에 필요한 시설을 설치하여 농작물 또는 다년생식물을 경작 또는 재배하는 자 ③ 대가축 2두, 중가축 10두, 소가축 100두, 가금(家禽: 집에서 기르는 날짐승) 1천수 또는 꿀벌 10군 이상을 사육하거나 1년 중 120일 이상 축산업에 종사하는 자 ④ 농업경영을 통한 농산물의 연간 판매액이 120만 원 이상인 자

6. 농업법인 등 용어의 정의

「농지법」제2조에 농지법 관련 각종 용어를 정하고 있는데, 이는 농지에 대한 경자유전의 원칙 시현을 위해 농지의 불법 소유를 막고, 농업인에게 아래와 같이 일정 요건을 갖춘 경우에만 농지를 소유하고, 농업경영의 투명성을 제도적으로 뒷받침하기 위해 해석의 준거 기준을 정하고 있습니다.

구분	주요 내용
농업법인	❖ '농어업경영체 육성 및 지원에 관한 법률' 설립된 영농조합법인과 같은 법에 따라 설립되고 업무집행권을 가진 자 중 3분의 1 이상이 농업인 농업회사법인을 말한다.
농업경영	❖ 농업인이나 농업법인이 자기의 계산과 책임으로 농업을 영위하는 것을 말한다.
자경	❖ 농업인이 그 소유 농지에서 농작물 경작 또는 다년생식물 재배에 상시 종사하거나 농작업(農作業)의 ½ 이상을 자기의 노동력으로 경작 또는 재배하는 것과 농업법인이 그 소유 농지에서 농작물을 경작하거나 다년생식물을 재배하는 것을 말한다.
위탁경영	❖ 농지소유자가 타인에게 일정한 보수를 지급하기로 약정하고 농작업의 전부 또는 일부를 위탁하여 행하는 농업경영을 말한다.
주말·체험영농	❖ 농업인이 아닌 개인이 주말 등을 이용하여 취미생활이나 여가활동으로 농작물을 경작하거나 다년생식물을 재배하는 것

제2장
농지의 소유

1. 농지소유의 원칙

농지의 소유는 자기의 농업경영에 이용 목적으로만 소유할 수 있는데, 국가 등 공공기관, 주말·체험 영농, 상속, 8년 자경 요건 등 일정한 경우에는 농지소유를 예외적으로 허용하고 있습니다.

농지소유 원칙
❖ 헌법의 경자유전 원칙에 따라 농지의 소유자격을 원칙적으로 자기의 농업경영에 이용하거나 이용할 자가 아니면 소유하지 못한다. 예외적으로 농업경영에 이용하지 아니할지라도 농지소유가 가능한 경우는 아래와 같다.

농지소유 예외 허용
❖ 국가 등 공공기관 공익적 사업 목적으로 농지를 소유한 경우
❖ 주말·체험 영농을 하려고 농업진흥지역 외의 농지를 소유하는 경우
❖ 상속[상속인에게 한 유증(遺贈)을 포함한다. 이하 같다]으로 농지를 취득하여 소유하는 경우
❖ 8년 이상 농업경영을 하던 사람이 이농(離農)한 후에도
  이농 당시 소유하고 있던 농지를 계속 소유하는 경우
❖ 기타 농지전용협의 마친 농지 및 수용취득, 농어촌공사 농지 취득, 영농여건불리농지 소유 등

2. 농지소유 상한제

농지법에는 농업인에게는 농지 상한을 두지 않으나, 농지 상속 등 불가피하게 소유하게 된 자 또는 농업경영을 하다가 이농한 사람에게는 아래 요건을 충족할 경우 소유 상한 규정 내에서 소유할 수 있습니다. (법 제7조 참조)

구분	주요 내용
상속	❖ 상속으로 농지를 취득한 사람으로서 농업 경영하지 않는 사람 ✓ 상속농지 중에서 총 1만㎡ 이하
이농	❖ 8년 이상 농업경영을 한 후 이농한 사람 ✓ 이농 당시 소유 농지 중에서 총 1만㎡ 이하 소유 가능
주말·체험영농	❖ 총 1천㎡ 미만 ✓ 면적 계산은 그 세대원 전부가 소유하는 총면적으로 함
임대·무상사용	❖ 농지를 임대하거나 무상 사용하게 하는 경우 ✓ 임대하거나 무상 사용하게 하는 기간 동안 소유 상한을 초과하는 농지를 계속 소유할 수 있음

3. 농지취득자격증명 발급

농지를 새로 취득하기 위해서는 사전에 농지취득자격증명을 발급받아야 합니다. 농지취득자격증이 없으면 매매, 경매로 소유권을 넘겨받을 수 없으며, 특히, 농지가 경매로 나올 때 낙찰자가 농취증을 발급받지 못하면 경매보증금을 몰수당하니 경매 참여 시 발급 가능 여부를 사전 검토해야 합니다. (법 제8조 참조)

발급대상
❖ 대상: 농지를 취득하려는 자
❖ 방법: 농지 소재지를 관할하는 시장(구를 두지 아니한 시의 시장을 말하며, 도농 복합 형태의 시는 농지 소재지가 동지역인 경우만을 말한다), 구청장(도농 복합 형태의 시의 구에서는 농지 소재지가 동지역인 경우만을 말한다), 읍장 또는 면장에게서 농지취득자격증명을 발급

농취증 비대상
① 학교실습용·상속·담보 농지취득·농지전용협의 마친 토지 또는 매립농지, 토지보상법에 따른 농지 등을 취득하는 경우
② 농업법인의 합병으로 농지를 취득하는 경우
③ 공유 농지의 분할이나 시효완성 취득, 환매권취득, 농지의 이용증진 시행계획에 따라 농지를 취득하는 경우 등

4. 농지의 위탁경영 금지

농지법에는 아래 위탁경영 가능자에게만 위탁경영이 가능하도록 하였습니다. 통상적으로 농촌에서 농지를 위탁경영 가능 여부와 상관없이 주변에 농지를 맡겨서 농지를 계속 소유하는데 위탁경영 법률을 위반할 경우 농지가 처분 대상이 될 수가 있습니다. (법 제9조 참조)

❖ 농지소유자는 다음 각호의 어느 하나에 해당하는 경우 외에는 소유 농지를 위탁경영 할 수 없다.

위탁경영 가능자

① '병역법'에 따라 징집 또는 소집된 경우
② 3개월 이상 국외 여행 중인 경우
③ 농업법인이 청산 중인 경우
④ 질병, 취학, 선거에 따른 공직 취임, 그 밖에 아래 사유로 자경할 수 없는 경우
　(1) 부상으로 3개월 이상의 치료가 필요한 경우
　(2) 교도소·구치소 또는 보호감호시설에 수용 중인 경우
　(3) 임신 중이거나 분만 후 6개월 미만인 경우
⑤ 농지이용증진사업 시행계획에 따라 위탁 경영하는 경우
⑥ 농업인이 자기 노동력이 부족하여 농작업의 일부를 위탁하는 경우

5. 농지의 처분 의무

농지법에서 농지의 이용실태를 매년 조사해서 아래 농지처분 대상이 되면 그 사유가 발생한 날부터 1년 이내에 해당 농지를 타인에게 처분해야 하는데, 처분하지 않으면 처분 의무가 발생하여 강제로 처분하는 제도로 농지법에서 정하는 내용을 위반하면 농지를 강제로 처분당할 수 있습니다. (법 제10조 참조)

❖ 농지소유자는 다음 각호의 어느 하나에 해당하게 되면 그 사유가 발생한 날부터 1년 이내에 해당 농지(농지 소유 상한을 초과하는 면적에 해당하는 농지를 말함)를 그 사유가 발생한 날 당시 세대를 같이하는 세대원이 아닌 자에게 처분하여야 한다.

농지처분대상

① 소유 농지를 정당한 사유 없이 자기 농업경영에 이용하지 아니하거나 시장·군수가 인정
② 농지를 취득한 자가 그 농지를 해당 목적사업에 이용하지 않는다고 시장·군수가 인정한 경우
③ 농지를 취득한 날부터 2년 이내에 그 목적사업에 착수하지 아니한 경우
④ 소유한 농지를 한국 농어촌공사에 지체 없이 위탁하지 아니한 경우
⑤ 농지 소유 상한을 초과하여 농지를 소유한 것이 판명된 경우
⑥ 정당한 사유 없이 농업경영계획서 내용을 이행하지 않았다고 시장·군수가 인정한 경우 등

6. 농지처분의 면제 사유

농지처분대상이라 하더라도 자연재해나 농지개량, 질병 등으로 농지를 사용하는 경우에는 농지처분 면제 사유로 인정 농지처분을 면제하고 있는데, 예컨대, 선거에 따른 국회의원 등도 농지처분의 면제 사유 대상입니다. (시행령 제9조 참조)

❖ "자연재해·농지개량·질병 등 대통령령으로 정하는 정당한 사유"란 각각 다음 각호의 어느 하나에 해당하는 경우를 말한다.

① 소유농지를 임대 또는 무상 사용하게 하는 경우
② 임대인의 지위를 승계한 양수인이 그 임대차 잔여 기간 동안 계속하여 임대하는 경우
③ 다음 각 목의 어느 하나에 해당하는 경우
 (1) 자연재해 등으로 인하여 영농이 불가능하게 되어 휴경(休耕)하는 경우
 (2) 농지개량 또는 영농준비를 위하여 휴경하는 경우
 (3) '병역법'에 따라 징집 또는 소집되어 휴경하는 경우
 (4) 질병 또는 취학으로 인하여 휴경하는 경우
 (5) 선거에 따른 공직취임으로 휴경하는 경우

7. 처분명령과 매수청구

소유 농지가 처분명령 대상에 포함되면 시장 또는 군수는 농지를 처분할 것을 명할 수 있는데, 농지처분 명령을 받게 되면 반드시 농지를 처분해야 합니다. 그러나, 예외적으로 농지소유자가 처분명령을 받고 한국농어촌공사에 그 농지의 매수를 청구하게 되면 처분명령 대상에서 제외될 수 있습니다. (법 제11조 참조)

처분명령대상

❖ 시장(구를 두지 아니한 시의 시장을 말함)·군수 또는 구청장은 다음 각호의 어느 하나에 해당하는 농지를 처분할 것을 명할 수 있다.
① 거짓이나 그 밖의 부정한 방법으로 농지취득자격증명을 발급받아 농지를 소유한 것으로 시장·군수 또는 구청장이 인정한 경우
② 처분의무 기간에 처분대상 농지를 처분하지 아니한 경우
③ 농업법인이 '농어업경영체 육성 및 지원에 관한 법률'을 위반하여 부동산업을 영위한 것으로 시장·군수 또는 구청장이 인정한 경우

매수청구

❖ 농지소유자는 처분명령을 받으면 '한국 농어촌공사 및 농지관리기금법'에 따른 한국 농어촌공사에 그 농지의 매수를 청구할 수 있다.

8. 처분명령의 유예 및 처분명령

시장·군수 등의 농지처분 명령을 받으면 처분명령을 받은 농지소유자가 해당 농지를 자기의 농업경영에 이용하거나, 한국농어촌공사에 농지의 위탁계약을 체결하는 경우 3년간 처분명령을 직권으로 유예할 수 있습니다. (법 제12조 참조)

> **처분명령 유예**
>
> ❖ 시장·군수 또는 구청장은 처분 의무 기간에 처분 대상 농지를 처분하지 아니한 농지소유자가 다음 각호의 어느 하나에 해당하면 처분 의무 기간이 지난 날부터 3년간 처분명령을 직권으로 유예할 수 있다.
> ① 해당 농지를 자기의 농업경영에 이용하는 경우
> ② 한국 농어촌공사나 그 밖에 대통령령으로 정하는 자와 해당 농지의 매도위탁계약 체결한 경우

> **처분명령**
>
> ❖ 시장·군수 또는 구청장은 유예 기간에 위 호 유예 대상의 어느 하나에도 해당하지 아니하게 되면 지체 없이 그 유예한 처분명령을 하여야 한다.

> ▶ 처분명령 기간은 처분명령일부터 6개월이며,
> 시장·군수의 처분명령은 처분을 한 시장·군수가 취소하지 않는 한 그 효력이 유지

9. 농지의 임대차 또는 사용대차

농지의 임대차 또는 사용대차를 허용하는 대상은 공공이 임대하는 경우와 질병 등 아래 허용대상에 해당하면 농지의 임대차 또는 사용대차를 할 수 있으며, 임대차 계약과 사용대차는 서면계약을 원칙으로 합니다. (법 제23조 참조)

구분	주요 내용
요건	❖ 헌법상의 경자유전 원칙에 따라 소유 농지를 타인에게 임대 또는 무상 사용하는 것을 원칙적으로 금지
허용대상	① **국가, 상속, 이농, 담보농지, 전용허가, 영농여건, 수용, 농어촌공사 소유 등 농지**를 임대하거나 무상 사용하게 하는 경우 ② **농지이용증진사업** 시행계획에 따라 농지를 임대하거나 무상 사용하게 하는 경우 ③ **질병, 징집, 취학, 선거에 따른 공직취임**, 그 밖에 아래 "부득이한 사유"로 인하여 일시적으로 농업경영에 종사하지 아니하게 된 자가 소유하고 있는 농지를 임대하거나 무상 사용하게 하는 경우 ④ **60세 이상인 사람**으로서 "소유하고 있는 농지" 중에서 **자기의 농업경영에 이용한 기간이 5년이 넘은 농지**를 임대하거나 무상 사용하게 하는 경우 ⑤ 소유하고 있는 농지를 **주말·체험영농**을 하려는 자에게 **임대하거나 무상 사용**하게 하는 경우, 또는 주말·체험영농을 하려는 자에게 임대하는 것을 업(業)으로 하는 자에게 임대하거나 무상 사용하게 하는 경우 ⑥ 상속 또는 8년 이상 농업경영 후 이농한 사람이 **소유 상한 초과 소유농지**

10. 임대차·사용대차 종료 명령

　농지를 임차하거나 사용대차한 임차인 또는 사용대차인이 그 농지를 정당한 사유 없이 농업경영에 사용하지 아니할 때에는 시장·군수·구청장이 농림축산식품부령으로 정하는 바에 따라 임대차 또는 사용대차의 종료를 명할 수 있으며, 종료 명령을 받은 임차인 또는 사용대차인은 그 종료 명령을 받은 날부터 3개월 이내에 해당 계약을 종료하여야 합니다. 시장·군수·구청장은 종료 명령을 한 경우에는 임대인에게 그 사실을 즉시 알려야 합니다. (시행규칙 제20조의2 참조)

　임대차 기간은 3년 이상으로 하여야 합니다. 다만, 다년생식물 재배지 등 대통령령으로 정하는 농지의 경우에는 5년 이상으로 하여야 하고, 임대차 기간을 정하지 아니하거나 기간 미만으로 정한 경우에는 임대차 기간으로 약정된 것으로 봅니다. 다만, 임차인은 기간 미만으로 정한 임대차 기간이 유효함을 주장할 수 있습니다. 임대차 기간은 임대차 계약을 연장 또는 갱신하거나 재계약 체결 시에도 동일 적용합니다. (법 제24조의2 참조)

제3장
농지의 보전 및 해제

1. 농업진흥지역이란?

농업진흥지역은 농지를 효율적으로 이용·보전함으로써 국민 식량 생산에 필요한 우량농지의 확보 및 농업의 생산성 향상을 도모하고 비농업적 토지 수요에 탄력적으로 대응하기 위하여 종전의 필지별 보전방식인 절대·상대 농지 제도를 권역별 보전방식으로 도입한 제도로 아래와 같이 농업진흥구역과 농업보호 구역으로 구분합니다. (법 제28조 참조)

구분	주요 내용
지정권자	❖ 시·도지사
농업진흥구역	❖ 농업의 진흥을 도모하여야 하는 다음 각 목의 어느 하나에 해당하는 지역으로서 농림축산식품부 장관이 정하는 규모로 농지가 집단화되어 농업 목적으로 이용할 필요가 있는 지역 1) 농지조성사업 또는 농업기반정비사업이 시행되었거나 시행 중인 지역으로서 **농업용으로 이용하고 있거나 이용할 토지가 집단화되어 있는 지역** 2) 1)에 해당하는 지역 외의 지역으로서 **농업용으로 이용하고 있는 토지가 집단화**되어 있는 지역
농업보호구역	❖ 농업진흥구역의 용수원 확보, 수질 보전 등 농업 환경을 보호하기 위해 필요한 지역

2. 농업진흥지역 해제

농업진흥지역 해제 승인요청 대상은 아래와 같습니다. (시행령 제28조 참조)

구분	주요 내용
해제승인 요청자	❖ 시·도지사
해제승인 요청대상	❖ 국토의 계획 및 이용에 관한 법률 제6조에 따른 용도지역을 변경하는 경우 ❖ 국토의 계획 및 이용에 관한 법률에 따른 도시지역(주로 녹지지역) 안에 주거지역·상업지역 또는 공업지역을 지정하거나 도시·군 계획시설을 결정하기 위하여 미리 농지의 전용에 관한 협의를 하는 경우 ❖ 해당 지역의 여건변화로 농업진흥지역의 지정요건에 적합하지 아니하게 된 경우, 그 농업진흥지역 안의 부지의 면적이 3만㎡ 이하인 때에 한함
요청시기	❖ 시·도지사는 도시관리계획변경 또는 도시관리계획변경이 의제되는 각종 지구·구역 등의 지정을 위하여 농지전용허가에 대한 협의가 전제되는 협의를 완료한 후 농지전용허가 협의 요청이 있는 경우에 진흥지역 해제승인을 요청할 수 있다.

3. 3만㎡ 이하 진흥지역 해제

농업진흥지역 해제는 3만㎡ 이하의 해제 요건이 되면 농업진흥지역 해제가 가능합니다. 특히, 도시 주변에 농업진흥지역 해제 요건에 해당하는 규모의 토지가 있는 경우 시장 등에게 요청 해제되면 토지의 이용 가치를 높일 수 있습니다.

구분	주요 내용
해제 규모	❖ 3만㎡ 이하
해제 요건	❖ 도로·철도 등의 설치 및 택지개발지구·산업단지 지정 등 인근 토지의 이용상황 변화 ✓ 집단화된 농지와 분리되어 영농여건이 나빠진 자투리 토지 ✓ 농업진흥지역으로 계속 관리하는 것이 부적합하게 된 경우
해제 절차	❖ 요청: 시장·군수·자치구청장의 진흥지역 해제 요청이 있어 시·도지사가 농업진흥지역 해제승인을 요청할 때에는 첨부 서류 및 작성 방법에 의한 서류 제출 ❖ 직권해제: 1만㎡ 이하인 경우는 농림축산식품부 장관의 승인 없이 시·도지사 직권으로 해제 가능 ❖ 고시: 시·도지사는 용도지역변경 등 고시와 동시 또는 그 이후에 농업진흥지역 해제 고시

4. 농업진흥구역 허용 행위

농업진흥구역에서의 허용 행위에는 경자유전의 원칙상 농업과 관련된 시설물 설치, 농업용 주택, 공공목적의 도로, 철도 등 불가피한 시설, 농어촌 소득원 개발 등 농지로서 기능을 유지하면서 농가 소득에 도움이 되는 행위 등이 대상입니다. (시행령 제29조 참조)

① 농수산물의 가공·처리 시설의 설치 및 농수산업 관련 시험·연구 시설의 설치
② 어린이놀이터, 마을회관, 그 밖에 대통령령으로 정하는 농업인의 공동생활에 필요한 편의 시설 및 이용 시설의 설치
③ 대통령령으로 정하는 농업인 주택, 어업인 주택, 농업용 시설, 축산업용 시설 또는 어업용 시설의 설치
④ 국방·군사 시설의 설치
⑤ 하천, 제방, 그 밖에 이에 준하는 국토 보존 시설의 설치
⑥ 문화재의 보수·복원·이전, 매장 문화재의 발굴, 비석이나 기념탑, 그 밖에 이와 비슷한 공작물 설치
⑦ 도로, 철도, 그 밖에 대통령령으로 정하는 공공시설의 설치
⑧ 지하자원 개발을 위한 탐사 또는 지하광물 채광(採鑛)과 광석의 선별 및 적치(積置)를 위한 장소로 사용하는 행위
⑨ 농어촌 소득원 개발 등 농어촌 발전에 필요한 시설로서 대통령령으로 정하는 시설의 설치(「농지법」 제32조, 령 제29조 참조)

5. 농업보호구역 허용 행위

농업보호구역 내 행위도 농업에 관련되는 농업인 소득 증대에 필요한 시설 등이 주요 대상이면, 농어촌정비법 등 개별법에 따라 면적 제한이 있으며, 기득권 보장 차원에서 농업진흥지역 지정 당시 이미 인허가 승인 등을 받거나 신고한 기존건축물은 행위 제한 대상이 아닙니다. (시행령 제30조 참조)

> **농업보호구역 허용행위**
>
> ❖ 농업보호구역에서는 다음 각호 토지이용행위는 할 수 있다.
> ① 농업진흥구역에서 허용되는 토지이용행위
> ② 농업인 소득 증대에 필요한 시설로서 대통령령으로 정하는 건축물·공작물, 그 밖의 시설 설치
> ③ 농업인의 생활 여건을 개선하기 위하여 필요한 시설로서 대통령령으로 정하는 건축물·공작물, 그 밖의 시설의 설치 (「농지법」 제32조, 령 제30조)

> **기득권 보호**
>
> ❖ 농업진흥지역 지정 당시 관계 법령에 따라 인가·허가 또는 승인 등을 받거나 신고하고 설치한 기존의 건축물·공작물과 그 밖의 시설에 대하여는 농업진흥구역과 농업보호구역의 행위 제한 규정을 적용하지 아니한다.

6. 농지의 전용허가

아래와 같이 농지전용허가 예외대상 외 농지를 타 용도로 사용하기 위해서는 농지전용허가를 받아야 합법적으로 사용할 수 있는데, 변경허가도 전용허가와 같은 절차로 진행합니다. (법 제34조 참조)

> **농지의 전용허가**
>
> ❖ 농지를 전용하려는 자는 다음 각호의 어느 하나에 해당하는 경우 외에는 대통령령으로 정하는 바에 따라 농림축산식품부 장관의 허가를 받아야 한다.
> ✓ 허가 받은 농지의 면적 또는 경계 등 대통령령으로 정하는 중요 사항을 변경하려는 경우에도 또한 같다.

> **농지전용허가 예외대상**
>
> ① 다른 법률에 따라 농지전용허가가 의제되는 협의를 거쳐 농지를 전용하는 경우
> ② '국토의 계획 및 이용에 관한 법률'에 따른 도시지역 또는 계획관리지역에 있는 농지로서 협의를 거친 농지나 협의 대상에서 제외되는 농지를 전용하는 경우
> ③ 농지전용신고를 하고 농지를 전용하는 경우
> ④ 산지전용허가를 받지 아니하거나 산지전용신고를 하지 아니하고 불법으로 개간한 농지를 산림으로 복구하는 경우
> ⑤ 하천관리청의 허가를 받고 농지의 형질을 변경하거나 공작물을 설치하기 위하여 농지를 전용하는 경우

7. 농지전용협의

주무부 장관이나 자치단체의 장은 다음 각호의 어느 하나에 해당하면 농림축산식품부 장관과 미리 농지전용에 관한 협의를 하여야 합니다. (법 제34조)

❖ 주무부장관이나 지방자치단체의 장은 다음 각호의 어느 하나에 해당하면 농림축산식품부 장관과 미리 농지전용에 관한 협의를 하여야 한다.

농지협의대상

① '국토의 계획 및 이용에 관한 법률'에 따른 도시지역에 주거지역·상업지역 또는 공업지역을 지정하거나 도시·군 계획시설을 결정할 때에 해당 지역 예정지 또는 시설 예정지에 농지가 포함되어 있는 경우. 다만, 이미 지정된 주거지역·상업지역·공업지역을 다른 지역으로 변경하거나 이미 지정된 주거지역·상업지역·공업지역에 도시·군 계획시설을 결정하는 경우는 제외
② '국토의 계획 및 이용에 관한 법률'에 따른 계획관리지역에 지구단위계획 구역을 지정할 때에 해당 구역 예정지에 농지가 포함되어 있는 경우
③ '국토의 계획 및 이용에 관한 법률'에 따른 도시지역의 녹지지역 및 개발제한구역의 농지에 대하여 개발행위를 허가하거나 「개발제한구역의 지정 및 관리에 관한 특별조치법」 제12조 제1항 각호 외의 부분 단서에 따라 토지의 형질변경허가를 하는 경우

〈농지전용협의 절차〉

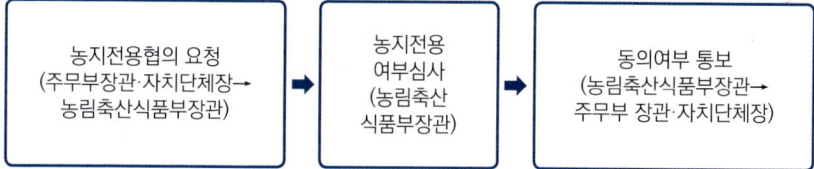

8. 농지전용신고

농지를 다음 각호의 어느 하나에 해당하는 시설의 부지로 전용하려는 자는 시장·군수 또는 자치구 구청장에게 신고하여야 합니다. 신고한 사항을 변경하려는 경우에도 또한 같습니다. (법 제35조 참조)

❖ 농지를 다음 각호의 어느 하나에 해당하는 시설의 부지로 전용하려는 자는 시장·군수 또는 자치구구청장에게 신고하여야 한다. 신고한 사항을 변경하려는 경우에도 또한 같다.

전용신고대상

① 농업인 주택, 어업인 주택, 농축산업용 시설(제2조제1호나목에 따른 개량시설과 농축산물 생산시설은 제외한다), 농수산물 유통·가공 시설
② 어린이놀이터·마을회관 등 농업인의 공동생활 편의 시설
③ 농수산 관련 연구 시설과 양어장·양식장 등 어업용 시설

➢ 시장·군수 또는 자치구구청장은 신고를 받은 경우 그 내용을 검토하여 이 법에 적합하면 신고를 수리하여야 한다. 농지전용신고 대상 시설의 범위·규모·농업진흥지역에서의 설치 제한 또는 설치자의 범위 등은 「농지법」 시행령 별표 1과 같다.

9. 농지전용부담금

농지전용허가를 받기 위해서는 농지의 보전·관리 및 조성을 위한 부담금을 확보하는 차원에서 농지전용부담금을 징수하는데 부담금 대상자는 농지전용허가를 받는 자 등을 아래에 나열하고 있습니다. 특히, 농지가격이 높은 농지를 전용해서 주택을 신축할 경우 농지전용부담금 비용을 고려해야 합니다.

개요

❖ 다음 각호의 어느 하나에 해당하는 자는 농지의 보전·관리 및 조성을 위한 부담금을 농지관리기금을 운용·관리하는 자에게 내야 한다. (「농지법」 제38조)

부담금 대상

① 농지전용허가를 받는 자
② 농지전용협의를 거친 지역 예정지 또는 시설 예정지에 있는 농지를 전용하려는 자
②의2. 농지전용에 관한 협의를 거친 구역 예정지에 있는 농지를 전용하려는 자
③ 농지전용협의를 거친 농지를 전용하려는 자
④ 다른 법률에 따라 농지전용허가가 의제되는 협의를 거친 농지를 전용하려는 자
⑤ 농지전용신고를 하고 농지를 전용하려는 자

❖ 부과 금액: 전용할 농지면적×개별공시지가의 30% (㎡당 5만 원 초과 시 5만 원)

10. 이행강제금 부과절차

농지에 대한 이행강제금 부과절차는 농지에 대한 실태조사를 통해서 시장·군수가 농지를 농업경영에 이용하지 않는 경우 처분명령을 내리고 처분명령을 이행하지 않는 경우 이행강제금을 부과합니다. (법 제63조 참조)

제4장
산지관리법 개요

1. 산지관리법 목적

산지관리법의 입법 취지는 산지를 보호하고 산지를 이용과 산지의 공익성까지 도모해서 국토환경을 개선하자는 취지이며, 산지관리법에 산지의 기본원칙을 정하고 있습니다.

목적
- 산지(山地)를 합리적으로 보전하고 이용하여 임업의 발전과 산림의 다양한 공익기능의 증진을 도모함으로써 국민경제의 건전한 발전과 국토환경의 보전에 이바지함을 목적으로 한다.

기본원칙
- 산지는 임업의 생산성을 높이고 재해 방지, 수원(水源) 보호, 자연생태계 보전, 산지경관 보전, 국민 보건휴양증진 등 산림의 공익 기능을 높이는 방향으로 관리되어야 하며 산지전용은 자연 친화적인 방법으로 하여야 한다.

2. 산지관리법 산지란?

산지관리법 용어 정의에 산지란 먼저 지목이 임야인 토지를 말하고 반드시 지목이 임야가 아닐지라도 입목 및 대나무 등이 집단생육하는 토지, 임도, 작업로 등 산길도 지목과 상관없이 산지라 정하고 있습니다. (법 제2조 참조)

구분	주요 내용
산지	❖ 다음 각 목의 어느 하나에 해당하는 토지를 말한다. 다만, 주택지조성사업이 완료되어 지목대(垈)로 변경된 토지 및 대통령령으로 정하는 농지, 초지(草地), 도로, 그 밖의 토지는 제외 가. 지목이 임야인 토지 나. 입목(立木)·대나무가 집단적으로 생육(生育)하고 있는 토지 다. 집단적으로 생육한 입목·대나무가 일시 상실된 토지 라. 입목·대나무의 집단적 생육에 사용하게 된 토지 마. 임도(林道), 작업로 등 산길 바. 나목부터 라목까지의 토지에 있는 암석지(巖石地) 및 소택지(沼澤地)

3. 산지관리법 산지전용 등

"산지전용"이란 「산지관리법」 제2조 용어의 정의에서 산지를 타 용도로 사용하는 것을 산지전용이라 합니다. "산지 일시사용"이란 산지를 복구할 것을 조건으로 산지전용 외의 용도로 일정 기간 사용 및 형질변경을 말합니다.

구분	주요 내용
산지전용 (제2조)	❖ 산지를 다음 각 목의 어느 하나에 해당하는 용도 외로 사용하거나 이를 위하여 산지의 형질을 변경하는 것을 말한다. 가. 조림(造林), 숲 가꾸기, 입목의 벌채·굴취 나. 토석 등 임산물의 채취 다. 대통령령으로 정하는 임산물의 재배[성토(흙쌓기) 또는 절토(땅깎기) 등을 통하여 지표면으로부터 높이 또는 깊이 50cm 이상 형질변경을 수반하는 경우와 시설물의 설치를 수반하는 경우는 제외한다] ➢ "대통령령으로 정하는 임산물"이란 '임업 및 산촌 진흥촉진에관한 법률 시행령'에 따른 임산물 소득원의 지원 대상 품목 라. 산지일시사용
산지일시사용	❖ 산지를 복구할 것을 조건으로 산지 전용 외의 용도로 일정기간 사용 및 형질변경 ❖ 산지를 임도, 작업로, 임산물 운반로, 등산로·탐방로 등 숲길, 그 밖에 이와 유사한 산길로 사용하기 위하여 산지의 형질을 변경하는 것

4. 산지에서 제외되는 토지

산지관리법에 산지에서 제외되는 토지를 '공간정보의 구축 및 관리 등에 관한 법률'에 지목이 전·답·과수원 및 목장 용지인 토지는 산지관리법에서 정하는 입목 등이 자생하고 임상이 양호해도 산지에서 제외합니다. 따라서 토지보상 평가에서 농지에 입목이 자생하고 있다고 임야로 평가는 잘못입니다.

① **'공간정보의 구축 및 관리 등에 관한 법률' 지목이 전(田), 답(畓), 과수원 또는 목장용지인 토지**
② **지목이 도로인 토지**. 다만, 입목(立木)·대나무가 집단적으로 생육하고 있는 토지로서 도로로서의 기능이 상실된 토지는 제외
③ **지목이 제방(堤防)·구거(溝渠) 또는 유지(溜池: 웅덩이)인 토지**
④ **'하천법'에 따른 하천**
⑤ **지목이 임야가 아닌 다음 각 목의 토지**
　가. 차밭, 꺾꽂이순 또는 접순의 채취원(採取園)
　나. 건물 담장 안의 토지
　다. 논두렁 또는 밭두렁
⑥ 지목이 임야인 토지 중 산지전용허가를 받거나 산지전용신고를 한 후 복구의무를 면제받거나 복구준공 검사를 받아 산지 외의 용지로 사용되고 있는 토지

제5장
산지의 보전

1. 산지의 구분

산지의 구분은 크게 "보전산지"와 "준보전산지"로 구분하는데, 보전산지는 "임업용 산지"와 "공익용 산지"로 구분합니다. 보전산지는 산지관리법에서 많은 규제를 받아 활용도가 높지 않으나, 준보전산지는 보전산지보다 개발 및 이용이 자유로워서 개발사업 부지로 많이 이용되고 있습니다. (법 제4조 참조)

구분	주요 내용
보전산지	① 임업용 산지 ✓ 산림자원의 조성과 임업경영기반의 구축 등 임업생산 기능의 증진을 위하여 필요한 산지로서 다음의 산지를 대상으로 산림청장이 지정하는 산지 ② 공익용 산지 ✓ 임업생산과 함께 재해 방지, 수원 보호, 자연생태계 보전, 산지경관 보전, 국민 보건휴양증진 등의 공익기능을 위하여 필요한 산지로서 다음의 산지를 대상으로 산림청장이 지정하는 산지
준보전산지	❖ 보전산지 외의 산지

2. 임업용 산지

보전산지 중 하나인 임업용 산지는 산지의 이용에 대하여 임업 생산 기능 증진을 위해 필요한 산지로 대상지는 산림청장이 임업용 산지를 지정합니다.

> **임업용 산지(법 제4조)**
>
> ❖ 산림자원의 조성과 임업경영기반의 구축 등 임업생산 기능의 증진을 위하여 필요한 산지로서 다음의 산지를 대상으로 산림청장이 지정하는 산지
>
> 1) '산림자원의 조성 및 관리에 관한 법률'에 따른 채종림(採種林) 및 시험림의 산지
> 2) '국유림의 경영 및 관리에 관한 법률'에 따른 보전국유림의 산지
> 3) '임업 및 산촌 진흥촉진에 관한 법률'에 따른 임업진흥권역의 산지
> 4) 그 밖에 임업생산 기능의 증진을 위하여 필요한 산지로서 아래 대통령령으로 정하는 산지
>   (1) 형질이 우량한 천연림 또는 인공조림지로서 집단화되어 있는 산지
>   (2) 토양이 비옥하여 입목의 생육에 적합한 산지
>   (3) 「국유림의 경영 및 관리에 관한 법률」 제16조 제1항 제1호의 규정에 의한 보전 국유림 외의 국유림으로서 산림이 집단화되어 있는 산지
>   (4) 지방자치단체의 장이 산림경영 목적으로 사용하고자 하는 산지
>   (5) 그 밖에 임업의 생산기반조성 및 임산물의 효율적 생산을 위한 산지

3. 공익용 산지

공익용 산지는 공익을 위한 목적이 크기 때문에 산지 이용에 많은 규제를 받고 있습니다. 개발제한구역, 상수원 보호구역 등이 공익용 산지로 대표되는데 공익용 산지를 매입할 경우는 산지 이용에 많은 규제를 받기 때문에 개별법에 따른 산지 이용 목적을 따져서 매입해야 합니다.

> **공익용 산지(법 제4조)**
>
> 1) '산림문화·휴양에 관한 법률'에 따른 자연휴양림의 산지
> 2) 사찰림(寺刹林)의 산지
> 3) 산지전용·일시사용제한지역
> 4) '야생생물 보호 및 관리에 관한 법률'에 따른 야생생물 특별보호구역 및 같은 법에 따른 야생생물 보호구역의 산지
> 5) '자연공원법'에 따른 공원구역의 산지
> 6) '문화재보호법'에 따른 문화재보호구역의 산지
> 7) '수도법'에 따른 상수원보호구역의 산지
> 8) '개발제한구역의 지정 및 관리에 관한 특별조치법'에 따른 개발제한구역의 산지
> 9) '국토의 계획 및 이용에 관한 법률'에 따른 녹지지역 중 보전녹지지역 산지
> 10) '자연환경보전법'에 따른 생태·경관보전지역의 산지
> 11) '습지보전법'에 따른 습지보호지역의 산지
> 12) '독도 등 도서지역의 생태계보전에 관한 특별법'에 따른 특정도서의 산지
> 13) '백두대간 보호에 관한 법률'에 따른 백두대간보호지역의 산지
> 14) '산림보호법'에 따른 산림보호구역의 산지
> 15) 그 밖에 공익 기능을 증진하기 위하여 필요한 산지로서 아래 대통령령으로 정하는 산지

4. 보전산지의 지정해제

보전산지가 해제될 경우 행위 제한 등에서 많은 혜택을 받을 수 있는데, 보전산지를 해제할 경우 산지의 입지여건, 산지 경관 및 산림 생태계 등 특성을 고려해서 해제할 수 있습니다.

❖ 산림청장은 다음 각호의 어느 하나에 해당하는 경우에는 보전산지의 지정을 해제할 수 있다. 이 경우 산림청장은 제①호·제②호 또는 제④호에 해당하는지를 판단하기 위하여 필요하면 해당 산지의 입지여건, 산지경관 및 산림생태계 등 산지의 특성에 관한 평가를 실시할 수 있다. (법 제6조, 령 제5조)

① 보전산지가 임업용 산지 또는 공익용 산지의 지정요건에 해당하지 아니하게 되는 경우
② 산지에서의 구역 등의 지정 협의를 한 경우로서 보전산지의 지정을 해제할 필요가 있는 경우
③ 산지전용허가 또는 산지전용 신고에 의하여 산지를 다른 용지로 변경하려는 경우로서 해당 산지전용의 목적사업을 완료한 후 복구의무를 면제받거나 복구 준공검사를 받은 경우
④ 그 밖에 보전산지의 지정이 적합하지 아니하다고 인정되는 경우

제6장
보전산지에서 행위제한

1. 임업용 산지

보전산지 중 임업용 산지에서 행위 시 법령에 그 대상을 명시하고 있는데, 임업용 산지에서의 행위는 임업 관련 목적으로 산지를 이용하는데, 임업 외 목적일 경우 반드시 산지전용허가 등을 받아야 합니다.

> ❖ 임업용 산지에서는 다음 각호의 어느 하나에 해당하는 행위를 하기 위하여 산지전용 또는 산지일시사용을 하는 경우를 제외하고는 산지전용 또는 산지일시사용을 할 수 없다.(법 제12조, 령 제12조)
> ① 산지전용 및 일시사용제한지역에서 행위에 따른 시설의 설치 등
> ② 임도·산림경영관리사(山林經營管理舍) 등 산림경영과 관련된 시설 및 산촌산업개발시설 등 산촌개발사업과 관련된 시설로서 대통령령으로 정하는 시설의 설치
> ③ 수목원, 산림생태원, 자연휴양림, 수목장림(樹木葬林), 국가정원, 지방정원, 그 밖에 대통령령으로 정하는 산림 공익시설의 설치
> ④ 농림어업인의 주택 및 그 부대시설로서 대통령령으로 정하는 주택 및 시설의 설치
> ⑤ 농림어업용 생산·이용·가공시설 및 농어촌휴양시설로서 대통령령으로 정하는 시설의 설치
> ⑥ 광물, 지하수, 그 밖에 대통령령으로 정하는 지하자원 또는 석재의 탐사·시추 및 개발과 이를 위한 시설의 설치
> ⑦ 산사태 예방을 위한 지질·토양의 조사와 이에 따른 시설의 설치
> ⑧ 석유비축 및 저장시설·방송통신설비, 그 밖에 대통령령으로 정하는 공용·공공용 시설의 설치 등

2. 공익용 산지

공익용 산지에서의 행위 가능 시설 등에 대하여 아래와 같이 명시하고 있는데, 이에 해당하지 않으면 산지전용 또는 산지일시사용 허가를 받아야 합니다. 특히, 개발제한구역 등 공익용 산지에서 행위는 개별 법령을 고려해야 합니다.

❖ 공익용 산지(산지전용·일시사용제한지역은 제외한다)에서는 다음 각호의 어느 하나에 해당하는 행위를 하기 위하여 산지전용 또는 산지일시사용을 하는 경우를 제외하고는 산지전용 또는 산지일시사용을 할 수 없다.(법 제12조, 령 제13조)

① 제10조제1호부터 제9호까지, 제9호의2 및 제9호의3에 따른 시설의 설치 등
② 제1항 제2호, 제3호, 제6호 및 제7호의 시설의 설치
③ 제1항 제12호의 시설 중 대통령령으로 정하는 시설의 설치
④ 대통령령으로 정하는 규모 미만으로서 다음 각 목의 어느 하나에 해당하는 행위
  가. 농림어업인 주택의 신축, 증축 또는 개축. 다만, 신축의 경우에는 대통령령으로 정하는 주택 및 시설에 한정한다.
  나. 종교시설의 증축 또는 개축
  다. 제4조제1항제1호나목2에 해당하는 사유로 공익용 산지로 지정된 사찰림의 산지에서의 사찰 신축, 제1항 제9호의 시설 중 봉안시설 설치 또는 제1항 제11호에 따른 시설 중 병원, 사회복지시설, 청소년수련시설의 설치

3. 산지전용허가·전용신고

1) 산지전용허가 의의

"산지전용허가"란 산지를 산지의 이용 목적에 사용하지 않는 경우 받는 허가인데, 산지전용허가 면적에 따라 시장, 군수, 시·도지사, 산림청장 등의 허가를 받아야 합니다.

산지전용허가

❖ 산지전용을 하려는 자는 그 용도를 정하여 대통령령으로 정하는 산지의 종류 및 면적 등의 구분에 따라 산림청장 등의 허가를 받아야 한다. (법 제14조, 령 제15조 참조)

절차 및 심사

가. 산지전용허가를 받으려는 산지면적이 200만㎡ 이상(보전산지의 경우에는 100만㎡ 이상)인 경우: 산림청장
나. 산지전용허가를 받으려는 산지면적이 50만㎡ 이상 200만㎡ 미만(보전산지의 경우에는 3만㎡ 이상 100만㎡ 미만)인 경우
 1) 산림청장 소관인 국유림의 산지인 경우: 산림청장
 2) 산림청장 소관이 아닌 국유림, 공유림 또는 사유림의 산지인 경우: 시·도지사
다. 산지전용허가를 받으려는 산지면적이 50만㎡ 미만(보전산지의 경우 3만㎡ 미만)인 경우
 1) 산림청장 소관인 국유림의 산지인 경우: 산림청장
 2) 산림청장 소관이 아닌 국유림, 공유림 또는 사유림의 산지인 경우: 시장·군수·구청장
※ 산지전용허가에 대한 변경허가를 받거나 변경신고를 하려는 경우: 산지전용 허가를 한 산림청장 등

2) 산지전용신고

산지전용신고 대상은 산지전용허가 대상이 아닌 아래 사업으로 국유림의 산지에 대하여는 산림청장에게, 그 외는 시장·군수에게 신고합니다.

> **산지전용신고**
>
> ❖ 다음 각호의 어느 하나에 해당하는 용도로 산지전용을 하려는 자는 제14조제1항에도 불구하고 국유림(「국유림의 경영 및 관리에 관한 법률」 제4조 제1항에 따라 산림청장이 경영하고 관리하는 국유림을 말한다. 이하 같다)의 산지에 대하여는 산림청장에게, 국유림이 아닌 산림의 산지에 대하여는 시장·군수·구청장에게 신고하여야 한다. 신고한 사항 중 농림축산식품부령으로 정하는 사항을 변경하려는 경우에도 같다.(법 제15조, 령 제17조)

> 1. 산림경영·산촌개발·임업시험연구를 위한 시설 및 수목원·산림생태원·자연휴양림·국가정원·지방정원 등 대통령령으로 정하는 산림공익시설과 그 부대시설의 설치
> 2. 농림어업인의 주택시설과 그 부대시설의 설치
> 3. '건축법'에 따른 건축허가 또는 건축신고 대상이 되는 농림수산물의 창고·집하장·가공시설 등 대통령령으로 정하는 시설의 설치

3) 산지전용허가의 기준

산림청장 등은 아래 산림전용허가 기준에 맞아야만 산지전용허가를 할 수 있는데, 인근 산림의 경영에 큰 지장이 없어야 하며, 토사의 유출·붕괴 등 재해가 발생할 우려가 없을 것, 산림의 생태계를 파괴하지 않는 산림 친화적인 행위 시 등 산지전용허가 기준을 지켜야 허가를 받을 수 있습니다.

> **산지전용허가 기준**
>
> ❖ 산지전용허가 신청을 받은 산림청장 등은 그 신청 내용이 다음 각호의 기준에 맞는 경우에만 산지전용허가를 하여야 한다. (「산지관리법」 제18조, 령 제20조 참조)

> ① 제10조와 제12조에 따른 행위제한사항에 해당하지 아니할 것
> ② 인근 산림의 경영·관리에 큰 지장을 주지 아니할 것
> ③ 집단적인 조림 성공지 등 우량한 산림이 많이 포함되지 아니할 것
> ④ 희귀 야생 동·식물의 보전 등 산림의 자연생태적 기능유지에 현저한 장애가 발생하지 아니할 것
> ⑤ 토사의 유출·붕괴 등 재해가 발생할 우려가 없을 것
> ⑥ 산림의 수원 함양 및 수질보전 기능을 크게 해치지 아니할 것
> ⑦ 산지의 형태 및 임목(林木)의 구성 등의 특성으로 인하여 보호할 가치가 있는 산림에 해당되지 아니할 것
> ⑧ 사업계획 및 산지전용면적이 적정하고 산지전용방법이 산지경관 및 산림 훼손을 최소화하며 산지전용 후의 복구에 지장을 줄 우려가 없을 것

4. 대체산림자원 조성비

대체산림 조성비는 산지를 전용허가나 산지전용신고 및 산지일시 사용허가를 받은 자 등에 대하여 산림 훼손에 대한 대체산림 조성에 드는 비용을 말하는데, 산지전용을 받는 경우 반드시 대체산림 조성비를 계상해야 합니다.

❖ 다음 각호의 어느 하나에 해당하는 자는 산지전용과 산지일시사용에 따른 대체산림자원 조성에 드는 비용을 미리 내야 한다. (「산지관리법」 제19조, 령 제21조 참조)

① 제14조에 따라 산지전용허가를 받으려는 자
② 제15조의2 제1항에 따라 산지일시 사용허가를 받으려는 자('광산피해의 방지 및 복구에 관한 법률'에 따른 광해방지사업을 하려는 자는 제외한다)
③ 다른 법률에 따라 산지전용허가 또는 산지 일시사용허가가 의제되거나 배제되는 행정처분을 받으려는 자

대체산림조성비를 계산하기 위해서 임야 공시지가를 확인해야 합니다. 공시지가는 토지대장이나 임야대장을 통해 간편하게 확인이 가능하며, 참고로, 대체산림조성비 부과 기준은 매년 통상 2월에 산림청에서 고시하고 있으며 공시지가와 마찬가지로 매년 조금씩 오르기 때문에 시간이 지날수록 대체산림자원조성비는 증가합니다.

〈2023년도 대체산림자원조성비 부과 기준〉

1. 대체산림자원조성비 부과금액 계산 방법
   ◦ 부과금액 = 산지전용허가·산지일시사용허가 면적 × 단위면적당 금액*
   * 단위면적당 금액 = 산지별·지역별 단위면적당 산출금액 + 해당 산지 개별공시지가의 1,000분의 10

2. 산지별·지역별 단위면적당 산출금액

구분	준보전산지	보전산지	산지전용·일시사용 제한지역
부과 기준	7,260원/㎡	9,430원/㎡	14,520원/㎡

3. 개별공시지가 일부 반영비율: 개별공시지가의 1,000분의 10
   ◦ 개별공시지가의 1,000분의 10에 해당하는 금액은 최대 7,260원/㎡으로 한정한다.

[부칙] 〈제2023-8호, 2023.01.17.〉 이 고시는 고시한 날부터 시행한다.

5. 산지복구 설계서 승인 등

산지전용 등을 통해 산지를 복구하여야 하는 자는 산지복구 설계서를 제출해 승인을 받아야 합니다.

산지복구 설계서 승인

❖ 산지를 복구하여야 하는 자(이하 "복구의무자"라 한다)는 대통령령으로 정하는 기간 이내에 산림청장 등에게 산지복구기간 등이 포함된 산지복구설계서(이하 "복구설계서"라 한다)를 제출하여 승인을 받아야 한다. 승인 받은 복구설계서를 변경하려는 경우에도 같다. (법 제40조, 령 제48조)

승인 기간

① 산지전용 등의 기간이 만료되기 전에 복구공사를 하기 위하여 복구설계서의 승인을 받으려는 경우에는 복구공사에 착수하기 전의 기간
② 산지전용 등의 기간이 만료된 이후 복구공사를 하기 위하여 복구설계서의 승인을 받으려는 경우에는 산지전용 등의 기간이 만료되기 전의 기간
③ 법 제37조제7항에 따른 조치명령 또는 법 제39조제2항에 따른 중간복구명령을 받은 경우(법 제44조제3항에 따라 준용되는 경우를 포함한다)에는 그 조치명령 등을 받은 날부터 30일 이내의 기간

6. 공동소유 임야에 주택신축이 가능한지?

임야에 단독주택을 축조할 목적으로 산지를 전용할 경우 타인 토지에 건물 축조는 안 되며, 임야에 지분권을 가지고 있는 지분권자가 특정 지역을 지정해서 주택을 축조할 경우 공동지분권자의 동의를 받아야만 특정 지역을 지정 건축할 수 있습니다. 다만, 공동소유 산지일 경우 공유자 전원의 동의를 받아 그 위치와 면적을 특정하고, 구분소유하기로 약정한 경우에는 단독주택 목적의 산지전용은 가능합니다.

구분	주요 내용
질의내용	❖ 단독주택을 축조할 목적으로 산지를 전용한 경우 타인토지에 주택건축이 가능한지? ❖ 공유자 동의 없이 산지에 건축할 수 있는지?
법령 근거	❖ 「산지관리법」 시행령 제20조제6항 관련 별표 4 세부기준 제1호마목11)
회신내용	❖ 단독주택을 축조할 목적으로 산지를 전용하는 경우에는 자기 소유의 산지에만 주택신축이 가능함 ❖ 단독주택을 축조할 목적으로 공동소유 산지일 경우 공유자 전원의 동의가 없으면 해당 산지에 주택신축이 안 됨

제8강. 소규모주택정비사업과 건축법도 알아야 한다

제1장. 소규모주택정비사업
1. 소규모주택정비사업 목적
2. 사업의 종류
3. 용어의 정의
4. 정비사업 대상지역
5. 정비사업 추진절차

제2장. 사업 시행 방법
1. 소규모주택정비사업 시행 방법
2. 소규모주택정비사업 시행자
3. 소규모주택정비사업 공공시행자 지정
4. 시공사 선정
5. 주민합의체의 구성
6. 가로주택정비사업 조합설립인가
7. 조합원 자격
8. 매도청구
9. 토지 등의 수용 또는 사용
10. 분양신청 하지 않는 자

제3장. 건축법 개요
1. 건축법 용어의 정의
2. 건축이란
3. 주택의 차이점 (다중, 다가구, 다세대)
4. 주택의 차이점 (아파트, 오피스텔, 연립)
5. 용도별 건축물의 종류
6. 건축물의 용도변경

제4장. 건축법과 도로 관련

1. 건축법상 도로
2. 건축법상 도로 예외규정
3. 건축선
4. 건축선 사례
5. 건축선 사례 모퉁이 도로
6. 대지분할면적 제한

제1장
소규모 주택정비사업

1. 소규모주택정비사업 목적

"소규모주택정비사업"은 '빈집 및 소규모주택정비에 관한 특례법' 이하 약칭 "소규모주택정비법"에 근거 소규모주택 정비를 활성화하고 주거생활의 질을 높이는 데에 이바지함을 목적으로 하며 노후·불량 건축물이 밀집한 가로구역에서 종전의 가로를 유지하면서 소규모로 주거환경을 개선하기 위하여 시행하는 정비사업을 말합니다.

목적
- 이 법은 방치된 빈집을 효율적으로 정비하고 소규모주택 정비를 활성화하기 위하여 필요한 사항 및 특례를 규정함으로써 주거생활의 질을 높이는 데 이바지함을 목적으로 한다.

법령체계
- 법률: 빈집 및 소규모주택정비에 관한 특별법, 시행령, 시행규칙 (약칭: 소규모주택정비법)
- 행정규칙: 소규모주택정비 관리계획 수립지침
  소규모주택정비사업의 시공자 및 정비사업전문관리업자 선정기준 등
- 자치법규: 경기도 빈집 및 소규모주택 정비에 관한 조례

2. 사업의 종류

소규모주택정비사업은 아래 4가지 사업을 하나의 카테고리로 묶어서 통칭하는데, 실무상 관심도가 높은 사업이 "가로주택정비사업"입니다.

구분	주요 내용
소규모주택 정비사업	❖ 이 법에서 정한 절차에 따라 노후·불량건축물의 밀집 등 대통령령으로 정하는 요건에 해당하는 지역 또는 가로구역(街路區域)에서 시행하는 다음 각 목의 사업
자율주택 정비사업	❖ 단독주택, 다세대주택 및 연립주택을 스스로 개량 또는 건설하기 위한 사업
가로주택 정비사업	❖ 가로구역에서 종전의 가로를 유지하면서 소규모로 주거환경을 개선하기 위한 사업
소규모 재건축사업	① 토지주택공사 등이 공동시행자, 공공시행자 또는 사업대행자일 것 ② 건설·공급되는 주택이 종전 세대수의 100분의 120 이상일 것. 다만, 통합심의를 거쳐 '국토의 계획 및 이용에 관한 법률' 도시·군기본계획 또는 정비기반시설 등 토지이용 현황 등을 고려하여 100분의 120 이상 건축할 수 없는 불가피한 사정이 있다고 인정하는 경우에는 그러하지 아니함
소규모 재개발사업	❖ 역세권 또는 준공업지역에서 소규모 주거환경 또는 도시환경을 개선하기 위한 사업

3. 용어의 정의

「소규모주택정비법」 제2조에 용어에 대하여 정의하고 있는데 법령에서 용어의 정의는 개별 법령을 해석하는 데 준거 기준으로 반드시 아래 용어의 정의를 숙지해야 법령의 취지에 맞는 해석을 할 수 있습니다.

구분	주요 내용
사업시행구역	❖ 빈집정비사업 또는 소규모주택정비사업을 시행하는 구역을 말한다.
사업시행자	❖ 빈집정비사업 또는 소규모주택정비사업을 시행하는 자를 말한다.
토지 등 소유자	❖ 자율주택정비사업, 가로주택정비사업 또는 소규모재개발사업은 사업시행구역에 위치한 토지 또는 건축물의 소유자, 해당 토지의 지상권자 ❖ 소규모재건축사업은 사업시행구역에 위치한 건축물 및 그 부속토지의 소유자
주민합의체	❖ 토지 등 소유자가 소규모주택정비사업을 시행하기 위하여 결성하는 협의체
소규모주택 정비관리지역	❖ 노후·불량건축물에 해당하는 단독주택 및 공동주택과 신축 건축물이 혼재하여 광역적 개발이 곤란한 지역에서 정비기반시설과 공동이용시설의 확충을 통하여 소규모주택정비사업을 계획적·효율적으로 추진하기 위하여 소규모주택정비 관리계획이 승인·고시된 지역을 말한다.
다른 법률과의 관계	❖ 이 법에서 따로 정의하지 아니한 용어는 '도시 및 주거환경정비법'에서 정하는 바에 따른다.

4. 정비사업 대상지역

'소규모주택정비법'은 '도시정비법' 적용을 받다가 2017.2.8. 동법 제정으로 아래와 같이 사업별로 면적 규모가 부합되고, 노후·불량건축물의 수가 전체 건축물 수의 3분의 2 이상 해당 시에는 '도시정비법'의 적용을 받지 않고 절차가 간소화된 '소규모주택정비사업'으로 추진이 가능하게 되었습니다.

구분	주요 내용
자율주택정비사업	❖ 노후·불량건축물 수: 전체 건축물 수의 3분의 2 이상
가로주택정비사업	❖ 면적: 1만㎡ 미만 (예외 적용 2만㎡ 미만) ❖ 노후·불량 건축물 수: 전체 건축물 수의 3분의 2 이상
소규모재건축사업	❖ 면적: 1만㎡ 미만 ❖ 노후·불량 건축물 수: 전체 건축물 수의 3분의 2 이상
소규모재개발사업	❖ 면적: 5천㎡ 미만 ❖ 노후·불량 건축물 수: 전체 건축물 수의 3분의 2 이상

5. 정비사업 추진절차

정비사업 추진절차는 정비구역 지정 절차 없이 조합설립인가를 받고 사업시행계획인가 및 착공 순서로 진행합니다.

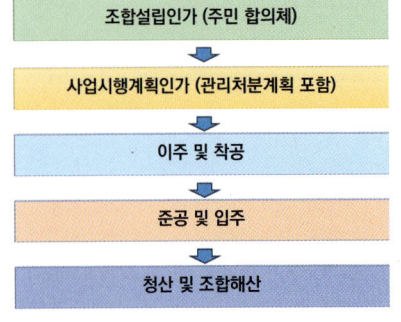

제2장
사업 시행 방법

1. 소규모주택정비사업 시행 방법

소규모주택정비사업은 사업별로 차이가 있으며, 가로주택정비사업의 경우 인가받은 사업 시행계획에 따라 주택 등을 건설하여 공급하거나 보전 또는 개량하는 방법으로 시행합니다. (법 제16조 참조)

구분	주요 내용
자율주택정비사업	❖ 사업시행계획인가를 받은 후에 사업시행자가 스스로 주택을 개량 또는 건설하는 방법으로 시행
가로주택정비사업	❖ 가로구역의 전부 또는 일부에서 인가받은 사업시행계획에 따라 주택 등을 건설하여 공급하거나 보전 또는 개량하는 방법으로 시행
소규모재건축사업	❖ 인가 받은 사업시행계획에 따라 주택, 부대시설·복리시설 및 오피스텔을 건설하여 공급하는 방법으로 시행한다. 다만, 주택단지에 위치하지 아니한 토지 또는 건축물이 다음 각 호의 어느 하나에 해당하는 경우로서 사업 시행상 불가피한 경우에는 주택단지 면적의 100분의 20 미만 내에서 해당 토지 또는 건축물을 포함하여 사업을 시행
소규모재개발사업	❖ 인가받은 사업 시행계획에 따라 주택 등 건축물을 건설하여 공급하는 방법으로 시행

2. 소규모주택정비사업 시행자

사업시행자는 크게 자율주택정비사업과 가로주택정비사업 등으로 구분합니다. 가로주택정비사업의 경우 2가지 방식으로 시행하는데 ①토지소유자가 20명 미만은 토지소유자가, ②그 이상은 조합이 시행할 수 있습니다. (법 제17조 참조)

구분	주요 내용
자율주택정비사업	❖ 2명 이상의 토지 등 소유자가 직접 시행하거나 다음 각호의 어느 하나에 해당하는 자와 공동으로 시행할 수 있다. ① 시장·군수 등 ② 토지주택공사 등 ③ 건설업자 ④ 등록사업자 ⑤ 신탁업자 ⑥ 부동산투자회사 ❖ 공공임대주택의 비율(건축물의 전체 연면적 대비 공공임대주택의 연면적의 비율 또는 전체 세대 수 대비 공공임대주택의 세대수의 비율을 말함)이 50% 이상이 되도록 건설하는 경우에는 토지 등 소유자 1명이 사업을 시행할 수 있다.
가로주택정비사업 소규모재건축사업 소규모재개발사업	❖ 다음 각호의 어느 하나에 해당하는 방법으로 시행할 수 있다. ① 토지 등 소유자가 20명 미만인 경우에는 토지 등 소유자가 직접 시행하거나 해당 토지 등 소유자가 위 항 각호의 어느 하나에 해당하는 자와 공동으로 시행하는 방법 ② 조합이 직접 시행하거나 해당 조합이 조합원의 과반수 동의를 받아 위 항 각호의 어느 하나에 해당하는 자와 공동으로 시행하는 방법

3. 소규모주택정비사업 공공시행자 지정

소규모주택정비사업은 천재지변, 조합설립인가 후 3년 내 사업 시행계획인가 미신청, 토지 면적 1/2 이상 토지소유자 동의를 받는 경우는 시장 등이 직접 시행하거나 토지주택공사 등을 사업시행자로 지정할 수 있고, 지정개발자를 지정해서 사업을 추진할 수 있습니다. (법 제18조 참조)

사업시행자 지정
- ❖ 시장·군수 등은 가로주택정비사업, 소규모재건축사업 또는 소규모재개발사업이 다음 각호의 어느 하나에 해당하는 경우에는 직접 해당 사업을 시행하거나 토지주택공사 등을 사업시행자로 지정하여 해당 사업을 시행하게 할 수 있다.
- ✓ 천재지변, 조합설립인가 후 3년 이내에 사업시행계획인가 미신청, 토지 면적 ½ 동의 등

지정개발자 지정
- ❖ 시장·군수 등은 가로주택정비사업, 소규모재건축사업 또는 소규모재개발사업의 조합설립을 위하여 조합설립 동의요건 이상에 해당하는 자가 사업시행구역 면적의 3분의 1 이상의 토지를 신탁받은 신탁업자(지정개발자)를 사업시행자로 지정하는 것에 동의하는 때에는 지정개발자를 사업시행자로 지정하여 해당 사업을 시행하게 할 수 있다.

4. 시공사 선정

시공사 선정은 2가지 방식이 있는데 ①토지 등 소유자가 주민합의체를 신

고한 후 주민합의서에서 선정하는 건설업자를 시공사로 선정할 수 있고, ② 조합이 시행하는 경우 총회의 의결로 경쟁입찰 등으로 시공사를 선정할 수 있습니다. (법 제20조 참조)

토지 등 소유자
❖ 토지 등 소유자는 소규모주택정비사업을 시행하는 경우 주민합의체를 신고한 후 주민합의서에서 정하는 바에 따라 **건설업자 또는 등록사업자를 시공자로 선정**하여야 한다.

조합
❖ 조합은 **소규모주택정비사업을 시행**하는 경우 **조합설립인가를 받은 후 조합 총회**(시장·군수 등 또는 토지주택공사 등과 공동으로 사업을 시행하는 경우에는 조합원의 과반수 동의로 조합 총회 의결을 갈음할 수 있다)에서 국토교통부장관이 정하는 경쟁입찰 또는 수의계약(2회 이상 경쟁입찰이 유찰된 경우로 한정)의 방법으로 건설업자 또는 등록사업자를 시공자로 선정하여야 한다.
✓ 다만, 토지 등 소유자 또는 조합원이 30인 이하의 소규모주택정비사업은 조합 총회에서 정관으로 정하는 바에 따라 선정할 수 있다.

5. 주민합의체의 구성

소규모 주택사업에서 토지 등 소유자가 주민합의체를 구성해서 사업을 시행할 수 있는데, 가로주택사업의 경우 주민합의체 구성 대상은 토지 등 소유자 20명 미만에 해당하는 경우는 주민합의체를 구성해서 사업을 시행하며, 아래 "사업 시행구역의 공동주택 동의요건"을 충족해야 합니다. (법 제22조 참조)

구분	주요 내용
소규모주택 정비사업	❖ 토지 등 소유자는 아래 각호에 따라 소규모주택정비사업을 시행하는 경우 토지 등 소유자 전원의 합의를 거쳐 주민합의체를 구성하여야 한다. ① 자율주택정비사업을 시행하는 경우로서 토지 등 소유자가 2명 이상인 경우 ② 가로주택정비사업 또는 소규모재건축사업을 시행하는 경우로서 토지 등 소유자가 20명 미만인 경우
사업시행구역 공동주택동의요건	❖ 사업시행구역의 공동주택은 각 동(복리시설의 경우에는 주택단지의 복리시설 전체를 하나의 동으로 본다)별 구분소유자의 과반수 동의(공동주택의 각 동별 구분소유자가 5명 이하인 경우는 제외)를, 그 외의 토지 또는 건축물은 해당 토지 또는 건축물이 소재하는 전체 토지 면적의 ½ 이상의 토지소유자 동의를 받아야 한다.

6. 가로주택정비사업 조합설립인가

조합이 가로주택정비사업을 추진하기 위해서는 조합을 설립해야 하는데 "조합설립 요건"은 아래에서 정하는 요건을 충족하여야 조합이 가로주택 정비사업을 추진할 수 있습니다. (법 제23조 참조)

구분	주요 내용
조합설립인가 요건	❖ 가로주택정비사업의 토지 등 소유자는 조합을 설립하는 경우 토지 등 소유자의 10분의 8 이상 및 토지면적의 3분의 2 이상의 토지소유자 동의를 받은 후 조합설립을 위한 창립총회를 개최하고 다음 각호의 사항을 첨부하여 시장·군수 등의 인가를 받아야 한다. ✓ 이 경우 사업시행구역의 공동주택은 각 동(복리시설의 경우에는 주택단지의 복리시설 전체를 하나의 동으로 본다)별 구분 소유자의 과반수 동의(공동주택의 각 동별 구분소유자가 5명 이하인 경우는 제외), 공동주택 외의 건축물은 해당 건축물이 소재하는 전체 토지면적의 ½ 이상의 토지소유자 동의를 받아야 한다.
주택등록사업 의제	❖ 조합이 가로주택정비사업, 소규모재건축사업 또는 소규모개발사업을 시행하는 경우 '주택법'의 주택공급을 적용할 때에는 해당 조합을 사업주체로 보며, 조합설립인가를 받은 날에 주택건설사업 등의 등록을 한 것으로 본다.

7. 조합원 자격

조합원은 토지 등 소유자가 되는데 토지소유자가 공유자인 경우, 여러 명의 토지소유자가 1세대에 속하는 경우 등은 토지소유자를 대표하는 1명을 조합원으로 봅니다. 특히, 투기과열지구에 예외가 있어서 법령을 확인하고 조합원 자격 여부를 판단해야 합니다. (법 제24조 참조)

조합원 자격

❖ 조합원은 토지 등 소유자(소규모재건축사업의 경우에는 소규모재건축사업에 동의한 자만 해당)로 하되, 다음 각호의 어느 하나에 해당하는 때에는 그 여러 명을 대표하는 1명을 조합원으로 본다.

투기과열지구 예외 있음

① 토지 또는 건축물의 소유권과 지상권이 여러 명의 공유에 속하는 때
② 여러 명의 토지 등 소유자가 1세대에 속하는 때. 이 경우 동일한 세대별 주민등록표상에 등재되어 있지 아니한 배우자 및 미혼인 19세 미만의 직계비속은 1세대로 보며, 1세대로 구성된 여러 명의 토지 등 소유자가 조합설립인가 후 세대를 분리하여 동일한 세대에 속하지 아니하는 때에도 이혼 및 19세 이상 자녀의 분가(세대별 주민등록을 달리하며 실거주지를 분가한 경우로 한정)를 제외하고는 1세대로 본다.
③ 조합설립인가 후 1명의 토지 등 소유자로부터 토지 또는 건축물의 소유권이나 지상권을 양수하여 여러 명이 소유하게 된 때

8. 매도청구

가로주택정비사업 또는 소규모 주택정비사업을 조합이 시행할 경우 매도청구로 토지를 취득할 수 있는데 매도청구 보상가격은 통상적으로 법원에서 결정합니다. (법 제35조 참조)

구분	주요 내용
가로주택정비사업 또는 소규모재건축	❖ 가로주택정비사업(토지 등 수용은 제외) 또는 소규모재건축사업의 사업시행자(토지 등 소유자가 시행하는 경우는 제외)는 건축심의에 따른 심의 결과를 받은 날부터 30일 이내에 다음 각호의 자에게 조합설립 또는 사업시행자의 지정에 동의할 것인지 여부를 회답할 것을 서면으로 촉구하여야 한다. ① 조합설립에 동의하지 아니한 자 ② 시장·군수 등 토지주택공사 등 또는 지정개발자 지정에 동의하지 아니한 자
60일 이내 회답	❖ 촉구를 받은 토지 등 소유자는 촉구를 받은 날부터 60일 이내에 회답하여야 한다. 기간 내에 회답하지 아니한 토지 등 소유자는 주민합의체 구성, 조합설립 또는 사업시행자의 지정에 동의하지 아니하겠다는 뜻을 회답한 것으로 본다.

9. 토지 등의 수용 또는 사용

 토지 등의 수용 또는 사용은 사업시행자가 시장·군수 또는 공공시행자로 지정된 토지 주택공사 등이 토지·물권 및 권리를 수용 또는 사용할 수 있으며 손실보상은 아래 표와 같으며, 이 법에 특별한 규정이 있는 경우는 이 법을 적용하고 그 외는 토지보상법을 준용합니다. (법 제35조의2 참조)

구분	주요 내용
토지 등의 수용 또는 사용	❖ 사업시행자: 시장·군수 등 또는 공공시행자로 지정된 토지주택공사 등 ❖ 수용대상: 토지·물건 및 권리를 수용 또는 사용 ❖ 사업인정: 수용 또는 사용의 대상이 되는 토지·물건 및 권리의 세목을 포함하는 사업시행계획인가 고시가 있는 때 ❖ 법령적용: 이 법에 특별한 규정이 있는 경우 외에는 토지보상법 적용
손실보상	❖ 소규모재개발사업 또는 소규모주택정비 관리지역에서 시행하는 가로주택정비사업으로 인한 영업의 폐지 또는 휴업에 대한 손실을 평가하는 경우 영업의 휴업기간은 4개월 이내로 한다. 다만, 다음 각호의 어느 하나에 해당하는 경우에는 실제 휴업기간으로 하며, 그 휴업기간은 2년을 초과할 수 없다. ① 해당 정비사업을 위한 영업의 금지 또는 제한으로 4개월 이상의 기간 동안 영업을 할 수 없는 경우 ② 영업시설의 규모가 크거나 이전에 고도의 정밀성을 요구하는 등 해당 영업의 고유한 특수성으로 4개월 이내에 다른 장소로 이전하는 것이 어렵다고 인정되는 경우 ❖ 영업손실 및 주거이전비 보상대상자 인정시점: 지정고시일

10. 분양신청 하지 않는 자

분양신청을 하지 않는 자는 손실보상 협의를 거쳐서 수용재결 및 매도청구를 하는데, 사업시행자가 협의가 성립되지 않는 경우 수용재결 및 매도청구를 60일 이내에 하지 않는 경우 지연가산금을 지급하여야 합니다. (법 제36조 참조)

구분	주요 내용
손실보상 협의	❖ 가로주택정비사업 또는 소규모재건축사업의 사업시행자는 사업시행계획이 인가·고시된 날부터 90일 이내에 다음 각호에서 정하는 자와 토지, 건축물 또는 그 밖의 권리의 손실보상에 관한 협의를 하여야 한다. 다만, 사업시행자는 분양신청기간 종료일의 다음 날부터 협의를 시작할 수 있다. ① 분양신청을 하지 아니한 자 ② 분양신청기간 종료 이전에 분양신청을 철회한 자 ③ 인가된 관리처분계획에 따라 분양대상에서 제외된 자
수용재결 및 매도청구	❖ 사업시행자는 협의가 성립되지 않은 경우에는 그 기간의 만료일 다음 날부터 60일 이내에 수용재결을 신청하거나 매도청구소송을 제기하여야 한다. 사업시행자는 기간을 넘겨서 수용재결을 신청하거나 매도청구소송을 제기한 경우 대통령령으로 정하는 바에 따라 해당 토지 등 소유자에게 지연일수(遲延日數)에 따른 이자를 지급하여야 한다. (수용은 시장 및 공공시행자 해당)

제3장

건축법 개요

1. 건축법 용어의 정의

건축법의 용어는 「건축법」 제2조에 정하고 있는데, 대지 등 용어의 정의는 아래의 내용을 참고 바랍니다.

구분	주요 내용
대지	❖ '공간정보의 구축 및 관리 등에 관한 법률'에 따라 각 필지(筆地)로 나눈 토지를 말한다. 다만, 대통령령으로 정하는 토지는 둘 이상의 필지를 하나의 대지로 하거나 하나 이상의 필지의 일부를 하나의 대지로 할 수 있다.
건축물	❖ 토지에 정착(定着)하는 공작물 중 지붕과 기둥 또는 벽이 있는 것과 이에 딸린 시설물, 지하나 고가(高架)의 공작물에 설치하는 사무소·공연장·점포·차고·창고, 그 밖에 대통령령으로 정하는 것을 말한다.
건축물 용도	❖ 건축물의 종류를 유사한 구조, 이용 목적 및 형태별로 묶어 분류한 것을 말한다.
지하층	❖ 건축물의 바닥이 지표면 아래에 있는 층으로서 바닥에서 지표면까지 평균 높이가 해당 층 높이의 ½ 이상인 것을 말한다.
주요구조부	❖ 내력벽(耐力壁), 기둥, 바닥, 보, 지붕틀 및 주계단(主階段)을 말한다. 다만, 사이 기둥, 최하층 바닥, 작은 보, 차양, 옥외 계단, 그 밖에 이와 유사한 것으로 건축물의 구조상 중요하지 아니한 부분은 제외한다.

2. 건축이란

건축의 종류에는 아래와 같이 신축, 증축, 개축, 재축, 이전 등이 있습니다. 이 중 개축과 재축의 내용이 비슷한데 "재축"은 천재지변이나 재해로 멸실된 경우를 재축이라고 하며, 건축의 종류는 아래와 같습니다.

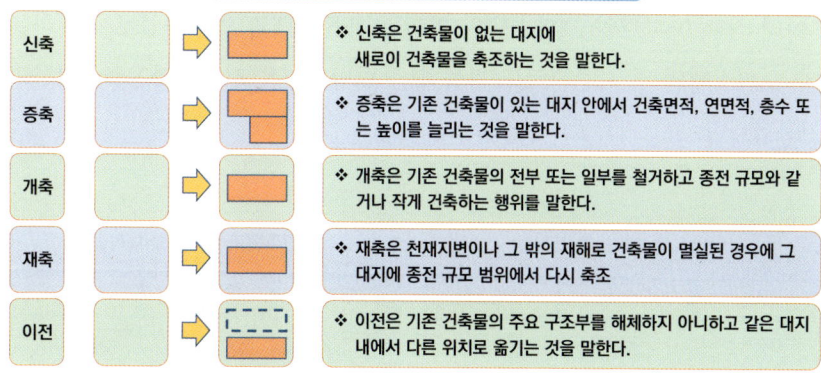

3. 주택의 차이점 (다중, 다가구, 다세대)

다중주택과 다가구주택의 차이점은 연면적에 차이가 있습니다. 다가구주택은 연면적이 660㎡ 이하로 19세대 이하가 거주하는 주택을 말합니다.

다중주택과 다가구주택의 차이점		
구분	다중주택	다가구주택
층수	3개 층 이하	3개 층 이하
연면적	330㎡ 이하	660㎡ 이하
주거형태	비독립가구	독립가구
개별 취사시설	불가	불가

다가구주택과 다세대주택의 차이점		
구분	다가구주택	다세대주택
층수	3개 층 이하	4개 층 이하
연면적	660㎡ 이하	660㎡ 이하
소유권	단독소유	구분소유
분양권	각 가구별 분양 불가	각 세대별 분양 가능

위 우측 다가구주택과 다세대주택의 차이점은 층수와 단독소유냐 구분소유냐의 차이가 있는데, 구분소유란 각호 개별등기가 가능한 주택을 말합니다.

4. 주택의 차이점 (아파트, 오피스텔, 연립)

아래 좌측 아파트와 오피스텔의 차이는 공동주택과 업무시설로 구분하는데, 오피스텔의 경우 주거로도 가능하나, 난방시설은 전용면적 85㎡ 이하만 가능합니다.

아파트와 오피스텔 차이점		
구분	아파트	오피스텔
시설용도	공동주택	업무 시설
소유권	구분소유	구분소유
난방시설	설치	전용 85㎡ 이상 불가
발코니	가능	허용 불가

연립주택과 아파트의 차이점		
구분	연립주택	아파트
층수	4개 층 이하	5개 층 이상
연면적	660㎡ 초과	660㎡ 초과

위 우측 연립주택과 아파트의 차이점은 층수에 차이가 있는데 층수가 5층 이상이면 아파트이고 그 이하는 연립주택이라 합니다.

5. 용도별 건축물의 종류

건축법에서 건축물의 종류 총 29종류를 「건축법 시행령」 [별표 1]에 정하고 있고, 「국토계획법 시행령」 [별표]에서 용도지역에서 건축행위, 행위허가 등을 세분하고 있습니다. 이는 「건축법」 [별표 1]을 근거로 용도지역에서 행위허가 대상을 정하고 있는 것입니다.

구분	주요 내용
근거	❖ 「건축법」 시행령 3조의5 관련 (별표 1)
종류	1) 단독주택, 2) 공동주택, 3) 제1종 근린생활시설, 4) 제2종 근린생활시설, 5) 문화 및 집회시설, 6) 종교시설, 7) 판매시설, 8) 운수시설, 9) 의료시설, 10) 교육연구시설(제2종 근린생활시설 해당 제외), 11) 노유자시설, 12) 수련시설, 13) 운동시설, 14) 업무시설, 15) 숙박시설, 16) 위락시설, 17) 공장, 18) 창고시설, 19) 위험물 저장 및 처리 시설, 20) 자동차 관련 시설, 21) 동물 및 식물 관련 시설, 22) 자원순환 관련 시설, 23) 교정 및 군사 시설(제1종 근린생활시설 해당 제외), 24) 방송통신시설(제1종 근린생활시설 해당 제외), 25) 발전시설, 26) 묘지 관련 시설, 27) 관광 휴게시설, 28) 장례시설, 29) 야영장 시설

6. 건축물의 용도변경

건축물의 용도변경은 허가와 신고 유형으로 나누는데, 아래 좌측 그림은 하위군 시설을 상위군 시설로 용도변경을 "허가"이고, 아래 우측 상위군 시설을 하위군 시설로 용도변경은 "신고" 대상입니다.

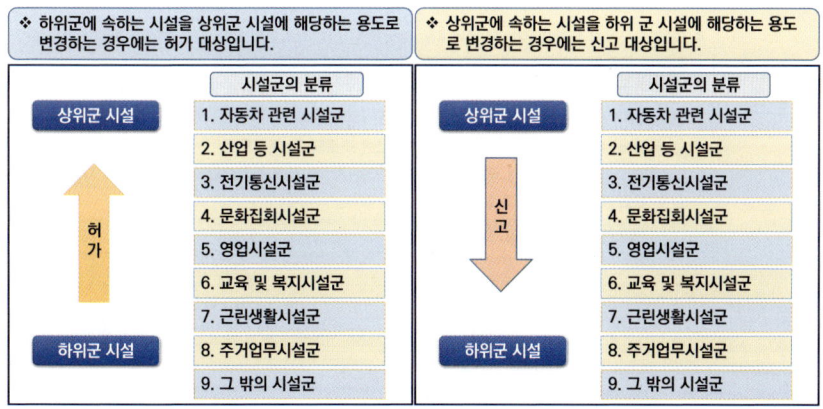

제4장
건축법과 도로 관련

1. 건축법상 도로

토지에 건축 등 행위 시 필수적인 요건은 도로에 접하고 있는지 여부입니다. 건축법에서 정하는 도로란 아래 요건을 갖추어야 건축허가를 받을 수 있는데, 토지를 매입하여 건축행위를 하려면 아래 조건에 부합 여부를 반드시 확인하고 토지매입 여부를 결정해야 합니다.

구분	주요 내용	
근거	❖ 「건축법」 제2조제1항제11호, 제44조제1항	
도로의 정의	❖ 보행과 자동차 통행이 가능한 너비 4m 이상의 도로(지형적으로 자동차 통행이 불가능한 경우와 막다른 도로의 경우에는 대통령령으로 정하는 구조와 너비의 도로) ✓ '국토의 계획 및 이용에 관한 법률', '도로 법', '사도법', 그 밖의 관계 법령에 따라 신설 또는 변경에 관한 고시가 된 도로 또는 건축허가 또는 신고 시에 특별시장·광역시장·도지사·특별자치도지사 또는 시장·군수·구청장이 위치를 지정하여 공고한 도로나 그 예정도로 ✓ 「건축법」 제44조제1항에 따라 건축물의 대지는 2m 이상이 도로(자동차만의 통행에 사용되는 도로는 제외한다)에 접하도록 하고 있음	
막다른 도로	막다른 도로의 길이	도로의 너비
	10m 미만	2m 이상
	10m 이상 ~ 35m 미만	3m 이상
	35m 이상	6m 이상(도시지역이 아닌 읍, 면 지역은 4m 이상)

2. 건축법상 도로 예외규정

건축법상 도로에 대한 예외 적용 대상이 있는데, 아래 건축법상 도로 예외

적용 대상을 따져서 건축허가를 받을 수 있는지를 확인해야 합니다.

구분	주요 내용
도로 접면 2m 예외	❖ 연면적의 합계가 2천㎡(공장인 경우에는 3천㎡) 이상인 건축물(축사, 작물 재배사, 그 밖에 이와 비슷한 건축물로서 건축조례로 정하는 규모의 건축물은 제외)의 대지는 너비 6m 이상의 도로에 4m 이상 접함.
대지와 도로의 관계 예외 적용	❖ 도시지역 및 제2종 지구단위계획구역 외의 지역으로서 동이나 읍(동이나 읍에 속하는 섬의 경우에는 인구가 500명 이상인 경우만 해당)이 아닌 지역은 같은 법 제44조(대지와 도로와의 관계)를 적용하지 아니함
대지와 도로의 관계	❖ 건축물의 대지는 2m 이상이 도로(자동차만의 통행에 사용되는 도로는 제외한다)에 접하여야 한다. 다만, 다음 각호의 어느 하나에 해당하면 그러하지 아니하다. 1. 해당 건축물의 출입에 지장이 없다고 인정되는 경우 2. 건축물의 주변에 대통령령으로 정하는 공지가 있는 경우 3. 「농지법」 제2조제1호나목에 따른 농막을 건축하는 경우

3. 건축선

"건축선"이란 대지와 도로의 경계선을 말하는데, 토지를 매입할 때 건축선을 고려하지 않고 소규모 토지에 주택을 지을 수 있다고 판단하고 토지를 매입할 경우 건축 제한 면적에 걸리면 건축 허가를 받을 수 없습니다.

구분	주요 내용
의의	❖ 건축선이란 도로와 대지와의 관계에 있어서 도로와 접한 부분에 건축물을 건축할 수 있는 선을 말함
원칙	❖ 건축선은 대지와 도로의 경계선
예외	❖ 도로 양쪽에 대지가 존재하는 경우 ➢ 그 중심선으로부터 그 소요 너비의 ½ 수평거리만큼 물러난 선을 건축선 ❖ 도로의 반대쪽에 경사지 등이 있는 경우 ➢ 그 도로의 반대쪽에 경사지, 하천, 철도, 선로부지, 그 밖에 이와 유사한 것이 있는 경우에는 그 경사지 등이 있는 쪽의 도로경계선에서 소요 너비에 해당하는 수평거리의 선을 건축선

4. 건축선 사례

아래 예시 1은 2m 도로가 있는데 건축법상 도로는 최소 4m를 확보해야 하기 때문에, 양쪽이 대지이면 양 토지에 각각 1m 후퇴하여 건축선을 지정합니다.

도로 소요너비(4m) 확보를 위한 건축선 후퇴

[예시 1- 대지 사이에 도로가 끼인 경우]

[예시 2- 도로 한 면이 하천, 철도 등에 접한 경우]

출처: 토지 이음

위 예시 2는 건축법상 4m 도로를 확보하기 위해 한쪽이 하천 등이 있는 경우에는 하천으로 도로 확보가 불가능 내 토지에 2m 후퇴 건축선을 지정해야 하므로 하천 변 도로가 설치된 토지를 매입할 때 건축선을 고려해야 합니다.

5. 건축선 사례 모퉁이 도로

대지가 모퉁이 도로에 접해 있으며 차량 통행이 가능하도록 도로와 접해 있는 대지의 각도에 따라 편입 면적이 결정되는데, 모퉁이 대지를 매입하는 경우는 대지 각도에 따라 건축선 편입 면적이 바뀌므로 이를 고려하여야 합니다.

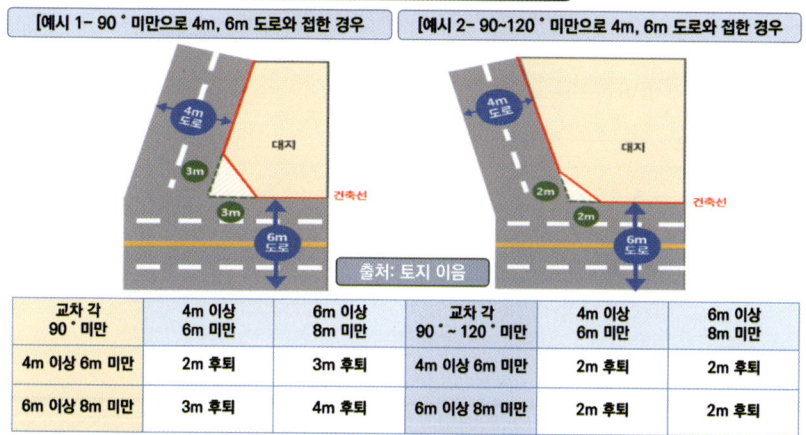

교차 각 90° 미만	4m 이상 6m 미만	6m 이상 8m 미만	교차 각 90°~120° 미만	4m 이상 6m 미만	6m 이상 8m 미만
4m 이상 6m 미만	2m 후퇴	3m 후퇴	4m 이상 6m 미만	2m 후퇴	2m 후퇴
6m 이상 8m 미만	3m 후퇴	4m 후퇴	6m 이상 8m 미만	2m 후퇴	2m 후퇴

6. 대지분할면적 제한

대지의 분할면적은 아래 "분할규모" 이하로 토지를 분할할 수 없습니다.

구분	주요 내용
근거	❖ 「건축법」 제57조 및 시행령 제80조
분할규모	❖ 건축물이 있는 대지는 대통령령으로 정하는 범위에서 해당 지방자치단체의 조례로 정하는 면적에 못 미치게 분할할 수 없다. 〈시행령의 범위〉 1. 주거지역: 60㎡ 2. 상업지역: 150㎡ 3. 공업지역: 150㎡ 4. 녹지지역: 200㎡ 5. 제1호부터 제4호까지의 규정에 해당하지 아니하는 지역: 60㎡

제9강. 임대차법은 임차인 보호를 위한 특별법이다

제1장. 주택임대차보호법
 1. 주택임대차보호법 개요
 2. 임대인 지위 승계
 3. 임차권등기명령 및 우선변제권 취득
 4. 우선변제권 배제
 5. 경매에 의한 임차권 소멸
 6. 임대차 기간 및 계약의 갱신
 7. 묵시적 계약갱신 및 계약갱신권 행사
 8. 계약갱신권 행사 횟수 및 손해배상
 9. 차임증감청구
 10. 소액임차인 최우선 변제금

제2장. 상가건물 임대차보호법
 1. 상가건물 임대차보호법 의의
 2. 보증금액 및 환산금액 적용
 3. 대항력 및 지위승계
 4. 확정일자 부여
 5. 우선변제 및 임차권등기명령
 6. 우선변제권 취득
 7. 임대차 기간 및 계약갱신
 8. 갱신권 행사 및 묵시적 갱신

제1장
주택임대차보호법

1. 주택임대차보호법 개요

'주택임대차보호법'은 세입자 보호를 위한 민법의 특별법이며, 법 적용 대상은 주거용 건축물입니다. 주택임대차보호법의 보호를 받기 위해서는 반드시 주택의 인도와 주민등록을 마쳐야 합니다. 만약 해당 임대 주택에 선순위 권리인 근저당 등 제한물권이 있는 경우 대항력을 주장할 수 없습니다.

목적
- 주거용 건물의 임대차(賃貸借)에 관하여 '민법'에 대한 특례를 규정함으로써 국민주거생활 안정을 보장함을 목적으로 주택임차인 보호를 목적으로 제정된 민법 특별법

적용 범위
- 주거용 건물의 전부 또는 일부의 임대차에 관하여 적용한다. 그 임차주택(賃借住宅)의 일부가 주거 외의 목적으로 사용되는 경우 또한 같다.

대항력
- 임대차는 그 등기(登記)가 없는 경우에도 임차인(賃借人)이 주택의 인도(引渡)와 주민등록을 마친 때에는 그다음 날부터 제삼자에 대하여 효력이 생긴다. 이 경우 전입신고를 한 때에 주민등록이 된 것으로 본다.

아래 대법원 판례는 가족을 그대로 둔 채 세대주가 주민등록을 일시 옮긴 경우 그 가족도 대항력을 인정하고 있습니다.

〈대법원 1996. 1. 26. 선고 95다30338 판결〉

【판시사항】
[1] 주택임대차보호법상의 대항요건인 주민등록에 배우자나 자녀의 주민등록이 포함되는지 여부
[2] 입주 및 주민등록을 마친 주택임차인이 가족의 주민등록은 그대로 둔 채 임차인만 주민등록을 일시 다른 곳으로 옮긴 경우, 대항력 상실 여부

【판결요지】
[1] 「주택임대차보호법」 제3조 제1항에서 규정하고 있는 주민등록이라는 대항요건은 임차인 본인뿐만 아니라 그 배우자나 자녀 등 가족의 주민등록을 포함한다.
[2] 주택임차인이 그 가족과 함께 그 주택에 대한 점유를 계속하고 있으면서 그 가족의 주민등록을 그대로 둔 채 임차인만 주민등록을 일시 다른 곳으로 옮긴 경우라면, 전체적으로나 종국적으로 주민등록의 이탈이라고 볼 수 없는 만큼, 임대차의 제3자에 대한 대항력을 상실하지 아니한다.

2. 임대인 지위 승계

임차주택을 매수하거나 경매로 낙찰받은 낙찰자는 임대인의 지위를 그대로 승계하며, 임차인은 새 임대인에게 종전의 권리를 주장할 수 있습니다.

> **지위 승계**
> - 임차주택의 양수인(讓受人)(그 밖에 임대할 권리를 승계한 자를 포함한다)은 임대인(賃貸人)의 지위를 승계한 것으로 본다. (법 제3조)

> **우선 배당**
> - 대항요건(對抗要件)과 임대차 계약증서상의 확정일자(確定日字)를 갖춘 임차인은 '민사 집행법'에 따른 경매 또는 '국세징수법'에 따른 공매(公賣)를 할 때에 임차주택(대지를 포함)의 환가대금(換價代金)에서 후순위권리자(後順位權利者)나 그 밖의 채권자보다 우선하여 보증금을 변제(辨濟)받을 권리가 있다. (법 제3조의2)

대항력을 갖춘 임차인이 확정일자를 받았으면 임차주택이 경매 진행 시에 '민사집행법'에 따라 배당요구를 하면 후순위권리자나 그 밖의 채권자보다 우선하여 보증금을 변제받을 수 있습니다.

3. 임차권등기명령 및 우선변제권 취득

임차권등기명령은 임차인이 임대차 기간이 끝났는데 임차인이 임차보증금을 받지 못하고 불가피하게 이사할 경우, 임차권등기명령을 신청하면 아래와 같이 기존의 대항력과 우선변제권을 취득합니다.

> **임차권 등기명령**
> - 임대차가 끝난 후 보증금이 반환되지 아니한 경우 임차인은 임차주택의 소재지를 관할하는 지방법원·지방법원지원 또는 시·군 법원에 임차권등기명령을 신청할 수 있다. 임차권등기명령의 신청서에는 다음 각호의 사항을 적어야 하며, 신청의 이유와 임차권등기의 원인이 된 사실을 소명(疎明)하여야 한다. (법 제3조의3)

> **우선 변제권취득**
> - 임차인은 임차권등기명령의 집행에 따른 임차권등기를 마치면 대항력과 우선 변제권을 취득
>   ✓ 다만, 임차인이 임차권등기 이전에 이미 대항력이나 우선 변제권을 취득한 경우에는 그 대항력이나 우선 변제권은 그대로 유지되며, 임차권등기 이후에는 대항요건을 상실하더라도 이미 취득한 대항력이나 우선 변제권을 상실하지 아니한다. (법 제3조의3)

4. 우선변제권 배제

임차권등기명령이 등기부에 기재된 주택에 새 임차인이 입주할 경우는 소액 보증금 우선변제권을 행사할 수 없으므로, 세입자가 보증금을 지급하고 임차할 경우 임차권등기명령 등기가 기재되어 있는지를 반드시 확인해야 합니다. 만약 임차권등기명령 등기가 기재되어 있는 주택은 최우선변제를 받을 수 없어, 만약, 임대차 계약을 꼭 하려면 등기부상 임차권등기명령을 먼저 해제 후 계약해야 합니다.

우선변제권배제
- 임차권등기명령의 집행에 따른 임차권등기가 끝난 주택(임대차의 목적이 주택의 일부분인 경우에는 해당 부분으로 한정한다)을 그 이후에 임차한 임차인은 우선변제를 받을 권리가 없다.
- 임차권등기의 촉탁(囑託), 등기관의 임차권등기 기입(記入) 등 임차권등기명령을 시행하는 데에 필요한 사항은 대법원규칙으로 정한다. (법 제3조의3)

임차권 설정 비용청구
- 임차인은 임차권등기명령의 신청과 그에 따른 임차권등기와 관련하여 든 비용을 임대인에게 청구할 수 있다.
  ✓ 금융기관 등은 임차인을 대위하여 임차권 등기명령을 신청할 수 있다. 이 경우 "임차인"은 "금융기관 등"으로 본다. (법 제3조의3)

5. 경매에 의한 임차권 소멸

경매로 임차권이 소멸할 수 있는데, 임차인이 대항력을 갖추고 확정일자를 받으면 임차주택은 임차인이 배당요구를 하지 않거나, 배당요구를 하였는데 보증금을 모두 받지 못한 경우에는 경매 시에도 임차권이 소멸하지 않으며, 아래 확정일자 부여기관에서 확정일자를 받아야만 배당에 참여할 수 있습니다.

> **경매에 의한 임차권 소멸**
> ❖ 임차권은 임차주택에 대하여 '민사집행법'에 따른 경매가 행하여진 경우에는 그 임차주택의 경락(競落)에 따라 소멸한다.
> ✓ 다만, 보증금이 모두 변제되지 아니한, 대항력이 있는 임차권은 그러하지 아니하다. (법 제3조의 5)

> **확정일자 부여기관**
> ❖ 확정일자는 주택 소재지의 읍·면사무소, 동 주민센터 또는 시(특별시·광역시·특별자치시는 제외하고, 특별자치도는 포함한다)·군·구(자치구를 말한다)의 출장소, 지방법원 및 그 지원과 등기소 또는 '공증인법'에 따른 공증인(이하 이 조에서 "확정일자 부여기관"이라 한다)이 부여한다. (법 제3조의6)

6. 임대차 기간 및 계약의 갱신

임대차 기간은 통상 2년이고 1회의 계약갱신권이 부여되는데, 임대차 계약 기간을 정하지 아니하거나 2년 미만의 경우 임대차 기간은 2년으로 봅니다. 실무에서 임대차 기간을 1년씩 하고 연장하면서 계약금을 올려 받는 경우가 있는데, 법령에 근거 임차인은 1년 계약을 2년으로 주장할 수 있습니다.

> **임대차 기간**
> ❖ 기간을 정하지 아니하거나 2년 미만으로 정한 임대차는 그 기간을 2년으로 본다.
> ✓ 다만, 임차인은 2년 미만으로 정한 기간이 유효함을 주장할 수 있다. 임대차 기간이 끝난 경우에도 임차인이 보증금을 반환받을 때까지는 임대차 관계가 존속되는 것으로 본다. (법 제4조)

> **계약의 갱신**
> ❖ 임대인이 임대차 기간이 끝나기 6개월 전부터 2개월 전까지의 기간에 임차인에게 갱신거절(更新拒絶)의 통지를 하지 아니하거나 계약조건을 변경하지 아니하면 갱신하지 아니한다는 뜻의 통지를 하지 아니한 경우에는 그 기간이 끝난 때에 전 임대차와 동일한 조건으로 다시 임대차한 것으로 본다.
> ❖ 임차인이 임대차 기간이 끝나기 2개월 전까지 통지하지 아니한 경우에도 또한 같다. 임대차의 존속기간은 2년으로 본다. (법 제6조)

7. 묵시적 계약갱신 및 계약갱신권 행사

묵시적 갱신이란 임대차 계약 기간 2년이 끝나기 6개월 전부터 2개월 전까지 임대인이나 임차인이 아무런 통보가 없으면 자동으로 임대차 계약이 갱신되는데, 묵시적 갱신이 된 경우 임차인은 언제든지 임대인에게 계약해지를 통보할 수 있고, 그 효력은 3개월이 지나면 발생합니다.

묵시적 갱신 계약해지

❖ 묵시적으로 계약이 갱신된 경우 임차인은 언제든지 임대인에게 계약해지(契約解止)를 통지할 수 있다. 계약해지는 임대인이 그 통지를 받은 날부터 3개월이 지나면 그 효력이 발생한다. (법 제6조의2)

계약갱신권 행사

❖ 임대인은 임차인이 임대차 기간이 끝나기 6개월 전부터 2개월 전까지의 기간 이내에 계약갱신을 요구할 경우 정당한 사유 없이 거절하지 못한다. 다만, 다음 각호의 어느 하나에 해당하는 경우에는 그러하지 아니하다. (법 제6조의3)
- ✓ 임대인(직계 존비속 포함)이 목적 주택에 실제 거주하려는 경우
- ✓ 임차인이 2기의 차임액에 해당하는 금액에 이르도록 차임 연체한 사실 있는 경우 등

8. 계약갱신권 행사 횟수 및 손해배상

임대차 계약 기간은 2년인데 임차인은 법령에 근거 1회에 한하여 임대인에게 계약갱신권을 행사할 수 있습니다. 주택임대차보호법은 전세 계약을 하면 최소한 4년 동안 살 수 있지만, 임대인의 실거주 목적으로 계약갱신을 거절할 수 있습니다. 만약 실거주 목적 등 거부요건이 아니면서 계약갱신을 거부할 경우, 임차인은 손해배상을 청구할 수 있습니다. 참고로 임차인은 묵시적 계약갱신으로 2년이 지나서 다시 계약을 갱신할 때에도 임차인은 계약갱신권 1회 사용을 하지 않아서 계약갱신을 주장할 수 있습니다.

> **계약갱신권 행사 횟수**
>
> ❖ 임차인은 계약갱신 요구권을 1회에 한하여 행사할 수 있다. 이 경우 갱신되는 임대차의 존속기간은 2년으로 본다.
> ❖ 갱신되는 임대차는 전 임대차와 동일한 조건으로 다시 계약된 것으로 본다. 다만, 차임과 보증금은 제7조의 범위에서 증감할 수 있다. (법 제6조의3)

> **손해배상**
>
> ❖ 임대인이 실거주의 사유로 갱신을 거절하였음에도 불구하고 갱신요구가 거절되지 아니하였더라면 갱신되었을 기간이 만료되기 전에 정당한 사유 없이 제3자에게 목적 주택을 임대한 경우 임대인은 갱신거절로 인하여 임차인이 입은 손해를 배상 (법 제6조의3)

9. 차임증감청구

임대차 계약에서 차임 등 증감청구를 할 수 있는데, 증액청구는 차임이나 보증금의 증액이 있는 후 1년 이내에 할 수 없으며, 증액청구는 약정한 차임이나 보증금의 5% 금액을 초과하지 못합니다. 다만, 해당 지자체 조례로 증액청구의 상환을 달리 정할 수 있어서 이를 고려해야 합니다.

> **차임 등 증감청구**
>
> ❖ 당사자는 약정한 차임이나 보증금이 임차주택에 관한 조세, 공과금, 그 밖의 부담의 증감이나 경제사정의 변동으로 인하여 적절하지 아니하게 된 때에는 장래에 대하여 그 증감을 청구
> ✓ 이 경우 증액청구는 임대차 계약 또는 약정한 차임이나 보증금의 증액이 있은 후 1년 이내에는 하지 못한다. (법 제7조)
>
> ⬇
>
> ❖ 증액청구는 약정한 차임이나 보증금의 20분의 1의 금액을 초과하지 못한다.
> ✓ 다만, 특별시·광역시·특별자치시·도 및 특별자치도는 관할 구역 내의 지역별 임대차시장 여건 등을 고려하여 본문의 범위에서 증액청구의 상한을 조례로 달리 정할 수 있다.

10. 소액임차인 최우선 변제금

주택임대차보호법은 소액임차인에 대한 최우선변제를 인정하고 있습니다. 적용 대상은 담보물권 설정일, 지역, 보증금 범위를 기준으로 최우선변제액을 정하고 있는데, 보증 한도는 최초 담보물권(근저당) 설정 시가 기준이며

반드시 배당신청을 해야만 최우선변제액을 받을 수 있습니다. (시행령 제10, 11조 참조)

담보물권설정일	지역	보증금 범위	최우선변제액
2023.2.21~	❖ 서울특별시	1.65억 이하	5.5천만 원까지
	❖ '수도권 정비계획법'에 따른 과밀억제권역(서울특별시는 제외), 세종특별자치시, 용인시, 화성시, 김포시	1.45억 원 이하	4.8천만 원까지
	❖ 광역시('수도권 정비계획법'에 따른 과밀억제권역에 포함된 지역과 군지역은 제외), 안산시, 용인시, 김포시 및 광주시	8.5천만 원 이하	2.8천만 원까지
	❖ 그 밖의 지역	7.5천만 원 이하	2.5천만 원까지

❖ 임대 건물가액의 ½ 범위에서 해당 지역의 경제 여건, 보증금 및 차임 등 고려
❖ 보증한도는 최초 근저당 설정 시 기준이며, 반드시 배당신청 기간 내 배당신청만 배당

소액임차인 최우선 변제금 제도는 임차주택에 최초 담보물권(근저당)이 언제 설정되어 있는지에 따라 "보증금 범위", "최우선변제액"이 차이가 있어서 해당 여부를 반드시 확인하고 임대차 계약을 체결해야 합니다.

참고로 소액임차인 최우선 변제금 보증금 범위 등은 「주택임대차보호법 시행령」 제10조, 제11조를 참조 바라며 소액임차인의 보증금 범위 및 최우선 변제금액이 물가상승 및 보증금액 상승 등을 반영하면서 계속 변하고 있으며, 위 표와 같이 등기부상 근저당권설정일이 2023. 2. 21. 이전에 해당하면 반드시 공인중개사 등에게 요구하여 해당연도 보증금 범위를 확인해야 합니다.

제2장
상가건물 임대차보호법

1. 상가건물 임대차보호법 의의

'상가건물 임대차보호법' 적용 대상은 사업자등록의 대상이 되는 상가건물의 임대차에 적용되며, 모든 상가가 적용 대상이 아니고 "일정 보증금액을 초과"하는 임대차는 상가건물 임대차보호법 적용 대상이 아닙니다.

목적
- 상가건물 임대차에 관하여 민법에 대한 특례를 규정하여 국민 경제생활의 안정을 보장함을 목적으로 한다.

적용범위
- 상가건물(제3조제1항에 따른 사업자등록의 대상이 되는 건물을 말한다)의 임대차(임대차 목적물의 주된 부분을 영업용으로 사용하는 경우를 포함한다)에 대하여 적용한다.
- 다만, 상가건물임대차위원회의 심의를 거쳐 대통령령으로 정하는 보증금액을 초과하는 임대차에 대하여는 그러하지 아니하다. (법 제2조)

2. 보증금액 및 환산금액 적용

상가건물 임대차보호법 적용 대상은 2019.4.2. 기준 서울특별시의 경우 9억 원 이하만 해당하며, 특히, 주택임대차와 달리 상가 임대차 보증금 범위는 환산금액 [보증금+(월세×1,000)=환산보증금]을 적용합니다. (시행령 제2·6·7조 참조)

적용대상	보증금 범위	최우선 변제액	지역 (2019.4.2 ~ 현재)
9억 원 이하	6,500만 원	2,200만 원까지	❖ 서울특별시
6억9천만 원	5,500만 원	1,900만 원까지	❖ 과밀억제권(서울특별시 제외)
6억9천만 원 이하	3,800만 원	1,300만 원까지	❖ 부산광역시(기장군 제외)
6억9천만 원 이하	3,000만 원	1,000만 원까지	❖ 부산광역시(기장군)
5억4천만 원 이하	3,800만 원	1,300만 원까지	❖ 광역시(수도권정비계획 법에 따른 과밀억제권역에 포함된 지역과 군 지역, 부산광역시제외), 안산, 용인, 김포, 광주시
5억4천만 원 이하	3,000만 원	1,000만 원까지	❖ 세종특별자치시, 파주시, 화성시
3억7천만 원 이하	3,000만 원	1,000만 원까지	❖ 그 밖의 지역

❖ 우선변제를 받을 임차인은 보증금과 차임이 있는 경우 환산한 금액 합계
❖ 임대 건물가액의 2분의1 범위에서 해당 지역의 경제여건, 보증금 및 차임 등 고려
❖ 보증한도는 최초 근저당 설정 시 기준이며, 반드시 배당신청 기간 내 배당신청만 배당

참고로 위 표의 상가건물 임대차보호법 적용 대상 및 우선변제권의 범위는 2019.4.2.~현재를 기준으로 하며, 2019.4.2. 이전에 근저당권 등이 설정되어 있으면 반드시 공인중개사 등에게 적용 대상 및 보증금의 범위를 확인 요청하며 「상가건물 임대차보호법 시행령」 제6조, 제7조를 참조하길 바랍니다.

3. 대항력 및 지위승계

'상가임대차법'의 대항력은 건물의 인도와 사업자등록을 신청하면 다음 날부터 제3자에 대하여 효력이 발생하며, 임차건물이 경매나, 매매로 소유자가 바뀌더라도 건물 양수인은 임대인의 지위를 승계하는데, 상가주택 임차인은 경매나 매매로 주인이 바뀌어도 종전 계약서대로 권리를 주장할 수 있습니다.

> **대항력**
> ❖ 임대차는 그 등기가 없는 경우에도 임차인이 건물의 인도와 「부가가치세법」 제8조, 「소득세법」 제168조 또는 「법인세법」 제111조에 따른 사업자등록을 신청하면 그다음 날부터 제3자에 대하여 효력이 생긴다. (법 제3조)

> **지위승계**
> ❖ 임차건물의 양수인(그 밖에 임대할 권리를 승계한 자를 포함한다)은 임대인의 지위를 승계한 것으로 본다. (법 제3조)
> ✓ 임대차의 목적이 된 건물이 매매 또는 경매의 목적줄이 된 경우에는 민법 준용

4. 확정일자 부여

'상가임대차법'의 확정일자는 상가건물 소재지 관할 세무서장이 부여합니다. 환산보증금이 소액에 해당 최우선변제를 받는 경우 확정일자를 받을 필요성이 없으나, 상가빌딩에 여러 명의 임차인이 소재한 경우에는 소액임차인이라 하더라도 보호를 받을 수 없는 경우가 발생하기 때문에 관할 세무서장에게 상가건물에 대한 각종 정보를 요청해서 꼼꼼히 확인해야 합니다. 또한 중개사를 통해서 다수의 임차인 상가건물에서 권리 보호를 받을 수 있는지 점검해야 합니다.

> **확정일자 부여**
> ❖ 확정일자는 상가건물의 소재지 관할 세무서장이 부여한다.
> ❖ 관할 세무서장은 해당 상가건물의 소재지, 확정일자 부여일, 차임 및 보증금 등을 기재한 확정일자부를 작성하여야 한다. (법 제4조)

> **정보제공요청**
> ❖ 상가건물의 임대차에 이해관계가 있는 자는 관할 세무서장에게 해당 상가건물의 확정 일자 부여일, 차임 및 보증금 등 정보의 제공을 요청할 수 있다. 이 경우 요청을 받은 관할 세무서장은 정당한 사유 없이 이를 거부할 수 없다.
> ❖ 임대차 계약을 체결하려는 자는 임대인의 동의를 받아 관할 세무서장에게 정보제공을 요청할 수 있다. (시행령 제3조의3)

5. 우선변제 및 임차권등기명령

상가건물에 대항요건을 갖추고 확정일자를 받은 임차인은 해당 임차건물이 경매 시에 환가대금에서 후순위권리자보다 보증금을 우선하여 받을 수 있는데, 반드시 임차건물을 양수인에게 인도해야 합니다. 임차권등기명령은 임대차가 종료되었으나 보증금이 반환되지 아니한 경우 신청할 수 있습니다.

우선 변제
- 대항요건을 갖추고 관할 세무서장으로부터 임대차 계약서상의 확정일자를 받은 임차인은 '민사집행법'에 따른 경매 또는 '국세징수법'에 따른 공매 시 임차건물(임대인 소유의 대지를 포함한다)의 환가대금에서 후순위권리자나 그 밖의 채권자보다 우선하여 보증금을 변제받을 권리가 있다.
- 임차인은 임차건물을 양수인에게 인도하지 아니하면 보증금을 받을 수 없다. (법 제5조)

임차권 등기명령
- 임대차가 종료된 후 보증금이 반환되지 아니한 경우 임차인은 임차건물의 소재지를 관할하는 지방법원, 지방법원지원 또는 시·군법원에 임차권등기 명령을 신청할 수 있다. (법 제6조)

6. 우선변제권 취득

임차권등기명령 기입등기가 되면 임차인은 대항력과 우선변제권을 취득합니다. 경매로 임차권이 소멸하나 임차권등기명령 결정이 되면 임차인은 대항력과 우선변제권을 취득하기 때문에, 임차인이 임차권 등기 이전에 이미 대항력과 우선변제권을 취득한 경우에는 대항력과 우선변제권이 그대로 유지되면, 임차상가에서 이사를 하더라도 이미 취득한 대항력과 우선변제권은 상실하지 않습니다.

> **우선변제권 취득**
>
> ❖ 임차권등기명령의 집행에 따른 임차권등기를 마치면 임차인은 대항력과 우선 변제권을 취득
> ✓ 다만, 임차인이 임차권등기 이전에 이미 대항력 또는 우선 변제권을 취득한 경우에는 그 대항력 또는 우선 변제권이 그대로 유지되며, 임차권등기 이후에는 대항요건을 상실하더라도 이미 취득한 대항력 또는 우선 변제권을 상실하지 아니한다. (법 제5조)

> **경매에 의한 임차권 소멸**
>
> ❖ 임차권은 임차건물에 대하여 '민사집행법'에 따른 경매가 실시된 경우에는 그 임차건물이 매각되면 소멸한다.
> ✓ 다만, 보증금이 전액 변제되지 아니한 대항력이 있는 임차권은 그러하지 아니한다. (법 제8조)

7. 임대차 기간 및 계약갱신

상가건물 임대차 계약 기간은 1년 단위로 하면 10년까지 계약의 갱신이 가능합니다. 다만, 임차인이 3기의 차임액에 해당하는 금액을 연체할 경우는 10년 단위 계약갱신권 보호를 받을 수 없습니다.

> **임대차 기간**
>
> ❖ 기간을 정하지 아니하거나 기간을 1년 미만으로 정한 임대차는 그 기간을 1년으로 본다.
> ✓ 다만, 임차인은 1년 미만으로 정한 기간이 유효함을 주장할 수 있다. 임대차가 종료한 경우에도 임차인이 보증금을 돌려받을 때까지는 임대차 관계는 존속하는 것으로 본다. (법 제9조)

> **계약 갱신**
>
> ❖ 임대인은 임차인이 임대차 기간이 만료되기 6개월 전부터 1개월 전까지 사이에 계약갱신을 요구할 경우 정당한 사유 없이 거절하지 못한다. 다만, 다음 각호의 어느 하나의 경우에는 그러하지 아니하다. (법 제10조)
> ✓ 임차인이 3기의 차임액에 해당하는 금액에 이르도록 차임을 연체한 사실이 있는 경우
> ✓ 임차인이 거짓이나 그 밖의 부정한 방법으로 임차한 경우 등

8. 갱신권 행사 및 묵시적 갱신

임차인의 계약갱신권은 10년 동안 행사할 수 있으며, 묵시적 갱신의 경우에 임차인은 언제든지 계약 해제를 통지할 수 있고, 임대인이 통고를 받은

날부터 3개월이 지나면 효력이 발생합니다.

갱신권 행사
❖ 임차인의 계약갱신 요구권은 최초의 임대차 기간을 포함한 전체 임대차 기간이 10년을 초과하지 아니하는 범위에서만 행사할 수 있다. 갱신되는 임대차는 전 임대차와 동일한 조건으로 다시 계약된 것으로 본다.
✓ 다만, 차임과 보증금은 제11조에 따른 범위에서 증감할 수 있다. (법 제10조)

묵시적 갱신
❖ 임대인이 기간 이내에 임차인에게 갱신거절의 통지 또는 조건 변경의 통지를 하지 아니한 경우에는 그 기간이 만료된 때에 전 임대차와 동일한 조건으로 다시 임대차한 것으로 본다. 이 경우에 임대차의 존속기간은 1년으로 본다.
❖ 묵시적 갱신의 경우 임차인은 언제든지 임대인에게 계약해지의 통고를 할 수 있고, 임대인이 통고를 받은 날부터 3개월이 지나면 효력이 발생한다. (법 제10조)

제10강. 경매와 공매는 권리분석이 핵심이다

제1장. 경매 및 공매 개요
1. 경매 및 공매란
2. 경매의 종류
3. 경매 절차도

제2장. 경매의 주요 용어 정리
1. 경매의 개시결정 등기 등
2. 배당요구 종기결정 및 공고
3. 현황조사
4. 매각물건명세서 사본 등의 비치
5. 즉시항고
6. 취소결정의 효력
7. 경매신청의 취하
8. 차순위매수신고
9. 소유권 취득시기
10. 말소기준 권리란
    1) 인수주의
    2) 소멸주의

제3장. 경매 참여 시 사전점검 사항
1. 부동산 공부상 점검
    1) 경매참여 시 사전점검 사항
    2) 등기부와 대장과의 관계
2. 경매법원 자료 점검
3. 대위변제 및 사례
4. 공유지분 우선매수권
5. 대지권 미등기

6. 토지별도 등기
  7. 유치권 사례
  8. 무잉여에 의한 경매 취소

제4장. 소유권 제한 등기
  1. 가등기
     1) 청구권의 보전을 위한 가등기
     2) 담보가등기
  2. 가압류
  3. 가처분 등기
     1) 가처분 등기의 의미
     2) 경매절차에서 가처분 효력
  4. 근저당 등기
  5. 전세권
     1) 전세권이란?
     2) 전세권과 경매신청

제5장. 법정지상권
  1. 법정지상권 의의
     1) 약정지상권
     2) 관습법상 법정지상권
  2. 법정지상권의 종류
  3. 법정지상권의 성립요건
  4. 법정지상권 사례
     1) 법정지상권이 성립되는 경우
     2) 법정지상권이 미성립한 경우
  5. 분묘기지권
     1) 분묘기지권 성립요건
     2) 분묘기지권 존속기간
     3) 분묘기지권 권리분석

제6장. 임차인의 권리분석
1. 임차인 분석
   1) 대항력
   2) 확정일자
   3) 최우선변제
2. 세대합가
3. 임차인 배당요구
4. 소액임차인 최우선변제권

제7장. 배당 관련
1. 배당의 요건
2. 배당의 요구
3. 배당 참여
4. 배당 순위
5. 경매개시 결정에 따른 대응 방법
   1) 최우선변제권자는 반드시 배당 요구
   2) 대항력 있는 임차인의 대응 방법

제1장
경매 및 공매 개요

1. 경매 및 공매란

"경매"란 '민사집행법'에 의거 강제로 채무자 또는 보증인의 부동산을 채권자의 신청에 따라 강제매각하고 낙찰 금액을 권리순서에 따라 나눠 주는 것을 경매라 합니다. "공매"란 '국세징수법'에 의한 압류재산을 환가하거나 형사소송법에 있어서 압수물 중 보관하기 곤란한 물건을 매각하는 것을 말하는 것으로 국가기관이 강제권한을 가지고 행하는 매매를 말합니다.

경매
- 부동산에 대한 강제집행절차에 의거 경매로 채무자 또는 보증인 소유의 부동산을 채권자의 신청에 의하여 법적 절차에 따라 강제로 매각하고 그 매각 금액을 권리순서에 따라 채권자에게 나눠 주는 집행 방법

공매
- 국세징수법에서 조세체납처분의 최종 단계로서의 공매 즉 재산 환가처분
- 압류물건 매각: 국세징수법에 의하여 압류된 부동산, 동산, 유가증권 등 환가처리
- 비업무용부동산: 국가나 기타 기관에서 위탁 매각하는 것

2. 경매의 종류

경매는 "실질적인 경매"와 "형식적인 경매"로 아래와 같이 구분합니다.

실질적 경매
- 실질적 경매: 채권자의 채권을 만족시켜 주는 경매 절차
  ① 임의경매: 담보권실행 등을 위한 경매
  ② 강제경매: 채권자가 판결문 등 집행권원에 의해 채무자의 일반재산에 대하여 강제적 채권회수 (공증어음, 확정된 지급명령, 민사조정조서 등도 포함)

형식적 경매
- 형식적 경매: 재산의 정리를 위한 경매 즉, 경매부동산을 현금화하는 경매절차
  ① 유치권에 의한 경매 (담보권 실행의 경매의 예에 따라 진행, 유치물 현금화 목적달성)
  ② 공유물분할청구소송에 의한 공유물 전부 경매 (공유자 우선매수 청구 못 함)

3. 경매 절차도

경매절차는 아래와 같은 순서로 진행되며, 특히, 입찰 후 경매 절차상 하자가 있는 경우 항고기간은 입찰 후 7일입니다.

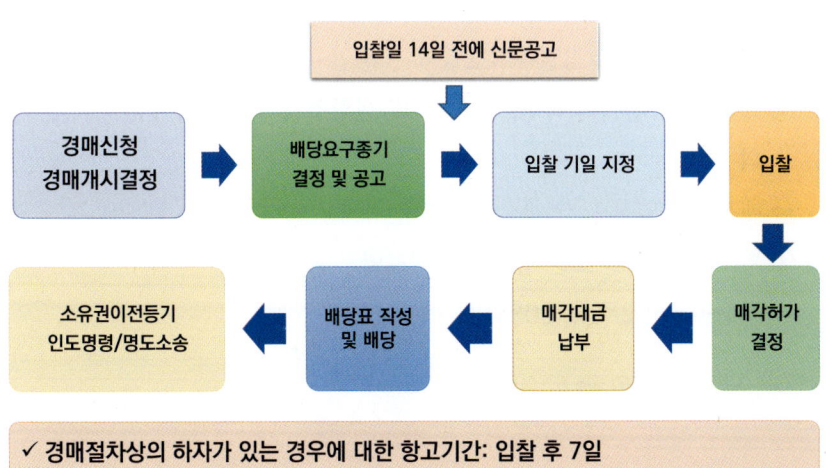

✓ 경매절차상의 하자가 있는 경우에 대한 항고기간: 입찰 후 7일

〈경매 진행 주요 절차도〉

① **경매신청 접수**
⇒ 접수 당일 (경매 신청서 및 비용 예납)

② **개시결정 및 등기촉탁**
⇒ 접수일부터 2일 안

③ **채무자에 대한 경매개시 결정 송달**
⇒ 임의경매: 개시 결정일부터 3일 안
⇒ 강제경매: 등기 완료 통지를 받은 날부터 3일 안

④ **현황조사 명령**
⇒ 임의경매: 개시 결정일부터 3일 안
⇒ 강제경매: 등기 완료 통지를 받은 날부터 3일 안
→ 조사 기간은 2주 안

⑤ **평가 명령**
⇒ 임의경매: 개시 결정일부터 3일 안
⇒ 강제경매: 등기 완료 통지를 받은 날부터 3일 안
→ 평가 기간은 2주 안

⑥ **배당요구종기**
⇒ 배당요구종기 결정일부터 2월 후 3월 안

⑦ **매각 물건 명세서 작성, 그 사본 및 현황조사서 보고서·평가서 사본의 비치**
⇒ 매각기일(입찰 기간 개시일) 1주 전까지

⑧ **최초 매각 기일 또는 입찰기간 개시일**
⇒ 공고일부터 2주 후 20일 안

※ 부동산 경매 사건의 진행기간 등에 관한 예규 참조

제2장
경매의 주요 용어 정리

1. 경매의 개시결정 등기 등

경매의 시작은 채권자가 집행법원에 경매신청을 하면 "등기사항 전부증명서"에 등재가 되고 압류의 효력이 발생하는데 경매에서 "경매개시결정등기" 후 취소, 취하, 변경, 연기 등이 반복적으로 일어날 수 있습니다. (법 제83조)

2. 배당요구 종기결정 및 공고

경매개시결정에 따른 압류의 효력이 생긴 때(그 경매개시결정전에 다른 경매개시결정이 있은 경우를 제외)에는 집행법원은 절차에 필요한 기간을 고려하여 배당요구를 할 수 있는 종기(終期)를 첫 매각기일 이전으로 정합니다. 배당요구의 종기가 정하여진 때에는 법원은 경매개시결정을 한 취지 및 배당요구의 종기를 공고하고, 전세권자 및 법원에 알려진 채권자 등에게 이를 고지하여야 합니다. 배당요구의 종기결정 및 공고는 경매개시결정에 따른 압류의 효력이 생긴 때부터 1주 이내에 하여야 합니다. (법 제84조)

3. 현황조사

법원은 경매개시결정을 한 뒤에 바로 집행관에게 부동산의 현상, 점유관계,

차임(借賃) 또는 보증금의 액수, 그 밖의 현황에 관하여 조사하도록 명합니다. 집행관이 부동산을 조사할 때에는 그 부동산에 대하여 제82조에 규정된 조치를 할 수 있습니다. (법 제85조)

4. 매각물건명세서 사본 등의 비치

매각물건명세서·현황조사보고서 및 평가서의 사본은 매각기일(기간입찰의 방법으로 진행하는 경우에는 입찰기간의 개시일)마다 그 1주 전까지 법원에 비치하여야 합니다. 다만, 법원은 상당하다고 인정하는 때에는 매각물건명세서·현황조사보고서 및 평가서의 기재 내용을 전자통신매체로 공시함으로써 그 사본의 비치에 갈음할 수 있습니다. (민사집행규칙 제55조)

5. 즉시항고

집행절차에 관한 집행법원의 재판에 대하여는 특별한 규정이 있어야만 즉시항고(卽時抗告)를 할 수 있습니다. 항고인(抗告人)은 재판을 고지받은 날부터 1주의 불변기간 이내에 항고장(抗告狀)을 원심법원에 제출하여야 합니다. (법 제15조)

6. 취소결정의 효력

집행절차를 취소하는 결정, 집행절차를 취소한 집행관의 처분에 대한 이의신청을 기각·각하하는 결정 또는 집행관에게 집행절차의 취소를 명하는 결정에 대하여는 즉시항고를 할 수 있습니다. (법 제17조)

7. 경매신청의 취하

경매신청이 취하되면 압류의 효력은 소멸됩니다. 매수신고가 있은 뒤 경매신청을 취하하는 경우에는 최고가매수신고인 또는 매수인과 차순위매수신고인의 동의를 받아야 그 효력이 생깁니다. (법 제93조)

8. 차순위매수신고

최고가매수신고인 외의 매수신고인은 매각기일을 마칠 때까지 집행관에게 최고가매수신고인이 대금 지급기한까지 그 의무를 이행하지 아니하면 자기의 매수신고에 대하여 매각을 허가하여 달라는 취지의 신고를 할 수 있습니다. 차순위매수신고는 그 신고액이 최고가매수신고액에서 그 보증액을 뺀 금액을 넘는 때에만 할 수 있습니다. (법 제114조)

9. 소유권 취득시기

매수인은 매각대금을 다 낸 때에 매각의 목적인 권리를 취득합니다. (법 제135조) 상속, 공용징수, 판결, 경매 기타 법률의 규정에 의한 부동산에 관한 물권의 취득은 등기를 요하지 아니합니다. 그러나 등기를 하지 아니하면 이를 처분하지 못합니다. (「민법」 제187조)

10. 말소기준 권리란

"말소기준 권리란" 부동산 경매에서 부동산이 경매에서 낙찰될 경우 그 부동산에 존재하던 권리가 소멸하는지 또는 낙찰자에게 인수되는지를 가늠하는 기준이 되는 권리를 말합니다. 아래 그림에서 말소기준권리를 7가지로 크게 나눕니다.

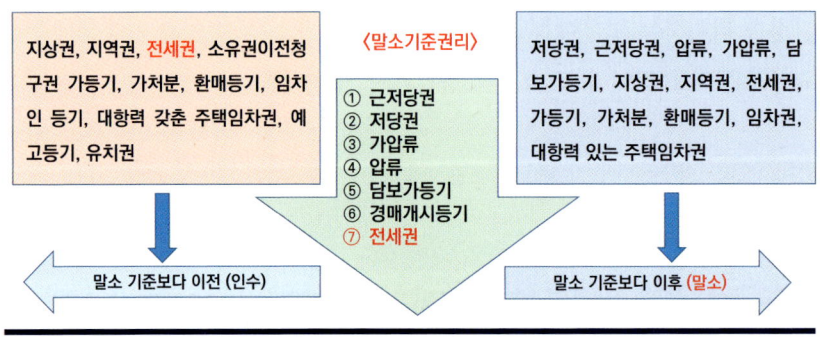

등기부 흐름도

위 그림과 같이 말소기준권리에는 ①근저당권, ②저당권, ③가압류, ④압류, ⑤담보가등기, ⑥경매개시등기가 있는데, 말소기준 권리가 선순위면 말소기준권리 포함 후 순위 권리는 원칙상 모두 소멸합니다. 다만, ⑦호 전세권 등기는 타 말소기준권리와 큰 차이가 있는데 "전세권자"가 임의경매를 신청하거나 우선매수권 행사 시에만 말소기준권리에 해당합니다.

1) 인수주의

위 등기부 등본에 말소기준 등기(근저당권)보다 먼저 설정된 말소기준권리가 아닌 지상권, 지역권 등이 있는 경우 선순위 지상권 및 지역권은 소멸하지 않으며 낙찰자가 지상권과 지역권을 인수합니다.

2) 소멸주의

위 말소기준 등기인 저당권이 선순위로 설정된 경우 저당권이 말소기준권리에 해당 후 순위 권리는 말소기준권리든 말소기준권리가 아니든 경매가 진행되면 소멸하는데 이를 소멸주의라 합니다.

제3장
경매 참여 시 사전점검 사항

1. 부동산 공부상 점검

1) 경매 참여 시 사전점검 사항

부동산 공시 방법의 대표적인 것이 등기사항 전부증명서인데 경매에 참여할 경우 말소기준권리 등 등기부상 권리분석을 입찰하기 직전, 매각허가 결정전, 매각대금 납부 전 최소한 3회 이상 점검할 필요가 있습니다.

등기사항 전부증명서
- ❖ 표제부 (건축물 대장 현황 정리)
- ❖ 사항란 (갑구, 을구)
- ✓ 갑구: 소유권 관한 사항
- ✓ 을구: 소유권 이외 권리에 관한 사항 (제한물권)
  - ➢ 경매기입 등기가 반드시 갑구에만 있지 않고 을구에도 있음 (전세권)

기타 대장
- ❖ 건축물 대장 (위반건축물, 신축빌라 확장 등)
- ❖ 토지이용계획확인원, 토지대장
- ❖ 법원자료 (사건기록, 매각물건명세서 등)

2) 등기부와 대장과의 관계

부동산은 등기부와 대장의 이원적 공부제도를 운영하고 있으나 불일치가 생기는 경우 소유권 등 권리관계는 등기부 기재가 원칙이고, 권리관계 이외의 사항인 토지 면적 등은 대장의 기재가 우선 적용됩니다.

> ⟨등기부와 대장상의 소유자가 불일치하는 경우의 변경 절차⟩
> (대법원 2003. 11. 13. 선고 2001다37910)
>
> 등기부상의 소유자의 주소와 임야대장상의 소유자의 주소가 다른 경우에는 먼저 진정한 소유자의 신청에 의한 경정등기가 이루어져야 하고, 그다음에 경정등기가 이루어진 등기필증·등기부등본 또는 초본에 의하여 임야대장상의 등록사항 정정이 이루어져야 하는 것으로서, 등기된 부동산의 경우 지적공부가 직접 경정등기의 자료로 사용되는 것이 아니어서 부동산 등기에 직접적으로 영향을 미치는 것이 아니라, 오히려 등기부에 먼저 소유자에 관한 사항이 변경 또는 경정된 후에 그에 따라 후속적으로 공부의 기재사항이 변경되어야 하는 것이고, 이러한 절차를 거쳐 부동산등기부와 대장상의 소유자에 관한 사항이 일치하지 아니하면 당해 부동산에 대하여 다른 등기를 신청할 수 없다.

2. 경매법원 자료 점검

경매에 참여 시 권리분석을 하는데 권리분석에서 가장 중요한 점검자료는 경매법원에서 제공하는 매각물건명세서, 감정평가서, 현황조사서 등입니다. 이들 문건에 대하여 경매 당일 문건 열람을 통해 변동사항을 확인해야 합니다.

매각물건 명세서

- 집행관의 현황조사보고서, 임대차관계조사서, 이해관계인 또는 임차인들의 권리신고 및 배당요구 신청서 토대로 작성

기타 문건

- 감정평가서: 가격시점, 제시 외 물건 포함 여부, 가격 평가의 적정성
- 임차인 현황: 전입, 점유, 확정일자, 배당요구 (세대열람내역서)
- 배당권자: 당연 배당권자, 배당요구 채권자
- 현황조사서: 소유자 점유, 유치권설정 유무 (유치권은 경매개시 결정 이전 점유 시 가능)
- 문건처리 내역: 송달 내역 (배당요구 종기일 내에 송달, 폐문부재)

3. 대위변제 및 사례

대위변제는 변제를 한 제3자 또는 공동채무자의 구상권 실현을 확보하기 위한 제도로 채무자를 대신하여 채무를 갚아 주는 것을 대위변제라 합니다.

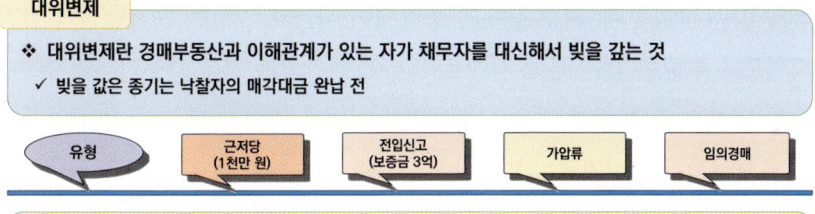

대위변제

- 대위변제란 경매부동산과 이해관계가 있는 자가 채무자를 대신해서 빚을 갚는 것
  - 빚을 갚은 종기는 낙찰자의 매각대금 완납 전

유형 / 근저당 (1천만 원) / 전입신고 (보증금 3억) / 가압류 / 임의경매

- 현황: 아파트 시가 3억, 근저당 1천만 원, 전입신고(확정일자 받지 않음), 가압류 3억
- 대위변제(매각대금 완납 전): 임차권자 1천만 원 대위변제 후 근저당 말소 대항력 발생

위 사례는 경매 시 전입 신고자가 2순위로 확정일자를 받지 않아 우선변제권이 없어서 한 푼도 배당을 받을 수 없는 명도대상이 된 사례입니다. 이때 전세권자가 선순위 근저당권을 대위변제로 말소시키고 전세권자가 선순위가 되면 대항력이 발생, 전세보증금 3억을 낙찰자가 인수하는데 대위변제로 보증금을 지킬 수 있습니다.

4. 공유지분 우선매수권

"공유지분 우선매수권"은 물건 지분권자에게 경매에 참여 후 공유물에 대한 우선매수권 행사 기회를 줘서 지분권자에게 우선권을 주는 제도입니다.

개요
- ❖ 공유부동산의 지분 일부가 경매 신청되었을 경우, 다른 지분권자는 경매지분에 대한 우선매수권 행사 가능
  - ➢ 우선매수권 행사는 매각기일까지 의사 표시

우선매수권 행사
- ❖ 당일: 매각기일에 입찰자가 있는 경우 (최고 입찰자가 가격과 동일가격 입찰)
  - ✓ 우선 매수권 행사 시 최고가 입찰자는 더 높은 입찰가격 제시불가
- ❖ 매각기일 입찰자가 없는 경우 입찰 안 하면 됨 (매각기일 당일 참석 필수)

예컨대 부모님께서 거주하시던 아파트가 부모님 사망으로 가족이 지분 상속을 받는 상황인데, 지분 상속자 중 1명이 아파트 지분에 근저당권이 설정되었으나 부채를 갚지 못해 경매로 지분이 매각되는 경우 공동지분권자에게 우선 낙찰 기회를 줘서 새로운 지분권자 진입을 막아 가족들의 법적 안정성을 도모하겠다는 취지로 보입니다.

5. 대지권 미등기

대지권과 대지권 미등기 사유는 아래와 같습니다.

대지권이란
- 아파트나 빌라, 오피스텔 등 집합건물과 관련된 것으로, 대지를 사용할 수 있는 권리
- 대지권만 따로 분리하여 처분할 수 있다는 규약이 있는 경우 이외는 전유 부분을 소유하기 위해 대지에 대하여 가지는 대지권은 전유 부분과 일체로 거래의 객체가 되기에 대지권에 대한 권리 취득

대지권 미등기 사유
① 아파트 사업부지의 필지가 많아 대지의 합필 및 환지절차 지연
② 최초 분양자가 분양대금의 납부를 지연한 경우
③ 대지권 등기를 할 수 있음에도 불구하고 대지권 등기를 하지 않은 경우 등
※ 대지사용권: 아파트 등 집합건물의 구분소유자가 전유부분을 소유하기 위해서 건물의 대지에 대하여 가지는 권리

    대지권 등기는 아파트, 빌라 등 집합건물을 소유하는 사람이 아파트 등 단지 내 토지를 공동으로 사용할 수 있는 권리인데, 경매부동산에 '대지권 미등기'라는 문구가 있으면 원래부터 대지사용권이 없는 것으로 매각을 받아도 대지권을 취득할 수 없습니다. 만약 경매 참여시 '대지권 미등기'의 문구가 있으면 반드시 대지와 건물이 일괄 매각되었는지, 대지권 가격이 감정평가가 되었는지를 법원의 감정평가서를 통해 확인한 후에 응찰 여부를 결정해야 합니다.

    다만, 대지사용권은 있으나 단순히 절차 미비로 미등기 상태이지만 토지와 건물을 일괄 평가하였다면 소유권을 취득하는 데 문제는 없으나, 미등기 대지권이 소유권등기 촉탁 시 동시에 이루어지는 게 아니고 전유부분에 대한 등기가 선행된 후, 대지권에 대하여도 별도의 등기절차로 진행되므로 '대지권 미등기' 부동산 경매에 참여 시 권리분석을 철저히 하여야 별도절차 이행

에 따른 노고를 덜 수 있습니다.

6. 토지별도 등기

경매나 물권을 매입할 경우 집합건물 등기사항 전부증명서 표제부 대지권 표시란에 "별도등기 있음"이 표시되어 있으면 별도등기 사유를 반드시 규명하고 경매 및 매매에 참여해야 하며, 아예 대지권 등기가 없는 물권이 있을 수 있는데 대지권 등기가 없는 물권은 대지 지분 소유권 취득이 불가합니다.

토지별도 등기란
- 집합건물의 부동산등기부상 표제부 "대지권 표시란"에 "별도등기 있음"이라고 표시되어 있다면, 이는 토지등기부상에 저당권이나 지상권 또는 가압류 등의 권리가 설정되어 있는 경우로, 낙찰 후 이러한 권리가 걸림돌이 되는지 여부 분석
- 구분지상권이 토지 별도등기인 경우: 지하철 등 문제없음

대지권 등기 없음
- 집합건물이 경매시장에 나왔으나 대지권 미등기가 아니라, 대지권 등기가 아예 없다고 표시되어 있으면 이는 건물만 매각한다는 것으로서, 낙찰 후 대지지분에 대한 소유권취득 불가
- 대지권 등기 없음 유형
  ① 국유지나 시유지상에 지어진 아파트
  ② 상가의 경우 토지를 일정 기간(30년 혹은 50년 등)사용을 전제 전유부분만 분양

별도 등기 있음은 지하철, 송유관, 전신주 등이 해당하는데 이러한 별도등기가 있어도 소유권 취득에는 큰 문제가 없으나 권리분석을 통해 별도등기로 인한 토지 가치 하락 등을 고려해서 낙찰가격 등을 결정해야 합니다.

7. 유치권 사례

"유치권"이란 타인의 물건 또는 유가증권을 점유한 자가 그 물건이나 유가

증권에 관하여 생긴 채권을 갖는 경우에, 그 채권변제를 받을 때까지 그 물건 또는 유가증권을 유치할 수 있도록 인정하는 권리를 말합니다.

유치권의 주된 유형에는 건축업자의 공사대금, 자동차 수리비용, 주택임차인의 주택 내부 수리비용 등이 있는데, 유치권도 아래 일정 요건에 해당하면 유치권이 소멸합니다.

유치권이란
- ❖ 타인의 물건이나 유가증권(有價證券)을 점유하고 있는 자가 그 물건 또는 유가증권에 관하여 발생한 채권의 변제를 받을 때까지 그 물건 또는 유가증권을 유치하는 권리
- ✓ 실무에서는 유치권은 건축업자의 공사대금, 주택임차인의 주택 내부 수리 비용

유치권의 소멸
- ❖ 유치권은 형식적인 경매로서 유치권자로서 경매신청을 하는 경우 낙찰자가 매각대금을 완납하였다면 유치권은 소멸
- ✓ 유치권의 소멸사유는 ▶유치권 목적물 멸실 ▶유치권 포기 ▶유치물 경매 ▶선량한 관리자로서 의무위반 ▶점유상실

유치권 행사사례는 공사현장이나 현수막 등에 많이 나타나는데, 사실상 무늬만 유치권이고 가장·허위 유치권이 난무하기 때문에 유치권의 성립요건 등을 꼼꼼히 따져서 경매에 참여해야 합니다. 특히, 유치권자가 유치물을 경매 신청할 경우에는 부동산 등기부에는 "임의경매" 형식으로 표시되는데, 유치권경매는 임의경매라 하더라도 반드시 "소멸주의" 또는 "인수주의"에 의해 경매가 진행되는지를 반드시 확인하고 경매에 참여하여야 합니다.

참고로 유치권의 내용, 유치권의 불가분성 등은 「민법」 제320조~제322조에서 확인할 수 있습니다.

8. 무잉여에 의한 경매 취소

"무잉여(無剩餘)에 의한 경매 취소"란 경매를 신청한 채권자에게 돌아갈 배당액(잉여)이 있어야 경매를 속행하고 그렇지 않으면 법원이 직권으로 경매를 취소하는 것을 말합니다. 경매절차에서 경매절차비용과 경매신청채권보다 배당 순위가 빠른 채권을 변제하고 나면 경매신청채권자에게 지급될 단 한 푼의 배당금도 없는 경우, 경매법원이 그 사실을 경매신청채권자에게 통지하고 7일의 기간 동안 "경매신청채권자의 매수신고"를 기다렸다가 "매수신고"가 없으면 그 경매절차는 취소되고 해당 "경매개시결정"을 취소합니다.
(법 제102조 참조)

제4장
소유권 제한 등기

1. 가등기

"가등기"는 본등기를 할 수 있는 실체법적 요건이 구비되지 못한 경우, 장래에 행하여질 본등기의 순위를 확보하기 위해 임시로 하는 등기를 말합니다. 가등기에는 "청구권의 보전을 위한 가등기"와 "담보가등기"로 구분하는데, 등기부상 표기는 "소유권이전청구권 가등기"로 동일하게 표기되기 때문에 등기부상 표기만으로는 양자를 구별할 수 없으나 아래 가등기 구분 방법에 따라 확인할 수 있습니다.

> **가등기 확인 방법**
> ❖ 선순위에 가등기가 되어 있는 경우에 반드시 확인사항
>   ✓ 담보가등기인지 보전가등기인지 유무
> ❖ 확인방법: 담보가등기 - 매각물건명세서에 담보가등기, 배당요구, 경매신청
>   보전가등기 - 위 반대

> **담보가등기 유형**
> ❖ 선순위 가등기권자가 경매 신청한 경우
>   ✓ 가등기 권리자가 임의 경매신청을 한 경우는 담보가등기로 소멸기준권리 대상
> ❖ 선순위 가등기권자가 집행법원에 채권계산서를 제출할 경우
>   ✓ 담보가등기로 보아 소멸기준권리에 해당

1) 청구권의 보전을 위한 가등기

소유권, 전세권, 저당권 이전 등 이전청구권 보전을 위한 가등기와, 전세권,

저당권, 임차권 설정 등 설정청구권 보전을 위한 가등기로 크게 나누어지는데, "소유권이전청구권 가등기"란, 통상 부동산 매수자가 매도인에게 중도금까지 지급한 후 또는 중도금 지급과 동시에, 매수인 명의의 소유권이전 등기 경료 시까지 발생할지도 모를 매매 목적 부동산상에 권리변동으로 인하여 매매 계약상 잔금 지급일에 잔금을 지급하더라도 완전한 소유권 취득을 할 수 없는 위험을 사전에 차단하고자 매수자가 매도자와 합의로 등기부에 공시하는 보전목적 등기의 하나입니다. 청구권 보전가등기가 최선순위 가등기일 경우는 낙찰자가 인수하는 권리로 경매참여자는 선순위에 가등기가 있으면 반드시 가등기의 종류를 확인하고 경매 참여 여부를 결정해야 합니다.

2) 담보가등기

"담보가등기"란 금전을 빌려주면서 금전소비대차 계약과 대물변제 예약(변제기에 변제하지 못하면 대신 부동산으로 변제하기로 하는 계약)을 맺고 차용인 소유의 부동산 등기부에 경료하는 담보물권적 성격의 가등기입니다. 경매 실무에서 담보가등기로 보는 사례는 ①가등기권자가 경매를 신청한 경우, ②가등기권자가 채권계산서를 제출한 경우, ③담보가등기임을 물건명세서에 표시한 경우이며, 경매 시는 우선변제적 효력에 있어서 저당권과 동일하게 취급하며 담보가등기는 말소기준권리에 해당하여 소멸합니다.

2. 가압류

"가압류"란 채권자가 확정판결 후 강제집행을 통한 채권 회수를 하려면 본안소송에서 승소하기까지 많은 시간이 소요되기 때문에 그 사이에 채무자가 재산을 빼돌릴 수 있어 처분을 방지하기 위해 본안소송 전 또는 본안소송 진행 중에 하는 보전처분을 가압류라 합니다.

> **가압류란**
> ❖ 가압류란 금전채권이나 금전으로 환산할 수 있는 채권에 대하여 장래에 실시할 강제집행이 불능이 되거나 현저히 곤란할 염려가 있는 경우에 미리 채무자의 현재의 재산을 압류하여 확보함으로써 강제집행을 보전함을 목적으로 하는 명령 또는 그 집행으로써 하는 처분

> **가압류 경매**
> ❖ 배당순위: 가압류는 일반채권으로 안분배당
> ❖ 배당금 회수: 가압류권자의 배당액은 배당절차 종료 후에도 본안소송 시까지 경매법원에 공탁 (승소판결 후 배당금원 회수)
> ❖ 말소기준권리: 말소기준권리로 가압류 이후 모든 권리는 소멸

가압류는 말소기준권리로 후 순위 권리는 모두 소멸하며, 가압류 채권이 선순위일 경우 후 순위 채권자와 안분배당을 받으며, 가압류 채권이 후순위 채권일 경우 소멸대상인데, 후 순위 가압류 채권은 권리분석을 철저히 하여 안분배당 및 흡수배당 여부를 확인해서 경매 참여 여부를 결정해야 합니다.

3. 가처분 등기

1) 가처분 등기의 의미

"가처분"이란 금전채권 이외의 청구권에 대한 장래의 집행을 보전하기 위하여 또는 다투어지고 있는 권리관계에 대해 임시적인 지위를 정하기 위하여 법원이 행하는 일시적인 명령을 말합니다.

> **가처분 의미**
> ❖ 금전채권 이외의 청구권에 대한 장래의 집행을 보전하기 위하여
>   또는 다투어지고 있는 권리관계에 대해 임시적인 지위를 정하기 위하여,
>   가처분을 하는 자의 신청에 의해 법원이 행하는 일시적인 명령

> **종류 및 배당순위**
> ❖ 처분금지 가처분: 계쟁 부동산에 소유권 이전, 저당권/전세권/임차권 설정 등 일체의 처분을 금지하는 것
> ❖ 점유이전금지가처분: 계쟁 부동산에 점유를 하고 있는 자를 상대로 하여 "부동산에 대한 인도 또는 명도"를 구하는 소송을 진행하기 전 또는 진행하면서 하는 보전처분
> ❖ 배당순위: 가처분은 금전채권이 아니기 때문에 배당 없음

2) 경매절차에서 가처분 효력

가처분 등기는 경매 절차에서 특수한 권리로 등기부상에 가처분 등기가 있으면 말소기준권리보다 후순위인 경우에도 권리분석을 철저히 해야 합니다.

> **말소기준보다 선순위 가처분**
> ❖ 가처분의 피보전권리(소유권 이전/말소)에 대한 본안 소송의 결과가 나올 때까지 가처분등기는 말소되지 않고 낙찰자가 승계부담
> ❖ 본안소송 결과 가처분권자가 승소하여 소유권을 취득하면 낙찰자는 가처분채권자에게 대항할 수 없어 소유권 상실

> **말소기준권리보다 후순위 가처분**
> ❖ 원칙: 매각으로 소멸
> ❖ 예외: 토지소유자가 그 지상 건물소유자에 대한 건물철거, 토지인도청구권보전을 위한 건물에 대한 처분금지가처분을 한 때에는 매각으로 소멸하지 않는다.

경매 참가 시 등기사항 전부증명서에 가처분 등기가 선순위면 전부 인수되어 문제가 없는데, 만약, 후순위에 "건물철거" "토지 인도 청구권 보전"을 위한 가처분 등기가 있으면 말소기준권리와 상관없이 후순위라도 매각으로 소멸하지 않고 낙찰자가 후순위 가처분 등기를 인수할 수 있습니다.

4. 근저당 등기

소유권 제한등기로서 가장 많이 설정된 권리가 근저당권인데 근저당권이 설정된 주택 등을 권리분석 할 때 근저당권은 말소기준권리에 해당 소멸하는데, 선순위 임차인이 있는 경우 임차인 권리분석을 철저히 하여야 합니다.

근저당 개념
- ❖ 계속적인 거래관계로부터 발생, 증감, 변동, 소멸하는 불특정 다수의 장래채권을 결산기에 계산하여 잔존하는 채무를 일정한 한도액의 범위 내에서 담보하는 저당

형식 및 방법
- ❖ 채권자가 통상 금융기관인 경우가 대부분인데 금전소비대차계약과 동시에 근저당권설정계약을 맺고, 통상 대출금액의 120%~130%를 채권 최고액으로 하여 등기부 을구에 등기함으로써 근저당설정이 완료되어 효력 발생
- ❖ 근저당은 근저당권설정계약을 변경하지 않는 한 변제기의 결산 시까지는 여전히 채권 최고액을 담보하며, 근저당설정계약의 해지가 없는 한 소멸하지 않고 존속
- ➢ 임차인 유의 사항: 채권최고액이 1억인 경우, 현 채무가 1천만 원이라도 1억 원으로 봄

5. 전세권

1) 전세권이란?

"전세권"은 전세금을 지급하고 타인의 부동산을 점유하여 그 용도에 따라 이를 사용, 수익하고, 그 부동산 전부에 대하여 후순위권리자, 기타 채권자보다 전세금의 우선변제를 받는 특수한 물권입니다.

> **전세권의의 및 종류**
> - ❖ 건물점유를 요건으로 하는 전세권: 주택·상가·공장 등 건물에 입주하면서 건물의 소유자와 전세계약을 체결하고 전세권을 등기부에 등기한 전세권
> - ❖ 채권에 대한 담보권설정 대신 설정 계약하는 전세권: 전세권은 점유를 목적으로 하지는 아니하기 때문에 기존의 채권을 담보하기 위하여 저당권대신 전세권 설정

> **전세권 소멸사유**
> - ❖ 선순위 전세권자가 배당요구하면 전세권은 경매 시 매각으로 소멸하여 낙찰자와 아무런 관련이 없음
> - ※ 배당금 100%로 못 받아도 소멸
> - ❖ 선순위 전세권자가 배당요구를 하면 전세권은 소멸기준권리에 해당됨

2) 전세권과 경매신청

전세권자가 임의경매를 신청하면 전세권은 말소기준권리에 해당하고, 강제경매를 신청하면 전세권은 말소기준권리에 해당하지 않아 낙찰자가 인수하는데, 전세권자의 경매신청 방법을 보고 경매 참여 여부를 결정해야 합니다.

> **임의경매신청**
> - ❖ 아파트 등 구분등기된 집합건물에 설정되는 전세권은 전세권 설정기간이 만료된 후 소유자가 전세금을 반환해 주지 않으면 전세권에 기해 직접 경매신청 가능 (소멸기준권리)

> **강제경매신청**
> - ❖ 각 세대별로 구분등기되지 않은 일반건물에 전세권을 설정한 경우 전세권은 건물 부분에만 효력이 미치고 토지에는 효력이 미치지 않기에 집합건물에 설정된 전세권처럼 전세권에 기한 임의경매 신청을 할 수 없음 (토지는 효력이 미치지 않음)
> - ※ 「민법」 제303조제1항
> - ✓ 전세권자는 전세금을 지급하고 타인의 부동산을 점유하여 그 부동산의 용도에 좇아 사용·수익하며, 그 부동산 전부에 대하여 후순위권리자 기타 채권자보다 전세금의 우선변제를 받을 권리가 있음

제5장
법정지상권

1. 법정지상권 의의

"법정지상권"이란 건물이나 수목 등을 소유하기 위해서 타인의 토지를 사용할 수 있는 권리로서, 지상권의 등기가 없는 경우에도 법률상 당연히 토지의 사용을 확보해 줌으로써 현행법상 독립된 부동산으로 되어 있는 건물의 이용과 존립을 보호하는 것을 목적으로 인정되는 권리입니다.

> **법정지상권**
> - 법정지상권이란, 법에서 정한 요건만 갖추면 당연히 성립되는 지상권을 의미하며, 지상권은 타인 토지에 대한 적법한 사용권을 말하며, 약정지상권과 법정지상권으로 나눈다.
> - 법정지상권은 건물 소유자가 법에서 정한 요건만 갖추면 남의 땅을 적법하게, 당연히 사용할 수 있는 권리가 발생되는 것으로서, 약정지상권과 달리 부동산등기부상에 등기할 필요가 없다.
>
> **약정지상권**
> - 지상권자와 지상권설정자간 지상권, 즉 토지 사용에 대하여 약정한 사항을 부동산등기부라는 공적 장부에 등기하면 지상권자는 남의 땅을 적법하게 사용할 수 있다.

참고로 "지상권"이란 타인 토지에 대한 적법한 사용권을 말하는데, 지상권의 종류에는 ①약정 지상권, ②관습법상 법정지상권, ③법정지상권으로 나눕니다.

1) 약정지상권

지상권자와 지상권 설정자 간 지상권, 즉 토지사용에 대하여 약정한 사항을 부동산 등기부라는 공적 장부에 등기하면 지상권자는 남의 땅을 적법하게 사용할 수 있습니다.

2) 관습법상 법정지상권

매매나 상속, 증여, 강제경매 등으로 토지와 건물의 소유자가 달라졌고, 지상 건물을 철거한다는 특약이 없었다면 건물 소유자는 토지를 적법하게 점유·사용할 권원을 가지는 것을 말합니다.

2. 법정지상권의 종류

법정지상권에는 크게 4가지로 분류하는데 아래에서 설명하는 건물전세권, 저당물 경매, 임목의 경매, 담보가등기 경매로 나눕니다.

구분	주요 내용
건물 전세권	❖ 대지와 건물이 동일한 소유자에게 속한 경우, 건물에 전세권을 설정할 때 그 대지소유권의 특별승계인은 전세권 설정자에 대해 지상권 설정으로 봄 ※ 지료는 당사자의 청구에 의하여 법원이 이를 정함
저당물 경매	❖ 저당물의 경매로 인하여 토지와 그 지상건물이 다른 소유자에게 속한 경우에는 토지 소유자는 건물 소유자에 대하여 지상권을 설정한 것으로 봄 ※ 지료는 당사자의 청구에 의하여 법원이 이를 정함
입목의 경매	❖ 입목의 경매에 의하여 토지와 그 입목이 각각 다른 소유자에게 속하게 되는 경우 토지 소유자는 입목소유자에 대하여 지상권을 설정한 것으로 봄 ※ 지료에 관하여는 당사자의 약정에 따른다.
담보가등기 경매	❖ 담보가등기는 경매가 개시된 경우에 저당권으로 간주되므로 저당물의 경매에 의한 법정 지상권이 성립

3. 법정지상권의 성립요건

토지와 건물의 소유자가 같으나, 경매로 소유자를 달리한 경우, 아래 ①~④와 같은 요건을 "모두" 충족해야만 토지소유자는 지상 건물 소유자를 위해 지상권을 설정해 준 것으로 보는, 즉 법정지상권이 발생하는데, 법정지상권은 경매 참여 시 권리분석을 할 때 각각의 토지와 건축물 등의 권리분석을 통해서 법정지상권 유무를 판단하기 때문에 권리분석이 쉽지 않습니다.

❖ 토지와 건물의 소유자가 동일하였다가 경매로 소유자를 달리할 경우, 다음과 같은 요건을 "모두" 충족해야만 토지 소유자는 지상 건물 소유자를 위해 법정지상권 성립

① 토지와 건물의 소유자가 동일
② 저당권 설정 당시 지상에 건물이 존재(건물은 미등기건물, 무허가건물, 해체가 용이하지 않는 가건물, 건물이란 최소한의 기둥과 지붕, 그리고 주벽)
③ 경매로 토지와 건물 소유자가 달라져야 함: 여기서 경매란 저당권 실행으로서 "임의경매" 의미, 임의경매로 토지와 건물의 소유자가 달라져야 함(강제경매로 토지와 건물의 소유자가 달라지면 관습법상 법정지상권 성립)
④ 법정지상권은 단독저당의 경우만 성립 (대법원 98다43601 판결 참조)

4. 법정지상권 사례

1) 법정지상권이 성립되는 경우

아래 사례는 법정지상권이 성립하는 사례인데, 법정지상권 성립요건인 토지와 건물의 소유자가 같고, 토지상에 근저당권이 설정될 당시 지상에 건물이 존재하고, 경매로 토지와 건물 소유자가 달라져야 하는데 아래 사례는 ① 토지와 건물주 甲이 같고 ②토지주가 경매를 신청 후 ③乙이 토지를 낙찰받았을 때, 토지주 乙은 건축물 소유자 甲에게 법정지상권이 성립된 건축물 철거 등을 요구할 수 없습니다.

❖ 토지상에 근저당이 설정될 당시 지상에 건물이 있었으나, 미등기 또는 무허가 건물인 관계로 등기 되지 않아 토지에만 근저당권을 설정(=단독저당)한 후 토지만 경매 신청되었고 乙이 낙찰받았다 면 법정 지상권 성립

※ 법정지상권 성립요건
▶ 토지와 건물의 소유자가 같아야 하고 ▶ 토지상에 근저당권이 설정될 당시 지상에 건물이 있어야 하고 ▶ 경매로 토지와 건물 소유자가 달라져야 하며 ▶ 마지막으로 대법원 98다43601호 판결 공동 저당 후 철거 신축 시는 미해당

2) 법정지상권이 미성립한 경우

아래 사례는 ①나대지 상태에서 근저당이 설정되었고 ②건축이 신축되어 ③갑이 토지와 건축물의 소유자가 되었는데 ④토지만 경매를 신청하여 ⑤을이 낙찰을 받은 사례입니다. 법정지상권이 성립하려면 ①번에 토지와 건물이 존재하고 소유자가 같아야 하는데, 건물이 없고 토지만 소유하고 있고, ②번은 ①번 근저당이 설정되고 나서 건축물이 신축되었고 ④번 토지소유자가 경매를 신청해서 ⑤乙이 낙찰을 받았는데, 甲은 법정지상권성립요건이 부합하지 않아 토지 사용권을 주장할 수 없어서 건축물은 철거대상에 해당합니다.

나대지에 근저당권이 설정된 상태에서 甲이 지상건물을 신축하였고, 그 후 토지 근저당권자가 토지만 경매 신청하여 乙이 토지를 낙찰받았을 경우, 甲은 乙에게 토지의 사용권을 주장 못 함

5. 분묘기지권

1) 분묘기지권 성립요건

"분묘기지권"은 분묘를 수호하고 봉제사하는 목적을 달성하는 데 필요한 범위 내에서 타인의 토지를 사용할 수 있는 권리를 말하며, 아래 분묘기지권의 성립요건에 부합되며 분묘기지권은 등기 없이 취득합니다.

> **분묘기지권**
> - 분묘기지권은 분묘를 수호하고 봉제사하는 목적을 달성하는 데 필요한 범위 내에서 타인의 토지를 사용할 수 있는 권리 (대법원 95다29086, 29093 판결)
> - 분묘기지권은 '지상권 유사의 관습상의 물권'

> **성립 요건**
> - 분묘기지권이 성립하기 위하여는 봉분 등 외부에서 분묘의 존재를 인식할 수 있는 형태를 갖추고 있어야 하고, 평장 및 암장되어 있는 경우 객관적으로 인식할 수 있는 외형을 갖추고 있지 아니한 경우 인정되지 않음
> ① 토지 소유자의 승낙을 얻어 분묘를 설치한 경우
> ② 토지 소유자의 승낙 없이 분묘를 설치한 경우로서 20년간 평온, 공연하게 그 분묘를 점유한 경우
> ③ 자기 토지에 분묘를 설치한 자가 분묘 이전을 한다는 특약 없이 토지를 매매한 경우

2) 분묘기지권 존속기간

분묘수호를 위한 유사지상권(분묘기지권)의 존속기간에 관하여는 민법의 지상권에 관한 규정에 따를 것이 아니라, 당사자 사이에 약정이 있는 등 특별한 사정이 있으면 그에 따를 것이며, 그런 사정이 없는 경우에는 권리자가 분묘의 수호와 봉사를 계속하는 한 그 분묘가 존속하고 있는 동안은 분묘기지권은 존속한다고 해석함이 상당하다(대법원 1982.1.26. 선고 81다1220 판결)는 대법원 판시와 같이 분묘기지권 존속기간을 고려 분묘기지권을 판단해야 합니다.

3) 분묘기지권 권리분석

임야 등 토지를 이용 개발행위허가 등을 받기 위해서는 토지를 매입하거나 경매로 낙찰을 받아 토지를 확보하는데 분묘기지권 여부를 확인하지 못한 경우 아무리 내 토지라 하더라도 분묘기지권 때문에 개발행위허가 등, 사업 추진에 어려움을 겪을 수 있어 분묘기지권 대상 여부를 반드시 확인하여야 합니다.

제6장
임차인의 권리분석

1. 임차인 분석

　주택이나 상가 등 경매에 참여할 경우 임차인에 대한 권리분석이 큰 비중을 차지하고 있습니다. 특히, 주택, 상가건물 임대차보호법은 임차인을 보호하기 위한 특별법으로 임대차보호법에서 정하는 임차인의 대항력 및 최우선변제 등 권리분석을 제대로 하여야 경매의 목표를 달성할 수 있습니다.

> ❖ 주거용 부동산의 경우 반드시 주민센터에서 세대열람내역서를 발급받아 세대열람 내역서에 전입되어 있는 자는 임차인으로 봄
>
> ※ 소멸기준권리보다 앞서 전입자가 있는 경우 반드시 분석

> 1. 대항력: 대항요건(=전입신고+거주)을 갖추면 다음 날 오전 0시부터 제3자에게 임차권을 주장할 수 있는 힘, 즉 대항력 발생
> 2. 확정일자: 확정일자를 받아 놓으면 주택이 경공매 시에 후순위 채권자, 기타 일반 채권자보다 보증금 전액에 대하여 우선 변제권 발생
> 3. 최우선변제: 채권자의 경매개시결정등기일보다 먼저 전입신고를 한 임차인 중에서 집행법원이 공고한 배당요구 종기일까지 배당요구를 하면 보증금 중 일정액을 우선 변제받을 수 있음

1) 대항력

　주택임대차보호법은 임차주택이 매매나 경매 등에 의하여 소유자가 변경되는 경우에도 新소유자에 대하여 계속 임차권을 주장할 수 있는 권리를 말

하는데, 대항력 있는 임차인이 법원에서 보증금을 전액 배당받지 못하는 경우 그 미배당 보증금은 매수인이 인수하여야 하며, 임차인이 배당요구를 하였다 하더라도 배당금이 전액 변제되지 않는 한 대항력 있는 임차인은 매각으로 임차권이 소멸하지 않습니다.

그러나, 주택임대차보호법에서 대항력을 갖추었다 하더라도 임차주택에 대하여 대항력을 갖춘 권리보다 선순위 권리자가 있으면 대항력을 행사할 수 없어, 사실상 경매에서 대항력은 임차주택에 선순위 권리(말소기준권리)가 없어야 대항력이 발생합니다.

2) 확정일자

임차인이 전입신고를 하여 대항력을 갖춘 상태에서 본인의 임대차 계약서상에 확정일자를 받아 놓으면 주택이 경매나 공매 진행 중일 때에 후순위 채권자, 기타 일반 채권자보다 보증금 전액에 대해 우선변제를 받을 수 있습니다. 만약, 임차인이 대항력은 가지고 있으나 확정일자를 받지 않았다면 경매에서 우선변제권이 없어 배당에 참여할 수 없습니다.

3) 최우선변제

임차인은 보증금 중 일정액을 다른 담보물권자보다 우선하여 변제받을 권리가 있는데 보증금 중 일정액의 범위, 우선변제를 받을 임차인의 범위는 법령에서 정하고 있습니다. 우선변제 요건은 경매개시결정등기일보다 먼저 전입신고를 한 임차인 중에서 집행법원이 공고한 배당요구 종기일까지 배당요구를 하면 보증금 중 일정액을 우선변제권자보다 먼저 배당을 받을 수 있습니다.

2. 세대합가

"세대합가"란 주거용 주택에 2000.1.1. 세대주 '甲'이 가족과 함께 거주하다 '甲'이 2002.1.1. 혼자 전출을 가면 '妻'가 세대주 승계를 받는데, '甲'이 다시 2004.1.1. 전입한 경우 甲이 새로 전입한 날로 甲으로 세대주가 바뀌게 되고, 이를 세대합가라 합니다. 주민등록상 甲의 세대 합가일 2004.1.1.로 표기되어 2004.1.1. 자로 전입한 것으로 보이나 경매에서 대항력은 '甲'이 최초 전입한 2000.1.1. 자 기준으로 보기 때문에 세대합가가 의심되면 권리분석을 철저히 해야 합니다.

세대합가
- ❖ 전입신고일은 늦게 되어 있으나, 확정일자가 많이 빠른 경우 세대합가 여부 확인 필요
- ✓ 참고로 가족이 세대를 구성하고 있다가 세대주가 늦게 전입해 세대가 합쳐질 경우 세대주 전입일자로 바뀌기 때문에 주의 필요

가족 포함 여부
- ❖ 주민등록이라는 대항요건은 임차인 본인뿐 아니라 그 배우자나 자녀 등 가족의 주민등록을 포함한다. (출처: 대법원 1988. 6. 14. 선고 87다카3093, 3094 판결)

3. 임차인 배당요구

임차인이 배당절차에 참여하려면 반드시 배당요구를 해야 하는데, 아래와 같이 권리신고와 배당요구의 성격이 달라서, 임차인은 임차권등기명령 등 경우를 제외하고 권리신고와 별개로 배당요구를 하여야 배당에 참여할 수 있습니다.

> **권리 신고**
> ❖ 권리신고는 배당요구와는 달리 경매부동산의 이해관계인이 자기 권리를 증명하기 위하여 하는 행위로 권리신고를 하면 경매절차상에서 이해관계인 지위 유지
> ❖ 권리신고를 하였다 하여 당연히 배당받을 수 있는 것이 아니기에 별도 배당요구

> **배당 요구**
> ❖ 배당요구란 다른 채권자가 경매 신청하였을 경우, 그 부동산의 이해관계인이 경매 절차에 참가하여 자기 채권을 변제받고자 하는 의사 표시
> ✓ 배당요구는 채권의 원인과 수액을 기재한 서면에 의하여 집행법원에 배당을 요구하는 취지가 표시되어야 함

예컨대, 배당요구를 하려면 확정일자를 받아야 우선변제권이 발생해 배당을 요구할 수 있는데, 통상적으로 임대차 계약 시 대부분 확정일자를 받기 때문에 확정일자를 받지 못해 배당에 참여를 못 하는 사례는 많지 않습니다.

4. 소액임차인 최우선변제권

최우선변제권은 소액임차인의 권리 보호를 위한 제도인데, 소액임차인이 최우선변제를 받으려면 반드시 배당요구를 해야 배당을 받을 수 있으며, 확정일자를 받지 않았어도 배당요구만 하면 배당을 받을 수 있습니다.

> **최우선변제**
> ❖ 채권자의 경매개시결정등기일보다 먼저 전입신고를 한 임차인 중에서 집행법원이 공고한 배당요구 종기일까지 배당요구를 하면 보증금 중 일정액을 우선변제권자보다 우선해서 배당을 받을 수 있다.

> **소액임차인 해당 판단기준**
> ❖ 경매부동산의 최초 담보물건 발생일을 기준으로 판단
> ❖ 임차인이 언제 이사 왔는지, 언제 계약했는지, 언제 전입했는지 등과 상관없음
> ❖ 담보물권이 없는 경우 현행법을 기준으로 배당
> ✓ 담보물권(저당권, 근저당권), 담보가등기의 등기일을 기준으로 하며, 그 등기일 당시의 법의 규정에 따른 소액임차인 해당 여부 판단

제7장
배당 관련

1. 배당의 요건

"배당"이란 원래 집행채무자에 대한 적법한 배당요구 채권자들의 총배당요구액보다 배당할 금액이 적어서 배당에 참여한 모든 채권자를 만족하게 할 수 없는 때에 배당요구 채권자들에게 민법, 상법 그 밖의 법률이 정한 우선순위에 따라 변제하는 집행법상의 절차를 의미합니다.

배당의 3요소
1. 말소 기준등기 (대부분 근저당 말소기준권리)
2. 소재지 (최우선 변제권 구분 요소)
3. 임대차 보호법 (주택: 보증금, 상가: 환산가격)

배당의 순서
1. 물권+채권 = 물권이 우선
2. 물권+물권 = 선입선출
3. 채권+채권 = 안분배당
4. 등기부(갑+을구) = 별구 접수 순서

특히, 매수인이 매각대금을 지급하면 집행법원은 그 매각대금으로 채권자들에게 변제하는데, 배당의 3요소인 말소기준 등기, 소재지, 임대차 보호법 및 물권과 채권의 배당순서 등을 고려하여 배당합니다.

2. 배당의 요구

배당요구의 신청은 채권의 원인과 금액을 기재한 배당요구신청서에 의하여 합니다. 집행력 있는 정본(판결문, 공정증서)에 의한 배당요구를 함에는 집행력 있는 정본 또는 정본의 사본을 첨부하여야 하고, 가압류 채권자는 가압류가 된 등기부 등본을 첨부하여야 하고, 임차인은 전입 일자가 나오는 주민등록등본 및 계약서 사본을 첨부하여야 합니다. 다만, 권리신고(계약서 사본을 포함한 제반서류 첨부)를 한 경우에는 법원 및 법관에 따라 배당요구를 인정할 수도 그렇지 않을 수도 있으니 미리 확인하여야 합니다.

배당요구 종기 결정 및 공고
- 집행법원은 절차에 필요한 기간을 감안하여 배당요구 종기를 첫 매각 기일 이전으로 정함 (「민사집행법」 제84조)

배당요구
- 집행력 있는 정본을 가진 채권자 등 배당요구할 수 있고, 배당요구 종기가 지난 뒤에 이를 철회하지 못함 (「민사집행법」 제88조)

배당절차
- 매각허가결정이 난 후 7일 이내에 경매 부동산의 이해관계인이 즉시 항고를 하지 않으면 30일의 기간 안에 낙찰자는 매각대금을 납부하고, 매각대금 납부가 있으면, 통상 30일 이후에 배당기일 지정하고 배당하고 종결

특히, 배당요구는 배당요구 종기가 지난 뒤에는 이를 철회할 수 없고, 배당기일은 통상 대금을 납부한 후 통상 30일 이후에 지정하며, 법원은 배당기일이 지정되면 배당기일 소환장을 이해관계인 및 배당요구 채권자에게 송달합니다.

3. 배당 참여

배당 참여는 아래와 같이 배당요구 없이 배당에 자동 참여자가 있고, 반드시 배당요구를 하여야만 배당 참가할 수 있는 자가 있는데, 반드시 배당요구를 하여야 하는 자는 "배당요구종기일" 이내에 배당요구를 하여야 배당에 참여할 수 있습니다.

배당요구 없이 배당 참여자
1. 이중경매신청인 (선행 경매사건 배당요구 종기일까지 이중경매 신청 채권자)
2. 최초 경매개시결정등기 전 등기된 부동산 가압류권자
3. 최초 경매개시결정등기 전에 등기된 우선 변제권자
4. 최초 경매개시결정등기 이전의 조세체납처분에 의한 압류권자

반드시 배당요구를 하여야 하는 자
1. 집행력 있는 정본을 가진 채권자
2. 경매개시결정등기 이후 가압류권자
3. 민법·상법, 그 밖의 법률에 의해 우선변제청구권이 있는 채권자
   ✓ 등기되지 않은 우선 변제권자 (주임법, 상임법 등)
   ✓ 최초 경매개시결정등기일 이후에 설정된 저당권 등
   ✓ 조세 기타 공과금 (압류 또는 교부청구를 하여야만 배당받음)
4. 소멸기준권리보다 나중에 전입신고한 임차인 반드시 배당요구(배당 철회 종기일 내)

4. 배당 순위

배당순서는 일반적으로 아래 1순위부터 9순위 일반 채권자 순서로 배당을 하는데 배당순서에서 정하는 것에 따라 배당하며, 동일순위의 채권자가 수인인 경우는 안분하여 배당을 합니다.

❖ 경매부동산의 채권자 간의 배당순위는 민법·상법, 그 밖의 법률에 의한 우선순위에 따라 정해짐

1순위: 집행비용
2순위: 필요비·유익비(저당물의 제3취득자가 그 부동산의 보존·개량 위한 지출)
3순위: 최우선변제권(소액임차보증금 채권, 근로자의 최종 3개월분 임금과 재해
       보상금, 최종 3년간 퇴직금)
4순위: 당해세(집행의 목적물에 대하여 부과된 국세, 지방세와 가산금)
5순위: 우선변제권(근저당 등 담보물권, 확정일자를 받은 임차인의 보증금)
6순위: 일반임금채권(최우선 변제금을 제외한 일반임금채권)
7순위: 조세채권(국세·지방세 및 이에 관한 체납처분비, 가산금 등 징수금)
8순위: 공과금(국민연금, 건강보험료, 산업재해보험료 등)
9순위: 일반채권(가압류, 가처분 등의 일반채권)

① 제1순위는 경매절차 진행에 필요한 집행비용이 대상입니다.

② 제2순위는 필요비 및 유익비를 말하는데, "필요비란" 부동산의 관리, 보존 등 현상 유지를 위하여 임차인, 제3 취득자, 점유자 등이 지출한 비용을 말하고, "유익비"는 부동산의 개량, 이용을 위하여 임차인 등이 지출한 비용으로서 목적 부동산의 객관적 가치를 증진시킨 비용을 말합니다.

③ 제3순위는 최우선변제권은 「주택임대차보호법」 제8조의 규정에 의한 소액임차보증금 중 일정액과 「근로기준법」 제37조 제2항에 규정된 최종 3개월분의 임금, 최종 3년간의 퇴직금 및 재해보상금 채권을 말합니다.

④ 제4순위는 당해세로 국세와 지방세가 해당하는데, 국세는 종부세, 상속세, 증여세, 지방세는 재산세, 자동차세를 말하며 배당요구 종기일 전까지 해당 부동산에 부과된 국세·지방세를 말합니다. 다만, 「국세기본법」 제35조 제7항이 2022.12.31. 신설(시행시기 2023. 4. 1.) 당해 세 적용 예외를 두었는데 확정일자보다 법정기일이 늦은 당해 세 배분 한도만큼은 주택임대차보증금이 우선변제를 받습니다.

> **〈국세기본법 제정·개정 이유〉**
> [시행 2023. 4. 1.] [법률 제19189호, 2022. 12. 31. 일부개정]
>
> ◇ **개정 이유**
> 전세 사기 피해 방지 등 주택임차인 보호를 위하여 주택임차보증금에 대해 국세 우선원칙의 예외를 신설
>
> ◇ **주요 내용**
> 나. 임차인 보호를 위한 국세 우선의 원칙 예외 신설 등(제35조)
> 경매·공매 시 해당 재산에 부과된 상속세, 증여세 및 종합부동산세의 법정기일이 임차인의 확정일자보다 늦은 경우 그 배분 예정액에 한하여 주택임차보증금에 먼저 배분할 수 있도록 하고, 임대인 변경 시 종전 임대인에게 각 권리보다 앞서는 국세 체납이 있었던 경우에 한하여만 그 한도금액 내에서 변경된 임대인의 체납국세를 우선 징수하되, 해당 주택에 부과된 종합부동산세에 대해서는 그 한도금액과 상관없이 적용하도록 함.

⑤ 제5순위는 우선변제권을 말하는데, 담보물권(근저당, 저당, 담보가등기, 전세권)과 확정일자를 받은 임차인의 보증금이 해당합니다.

⑥ 제6순위는 일반임금채권으로 최우선변제 임금채권 외의 잔여 임금채권이 이에 해당합니다.

⑦ 제7순위는 조세채권으로 당해 세보다 후순위 조세채권을 말합니다.

> **〈조세채권의 법정기일〉**
>
> ○ **신고일**: 과세표준과 세액의 신고에 의하여 납세의무자가 확정되는 조세 즉, 납세의무자가 자진 신고한 후 미납하거나 과소 신고하여 부족한 세액이 있는 경우에 그 조세를 자진 신고한 날 즉 신고일을 법정기일로 본다. 단, 신고의무가 있는 조세라도 납세의무자가 자진 신고하지 아니한 경우에는 납세고지서의 발송일을 법정기일로 본다.
>
> ○ **종류**: (국세) 양도소득세, 소득세, 법인세, 부가가치세, 특별소비세, 주세, 증권거래세, 교육세, 교통세, (지방세) 취득세, 등록세

⑧ 제8순위는 공과금으로 국민연금, 건강보험료, 산업재해보험료 등이 이에 해당합니다.

⑨ 제9순위는 일반채권으로 가압류, 가처분 등의 일반채권이 이에 해당합니다.

5. 경매개시 결정에 따른 대응 방법

1) 최우선변제권자는 반드시 배당 요구

통상적으로 "등기사항 전부증명서" 1순위에 근저당이 설정되어 있으면 대부분 '주택임대차보호법'에서 정하고 있는 소액임차인 보증금 범위 내에서 소위 반전세 계약을 하는데, 만약 임차인이 계약 기간 내에 당해 주택이 경매로 압류가 들어온 경우, 반드시 배당요구종기일 내에 배당신청을 해야만 최우선변제권자로 배당을 받을 수 있습니다.

2) 대항력 있는 임차인의 대응 방법

선순위 임차인으로 대항력과 확정일자를 갖춘 주택에 경매개시결정이 등기된 경우 임차인의 대응 방법은 크게 2가지로 나눌 수 있습니다.

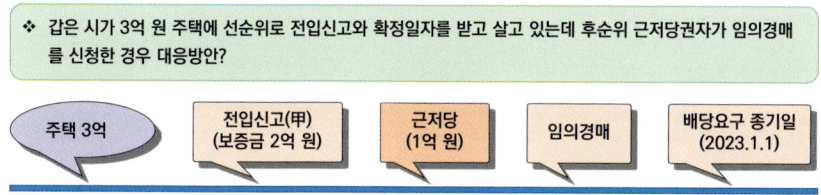

① 첫째는 임차인이 계약기간 동안 당해 주택에 계속 살고 싶으면 가만히 있으면 됩니다. 왜냐하면, 「주택임대차보호법」 제3조 제4항에 "임차주택의 양수인은 임대인의 지위를 승계한 것으로 본다."라고 정하고 있어 낙찰자가 임대인의 지위를 그대로 승계하기 때문에 계약 기간 동안 살 수 있습니다.

② 둘째는 배당요구입니다. 「주택임대차보호법」 제3조의5(경매에 의한 임차권의 소멸)에 "임차권은 임차주택에 대하여 '민사집행법'에 따른 경매가 행하여진 경우에는 그 임차주택의 경락(競落)에 따라 소멸한다. 다만, 보증금이 모두 변제되지 아니한, 대항력이 있는 임차권은 그러하지 아니하다."라고 정하고 있어, 임대차 주택이 평소에 맘에 들지 않았거나 계약 기간이 얼마 남지 않으면 배당요구로 해결할 수 있습니다.